“互联网+”交通一卡通创新与应用

谢振东　方秋水　李之明　吴金成　余红玲　编著

内 容 提 要

本书围绕“互联网+”背景下交通一卡通行业产品、技术、服务、业务的应用与创新，介绍了行业的发展现状、产品的发展方向、业务体系的架构、技术体系的发展、服务体系的设计以及“互联网+”交通一卡通的创新理念，并对未来交通一卡通的发展趋势进行了展望。

本书适合从事交通一卡通行业经营管理相关人员阅读，也可作为交通一卡通相关行业从业人员决策、管理和研究的参考书。

图书在版编目(CIP)数据

“互联网+”交通一卡通创新与应用 / 谢振东等编著
.—北京：人民交通出版社股份有限公司，2018.4
ISBN 978-7-114-14663-3

Ⅰ. ①互… Ⅱ. ①谢… Ⅲ. ①城市交通-公共交通系统-IC卡-研究 Ⅳ. ①U491②TN43

中国版本图书馆CIP数据核字(2018)第083699号

书　　名：“互联网+”交通一卡通创新与应用
著 作 者：谢振东　方秋水　李之明　吴金成　余红玲
责任编辑：刘永芬　朱明周
责任校对：张　贺
责任印制：张　凯
出版发行：人民交通出版社股份有限公司
地　　址：(100011)北京市朝阳区安定门外外馆斜街3号
网　　址：http://www.ccpress.com.cn
销售电话：(010)59757973
总 经 销：人民交通出版社股份有限公司发行部
经　　销：各地新华书店
印　　刷：北京鑫正大印刷有限公司
开　　本：720×960　1/16
印　　张：17.25
字　　数：303千
版　　次：2018年7月　第1版
印　　次：2018年7月　第1次印刷
书　　号：ISBN 978-7-114-14663-3
定　　价：52.00元

前　言

随着移动互联网的发展以及各种新技术和创新应用的兴起,特别是移动终端及新支付技术的广泛应用,促进了传统产业与互联网的加速融合以及很多新兴业态和新商业模式的不断涌现,从而为传统交通一卡通行业向"互联网+"转型升级带来巨大的发展机遇。近年来,交通一卡通行业紧跟移动支付技术的发展浪潮,通过一系列的技术革新和业务模式创新,加大产业链的开放与合作力度,不断推出新的产品和服务应用,从而提升交通一卡通服务水平,推动了交通一卡通行业创新发展和转型升级。

交通一卡通作为智慧城市建设中最贴近百姓生活的着力点,是智慧城市建设的基础,也是一项通过信息化手段提供城市公共服务的"信息惠民"工程。交通一卡通的发展经历了单一应用到多元服务,封闭运行到开放合作和单一支付到多样化场景支付的转变,服务内容和质量都得到了显著提升。

交通一卡通作为一种最贴近民生的支付手段和传统行业的代表,是"互联网+"转型的重要落脚点之一。加快推进交通一卡通"互联网+"转型发展,不仅有利于重塑交通一卡通行业的创新体系,激发创新活力,还能培育新兴业态和创新公共服务模式,产生经济发展新动能。然而,在"互联网+"与交通一卡通结合过程中,行业特点不同、技术标准体系尚未完善等问题,在一定程度上影响了城市交通一卡通"互联网+"转型发展的步伐。为促进城市交通一卡通行业健康有序发展,规范和引导交通一卡通行业实现向"互联网+"应用和创新转型,仍然需要交通一卡通行业同仁们的共同努力、探索和不懈奋斗。

本书以"互联网+"为背景,以交通一卡通行业的技术、产品、服务、业务创新与应用为主线展开论述,共分为六章。第一章主要归纳了基于"互联网+"的交通一卡通行业发展现状和创新需求,分析了交通一卡通行业面临的新环境和转型方向。第二章提出了"互联网+"交通一卡通创新发展理念,并从不同角度研究了这些发展理念的方法和应用。第三章探讨了"互联网+"交通一卡通业务体系构建,重点分析了"互联网+"时代下的业务规划、业务模式及商业模式设计等内容。第四章主要剖析了交通一卡通技术体系的发展、转变及应用特征的演变,为读者展示了交通一卡通技术的内在演进过程。第五章介绍了交通一卡通在"互联网+"背景下的主要创新产品与业务系统，并详细分析了系统的特点、架构及其典型应用；第六章展望了交通一卡通未来的发展趋势。

本书适合从事交通一卡通行业经营管理相关人员阅读，也可以作为交通一卡通相关行业从业人员决策、管理和研究的参考书。

本书作为“城市智能交通设计与实践技术丛书”之一，与其他各册共同构成有机统一的整体，是对其他分册有益的补充。

在本书的编著中，曾烨、龚惠琴、伍冠桦、冷梦甜、徐锋、杨晓丽、刘强、何建兵、郭媛、艾璐、周永才、江敏玲、陈绍其、张景奎和叶浩等人员提供了宝贵的意见和技术指导，在此表示衷心的感谢，同时也感谢广州羊城通有限公司等岭南通产业联盟成员单位的大力支持和帮助。

由于编写时间紧、任务重，加之作者在交通一卡通行业转型升级方面的研究还不够深入，因此，书中选材、论述和引用等方面可能存在不当或错误的地方，望广大读者能够多加理解，并及时联系作者以便修正，以期在后续出版中完善。

2018 年 4 月

目　录

第1章 “互联网+”交通一卡通概述

1.1 交通一卡通行业面临的问题与挑战

随着移动互联网技术的快速发展及智能终端的大量普及,移动支付方式不断渗透到人们的生活中,公共交通出行便是其中一个重要的应用领域。公共交通出行是城市民众的刚性需求,出行过程涉及支付环节。据行业数据统计,2016 年全国公共交通出行年客流量超过 1500 亿人次。公共交通出行以用户黏度强、交易频次高,对于第三方支付来说,是个非常重要的场景。在此背景下,第三方支付机构以其资本、技术等优势纷纷进军公共交通出行领域的新闻屡见报端,新兴交通支付方式的普及应用在较短时间内形成市场聚集效应,对原有的传统交通一卡通市场造成一定的冲击。特别是随着新式支付技术的广泛应用,传统的公共交通出行领域以其覆盖用户广泛、需求刚性、用户黏性高等优点,不断吸引非传统交通一卡通企业争夺这个高频出行场景入口的浓厚兴趣。随着公共政策的进一步开放,政府部门鼓励公共交通领域企业在出行便捷性和支付多样化方面加快创新应用,进一步迎合用户对创新支付需求的改变。

移动互联网时代的来临及新技术应用对传统交通一卡通企业带来了新的启发和转型机遇,但由于传统交通卡企业对新兴移动支付产业接触不深,对移动支付技术和新业务应用方面还处在探索阶段,在前期发展过程中对移动互联网发展趋势认识不足,使得一卡通企业面临转型的诸多挑战。

1.1.1 存在的问题

传统交通一卡通业务与应用是以实体卡(IC 卡)为载体实现的,具有线下发卡、现金充值、脱机消费和线下客服等普遍特征,其中包括了售卡、充值、查询、客服和消费等,这些环节均需依靠线下网点提供,服务过程中容易给用户带来种种的不便。

“互联网+”时代的到来,改变了人们对传统支付手段的认知。尤其在移动支付业务普及以后,以线下服务为基础的传统交通一卡通逐渐暴露出了自身的不足;例如充值和消费过程繁杂,服务网点少和布局不均,造成购卡不便和充值排队时间长等情况(图 1-1),不仅降低了交通一卡通服务效率,同时也影响了用户的使用体验。

图 1-1　一卡通业务办理排队情景

众所周知，传统交通一卡通是离线实体 IC 卡，主要是通过现金进行人工充值，并只能通过预先充值后才能使用，这种应用特点严重影响了用户出行的便捷度；其次，传统一卡通没有与现有的资金渠道（如支付宝、微信、银联等）相结合，影响了资金渠道的多元化；最后，传统交通一卡通的主要业务范围只局限在公共交通出行领域，对其他行业如景区、客运、城轨的支付服务渗透率还比较低，制约了通卡行业的业务拓展，同时也暴露了通卡行业业务结构的脆弱性。

通过分析传统交通一卡通的特征、技术及应用，结合“互联网+”时代交通一卡通领域技术的进步与市场需求的增加，传统交通一卡通所存在的行业弊端，可以归纳为：充值不便、应用场景少、营收结构单一、无法记名挂失、系统标准不统一和增值业务内容单一。

1）传统交通一卡通存在的问题

为了更清晰地展现传统交通一卡通服务在发展过程中暴露出的一些致命的痛点，本章将从“散、多、弱、小”四个方面进行描述与分析，如图 1-2 所示。

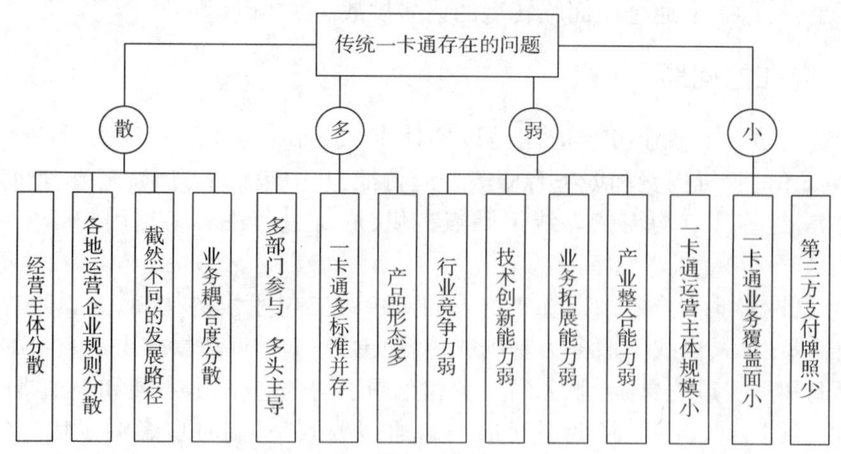

图 1-2　传统交通一卡通存在的问题

(1)行业的“散”

①经营主体分散。由于交通一卡通的发展历史和地域性强等特点,全国大部分地级市都成立了城市交通一卡通经营主体,负责本地区的一卡通业务,行政区域分割十分明显。在互联互通实施以前,各地一卡通业务互不交叉、相互独立,通常是在当地交通主管部门的指导下开展业务经营,缺乏跨区业务之间的统一协调,各地一卡通企业之间也鲜有合作,导致一卡通行业整体凝聚力不强,行业力量较为分散。

②各地运营企业规则分散。各地一卡通系统大部分都是基于当地情况而建设的,由于各地实际情况的不同,同时缺乏统一的行业规范,使得各地一卡通运营业务规则差异明显,不利于行业间的业务资源的整合。

③从更宏观的层面上看,一卡通行业在全国范围内同样缺乏明确的发展规范,各省市在推动一卡通建设时出现了各种截然不同的发展路径。有的地方一卡通企业以交通出行支付为唯一业务,是纯正的交通一卡通运营商,有的城市一卡通则是集合了各种功能,交通出行只是其中的一项附属业务,如市民卡、社保卡等一卡通运营企业。

④一卡通产业链整合度不高,业务耦合度分散。一卡通运营商大都只注重于实体卡片服务模式,缺乏与其他企业之间的跨界合作,线上线下业务融合程度不高。

(2)行业的“多”

①多部门参与,多头主导。当前,交通运输部、住房建设部、银联三方部门均各自参与到了公共交通支付系统的建设,都在努力推动一卡通行业的发展,并积极协调各地方政府合作建设公交一卡通系统,并力促基于各自标准的互联互通工作。因此,全国目前形成了三个部门主导推动城市一卡通建设的发展现状。

②一卡通多标准并存。交通运输部、住房建设部、银联系统均根据自身的发展需求制定了各自的一卡通标准,并进行了官方颁发实施计划,通过与不同省市合作不断推动各自一卡通标准的落地实施,“三方标准”的角逐导致全国范围内无法实现统一标准互通,不仅造成公共资源的重复建设,还影响了人们对互联互通出行的便捷需求。

③产品形态多。在不同部门的主导下,各地推出了多种形态的一卡通产品,包括交通卡、市民卡、社保卡、金融卡等,多种卡片形态的应用不仅使得人们又回到了“多卡缠身”的状态,不符合“一卡通行”的初衷,而且容易造成使用者极大的困扰,无所适从。

(3)行业的“小”

①一卡通运营主体规模小。指的是一卡通企业资金少、人员少、资产少,整体

规模与其他行业企业,特别是与第三方支付机构相比显得较小。这是由各地一卡通区域分割经营所导致的,也是其强地区属性所决定的。这样带来的直接后果是一卡通企业变革转型能力较弱,构建自身核心优势的能力弱,抵御外界竞争入侵的能力也相对被削弱,这个情况在第三方支付进入一卡通领域后表现得尤为明显。

②一卡通业务覆盖面小、场景应用少。交通一卡通业务主要应用于公共交通出行领域,在其他场景应用很少,业务多元化程度低。这个既有企业发展能力的因素,更多是由于政策风险的规限,使得一卡通运营商无法突破传统业务限制,进入其他支付业务领域。另外,第三方"支付牌照"成为传统一卡通运营商业务拓展的政策门槛和拦路虎。至2017年底,全国范围内数百家一卡通企业中只有17家申请到第三方支付牌照,行业发展受到一定的限制。

(4)行业的"弱"

一卡通行业竞争力弱、技术创新能力弱、业务拓展能力弱、产业整合能力弱。一卡通经营主体分散,整体行业缺乏强大的凝聚力,抵御外界竞争入侵能力弱;多部门主导下的一卡通行业发展格局更不利于扭转这种劣势,支付牌照的政策风险进一步限制了一卡通业务拓展能力,使得一卡通多元化业务发展受阻,一卡通整体发展面临严峻形势。

2)交通一卡通行业发展存在的主要问题

(1)服务体验不佳

传统交通一卡通无论是充值、查询还是消费,涉及的操作流程都比较繁杂;若换成在线服务则只需几个简单的指尖操作即可完成的事情,往往在线下网点会显得十分烦琐,加之线下服务网点少、分布不均、售卡购卡也不便,充值人流多经常导致排队时间长等现象,用户体验较差。

(2)应用领域单一

传统交通一卡通主要应用于公共交通领域,如公交、地铁、出租、停车场等场景,而对其他行业支付服务的渗透率还比较低,特别是在交易频次较高的小额消费领域,除了覆盖部分日常生活场景外(如菜市场、便利店等),其他消费娱乐领域几乎没有涉猎,这将造成一卡通业务结构变得较为单一且脆弱,十分不利于行业的发展、壮大,甚至容易受到外部跨界行业的入侵和威胁。

(3)资金渠道单一

一卡通以预付为主,没有充分利用现有的金融工具,不利于资金渠道的多元化;奉行"先付款、后消费"的模式,没有结合现有的金融手段和发掘更多的资金入口,阻碍了一卡通发挥多种金融工具相结合的便利性功能。由于围绕单一的充值预付方式,没有进行跨领域的合作创新,引入多种的预付模式,因此既不利于一卡通企业发展,也不利于一卡通用户的使用便利性。

(4)支付方式单一

这里主要指的是以线下支付(脱机离线)为主,以实体卡片为载体的支付方式,没有与其他载体进行融合支付的创新应用;例如未能与移动智能设备或工具进行结合,滞后于移动互联网发展的需求,抑制了一卡通用户的多样化支付需求。

(5)运营模式封闭

传统交通一卡通运营模式特点是封闭式运营,产业链互补性不强。所谓封闭式运营,就是指一卡通业务运营自成体系,缺乏与产业链环节上其他企业系统、运营系统相连接,资金、业务、数据均在自身体系内流转,简单来说就是缺乏合作和开放思维,这导致一直以来在一卡通行业内没有出现较大的技术创新和业务突破。当然,这既有传统一卡通行业自身发展问题,也有政策方面的原因;政策门槛的存在一方面使得一卡通领域一直没有受到来自外界新技术和创新业务的入侵和挑战,但另一方面也导致了传统一卡通运营商没有自我改革的压力和动力。另外,产业链割裂也是交通一卡通行业存在已久的积弊。一直以来,通卡运营商与终端设备、系统集成商之间在产业链上只是简单的供应商关系,没有开展深入的合作,缺乏双向甚至多方互动的市场需求与产品服务融合,加之对市场需求敏感性不足,缺乏与上下游产业开放性合作,导致产品技术创新迟缓,产业资源分散严重,无法形成产业间的合力,影响行业的资源整合,从而影响行业的创新发展。

1.1.2 面临的挑战

这里将从技术、业务及场景三方面探讨交通一卡通行业在"互联网+"时代下面临的挑战,如图1-3所示。

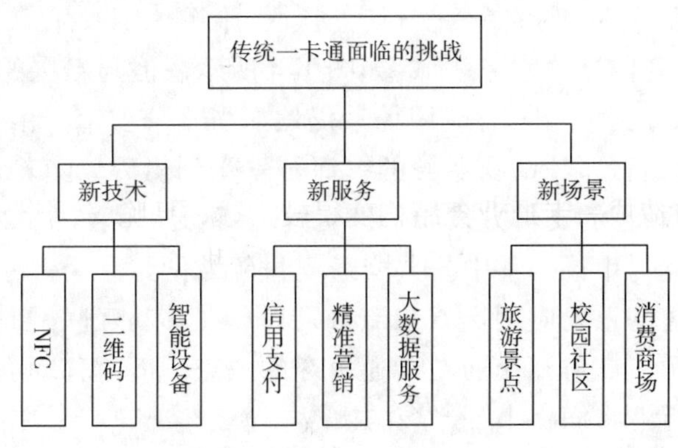

图1-3 传统一卡通面临的挑战

1)新技术的挑战

众所周知,交通一卡通系统的建设初衷是为了解决市民公共交通出行支付便捷问题,由于离线化的卡片支付技术能很好地满足以上的需求,因此这种技术方式成为当时最主要的支付形态,并得到快速的普及和发展。长期以来,在传统行业旧思维的影响下,交通一卡通企业并没有前瞻性地考虑一卡通在线化、支付多元化和大数据处理等新兴前沿技术应用方面的战略布局。因此,传统交通一卡通企业所部署和应用的技术系统普遍存在性能不高、架构落后等行业通病。在移动互联网发展的背景下,新兴的第三方支付和银行金融支付却把握了新时代的支付技术并广泛应用于消费支付领域。与传统交通一卡通支付相比,新兴的第三方支付机构具有资金、技术、人才、市场等比较优势,特别在支付技术的先进性、安全性、兼容性方面更具有突出的先天优势,对传统一卡通行业技术形成强大的挑战。

2)新业务的挑战

很多新兴的支付方式,如二维码支付、NFC手机及穿戴式移动支付,虽然在公共交通领域才刚刚崭露头角,但发展势头不容小觑。在商业消费支付领域,尤其是小额支付领域,第三方支付已占领了很大部分的市场份额,并成功培育了数量庞大的用户群体。一旦新兴支付企业采用补贴方式圈占市场,吸引并培育用户在交通出行支付场景新的使用习惯,传统一卡通企业很可能面临大量用户流失的境况,这将对其业务的持续开展和市场开拓构成重大威胁。

3)新场景的挑战

传统一卡通业务应用覆盖范围从基础的公共交通领域,如公交、地铁、出租、公共自行车、停车场等,逐步拓展至便利店、餐饮、旅游休闲娱乐等小额消费支付领域,并不断延伸至其他公共服务领域,如图1-4所示。但与新兴的支付方式(如支付宝、微信等第三方支付)相比,应用场景仍然显得十分狭窄。由于原有场景对用户黏度的提升存在瓶颈限制,新业务的纵深开发受到阻碍。随着移动互联网支付技术的发展,很多新兴的支付方式如手机支付、手环支付、第三方支付等顺势而生,并积极抢占小额支付市场。其中公共交通支付领域便是一个高频支点,未来将可能成为第三方支付的重要应用场景和流量入口。在移动互联网时代,交通支付场景极有可能成为第三支付和交通一卡通争夺的焦点。面对移动支付的强势入侵,传统交通一卡通行业将面临十分严峻的挑战。

图 1-4 交通一卡通刷卡消费场景

1.2 "互联网+"交通一卡通行业发展需求

1.2.1 以用户为核心的发展需求

传统的交通一卡通企业通常是以技术导向为主,注重产品功能和应用环境,将大部分的企业资源用于集中解决卡片交易安全、终端性能和业务系统的维护上,以保障一卡通的稳定运行。众所周知,城市交通一卡通系统服务的用户群体数量非常庞大,以广州为例,目前日均刷卡量已达1500万笔。这么庞大的日交易量使得整体的交易金额总量也较大,导致每天交易总量和资金处理量被同步放大,同时涉及众多的使用人群,成为基础民生的公共服务。因此,受以上因素的影响,一卡通企业往往将注意力集中在系统的安全运行上,对用户的真正的需求响应反而变少,这种经营和管理状态越来越不适应现在以及未来时代的发展要求。

同时,交通一卡通系统大都是由当地交通主管部门或政府部门主导建立的,被定位为一项重大的民生工程和公共服务,因此能得到一定的财政补贴,从而致使一卡通企业在保障系统安全、稳定运行等方面投入了更多的精力,以避免出现重大事故,影响公共出行服务。所以,长期以来,一卡通企业都没有做到以用户需求为导向,也没有在满足用户各种需求上下更多功夫,使得一卡通服务质量始终没有大的提升。

进入互联网时代,交通一卡通企业面对各种新型支付方式的挑战,逐渐转变发展思路,重新认识到技术是服务于用户的,不是为技术而做技术。所以,在保障技术系统可靠运营的基础上,应十分重视用户需求的表达,从技术导向转为以用户需求为导向,这样的战略路径才是互联网时代一卡通企业发展的方向,否则可能会被跨界行业所颠覆。银行就是一个典型的例子。长期以来,银行等金融机构更多的是关注系统和交易安全,并没有以用户需求为导向开展业务服务,有时甚至以技术安全、信息安全等名义拒绝为用户服务,导致用户对银行的服务一直都有所抱怨。随着互联网金融的兴起和快速发展,特别是像余额宝等在线金融理财平台的建立,对传统的银行产生较大程度的冲击。

随着移动支付的快速发展,移动支付已经不断渗透到各种的生活场景,以支付宝、微信、银联等为首的移动支付巨头纷纷布局交通出行支付市场,以其庞大的用户量引流和良好的服务体验逐步侵蚀传统交通一卡通企业的市场份额。在未来的一段时期,交通一卡通企业必须转变以往的战略导向思维,要以用户需求为核心导向改进技术和产品服务,提升用户体验。这才是一卡通行业发展的正确方向。

可喜的是,目前交通一卡通行业正做出有益的改变,通卡企业通过深刻理解用户需求,不断推进新技术应用和产品服务的研发和上线,逐步形成行业发展新局面。例如通过对一卡通支付需求的分析(充值需求、出行需求、增值需求、消费需求),形成了一系列的新型产品和服务:消费需求方面产生了 NFC 手机支付、信用支付,充值需求方面催生了网上充值、移动充值,出行需求方面推动了个性化定制出行,用户的增值需求方面催生了金融、信贷业务应用。

1)用户思维的定义

满足交通一卡通在"互联网+"时代以用户为核心的发展需求,就是要将"用户思维"贯彻到交通一卡通日常的业务和经营上。那么,什么是"用户思维"呢?首先,"用户"这个概念在"互联网+"时代用得很普遍,几乎成为这个时代的象征。在传统的工业时代,企业没有"用户"的概念,只有"客户"概念,即谁买了我的产品谁就是我的客户。但在"互联网+"时代,所有成功的商业模式都不仅仅是考虑客户,而更多的是"用户"。所谓"客户",指的是在产品交易过程中产生,完成交易后就不再与企业发生任何联系的群体,而"用户"的内涵则不一样,完成交易的这个节点才是"用户"诞生的开始。"用户"会在产品使用过程中不断与企业或产品本身产生持续互动,甚至会参与到产品的研发过程当中,展现自我需求。客户与产品的关系是基于交易的,而用户则并不一定,"用户"的核心是使用而不是购买;以客户为导向,营销是有效的;以用户为导向,体验才是关键。因此,以"用户"的需求表达为核心、注重用户体验的思维便是"用户思维"。

在"互联网+"时代,消费者已经反客为主,拥有了消费主权,进入了消费民主时代。用户思维有了本质的变化,用户思维关注的是"人",而不是具体的"产品",它的思维聚焦点不再是产品层面,而是用户本身。那么,对用户思维的定义是:一切围绕用户需求的思维理念,包括注重人的多样化需求,提出产品的个性化、差异化特征以满足用户特有的需要。

2)交通一卡通的"用户思维"

交通一卡通互联网充值业务的上线是"用户思维"在交通一卡通行业的典型应用。众所周知,传统的充值方式只能依靠线下网点,但由于线下网点在空间上往往分布不均,且受营业时间的限制,容易造成充值排队等不好体验。交通一卡通企业借助互联网将线下充值延伸至线上,利用互联网无处不在、不受时空约束的特点,为用户提供互联网充值功能,基本解决了传统充值方式的弊端,很好地满足了用户随时随地的充值需求。随着技术的进步,通过"用户思维"的深入应用,进一步提升持卡用户的一卡通支付体验。用户最终需要的是一卡通支付,充值只是一个辅助业务,完全可以去掉这个充值环节,缩短使用过程,提升用户支付体验。基于以上分析,通卡公司推出信用支付、二维码产品实现直接支付,而无须充值,打破了传统的"一卡通业务模式"。

1.2.2 从线下转向线上的发展需求

移动互联网时代,是以"人"为核心的时代,其本质是"连接";通过互联网技术与产品创新实现用户、企业间的连接,线上线下逐步实现融合。用户之间相互链接使得传统用户间的孤立状态被打破,这种连接效应再通过网络传播不断放大,使得用户在交易决策过程中逐渐扮演着重要的角色。可以说,线上的"连接"消除了用户在传统时代的信息不对称,使得用户与企业的关系发生了变化,企业能更直接、更容易地通过网络连接感知用户需求。在互联网普及以前,企业对市场需求的感知是比较迟缓的,甚至是由于捕获用户需求的成本过高,往往导致企业放弃这方面的努力,从而转向寻求产品功能的完善。但是,如果没有与用户进行有效的连接与交流,就无法感知用户核心需求,那么推出的产品或服务未必能得到市场的认可。互联网的出现,很好地解决了企业与用户间连接的问题;互联网基础设施的广泛铺设为企业打造在线连接平台提供了良好的技术支撑和服务保障。

互联网快速发展,特别是移动智能终端的大规模应用,彻底改变了当今人们的社会行为和消费习惯,目前人们使用网络的活跃度非常高,已经成为生活工作必不可少的一部分。据 CNNIC 研究所得,截至 2017 年 6 月,我国网民规模达到 7.51 亿,半年共计新增网民 1992 万人。互联网普及率为 54.3%,较 2016 年底提升 1.1 个百分点。可见,中国互联网发展速度和规模都是空前的,如何把握和利用好互联网经济带来的红利对于任何企业的未来发展都是至关重要的,也是企业是否能实现转型成功的关键。根据艾瑞咨询发布的《2017 年中国网络经济报告》,2016 年中国网络经济营收规模达到 14707 亿元,同比增长 28.5%。其中,PC 端网络经济营收规模为 6799.5 亿元,移动网络经济营收规模为 7907.4 亿元,移动网络经济首次超过 PC 端。可见,企业未来的发展潜力和增长空间是在线上和移动端。

众所周知,由于历史的原因和行业的特点,交通一卡通业务大部分集中在线下进行,包括线下充值、线下消费刷卡、网点客服、线下售卡和发行等业务。交通一卡通企业为适应互联网时代的发展和用户消费习惯的改变,逐步将业务发展战略调整为线上线下融合,即推动目前的线下业务向线上线下融合新业务转变。具体来说,就是根据用户需求,将一些原本只在线下运行的业务,通过建设网络平台的方式转移至线上,同时提供与应用终端对接的服务界面,使用户得到更便捷的一卡通服务。例如,以前只能依靠固定网点进行一卡通充值,现在可以通过在线充值、移动充值等方式完成,甚至可通过手机终端下载虚拟卡片,直接通过在线账户转账方式完成充值过程,实现一卡通的随时随地服务。

一卡通业务从线下向线上的转型能为企业开拓更多的互联网新业务,但这并不代表传统线下业务不重要了。有的观点认为,在互联网时代,轻资产将成为企业转型发展的新方向,要果断削减甚至放弃线下业务,摆脱线下运营资产和成本的拖累,轻装上阵。但是,交通一卡通行业的服务初衷是解决广大民众交通出行便捷化的问题,而出行服务一定是在线下产生的;这种服务特点决定了一卡通行业的发展应以线下业务为主。况且,线下业务是传统交通一卡通企业的优势,在此基础上发展才有稳固的根基。随着众多行业线上市场的成熟和饱和,慢慢出现了一种逆发展苗头,即线上向线下渗透的状况。例如,不少国内的电商企业正在尝试线下实体店,例如聚美优品前门大街店、红孩子门店、京东新加坡实体店等。对于这些知名电商企业来说,线上运营更加得心应手,而线下则是很大的短板。但在"O2O"时代,线下的实体店的存在更有它的实际意义。所以,未来的时代将是线上与线下相互融合的时代。

对于传统的交通一卡通行业来说,在解决人们交通出行支付便捷化问题的同时,传统线下的服务方式也给人们带来了不少的困扰。首先,一卡通固定网点的充值方式一直颇受诟病。而且,一卡通充值服务只是大部分网点的一种附加功能,大多采用通卡企业与便利店合作的方式;这就无法为用户提供专业服务,例如无法处理卡片故障等,即使能接受处理,周期也比较长,用户还需多次往返网点,用户体验十分不好。交通一卡通作为一种高频、刚性的产品,且用户群体数量十分庞大,线下服务的缺点也会被放大,十分不利于提升用户服务质量。一卡通作为日常使用频繁的产品,本来是与用户建立良好关系的最好入口,但由于种种原因导致到目前为止,企业连"用户是谁","用户在哪"这种简单的问题都没有弄清楚,这是对用户资源的巨大浪费。因此,在"互联网+"时代,交通一卡通企业必须通过搭建网络平台,提出与互联网融合的转型思维,努力通过各种方式连接用户,激发用户资源,为更多用户创造价值。

互联网时代的来临,为交通一卡通从线下向线上转型提供了良好的机遇。在技术方面,网络支付技术的发展,特别是安全交易机制和统一标准的建立,为一卡通线上充值系统的建设提供了关键的技术支撑;在业务方面,成熟银行及第三方在线账户交易技术和业务流程为一卡通开展网上业务创新提供了重要的基础;在用户市场方面,网络支付,特别是移动支付环境的完善,培育了用户的支付习惯,并塑造了全新的生活方式,一卡通线上业务的推出顺理成章迎合了用户需求;在政策方面,国家、主管部门纷纷出台政策,鼓励“大众创业、万众创新”,推进传统企业向“互联网+”转型。以上这些的有利条件都有助于推动交通一卡通行业向互联网线上业务转型。

1.2.3 由不记名到记名的发展需求

互联网时代,企业的核心资源是什么? 毫无疑问是“用户”。互联网的一切行为都是围绕着用户在开展。但另一观点认为,互联网时代的核心资源应该是“数据”,尤其是“大数据”,一切的行为和决策都必须用数据说话。这个说法其实也没错,但数据的来源是什么? 还是人的行为。收集数据、分析数据的目的最终还是服务于人,所以说,数据虽然也是企业的关键资源,但最终也是归结到对“人”的服务。所以说,没有了“人”的因素,没有了用户,任何数据都无从谈起。

前面分析了交通一卡通的转型方向是从线下走向线上,实现企业与用户间的连接,从而更好地感知用户需求,为用户创造价值和效益。但连接用户的前提是要识别用户。在互联网时代,将消费者定义为用户是互联网企业与传统企业最大的区别。通常来说,消费者是一次性的、缺少交互的群体,而用户是可以持续互动的并且可以反馈产品与市场情况的。无法识别的“用户”消费对于企业来说只是一种交易记录,并没有太大的价值可言,因为企业无法跟踪其需求,无法与之产生持续的互动。

所以,我们认为,交通一卡通行业在互联网时代的发展需求是将传统不记名的一卡通向记名登记转变,这既是实现企业连接用户、识别用户的前提,更是响应广大一卡通用户一直以来的诉求。长期以来,由于不记名交通卡无法实现挂失,导致用户在遗失卡片后造成一定经济损失,不利于维护持卡人利益。而记名制的应用,能较好地解决卡片丢失后余额不能转移或被盗用的问题。目前社会上对于一卡通不能实名制有着各种的看法,认为一卡通企业故意通过不记名的手段从而赚取残留余额。其实这种说法是有所偏颇的。传统的交通卡未能实行记名制,主要是在黑名单更新难度上。由于历史的原因,前期部署的一卡通终端在技术和存储上的配置都不高,若实施了记名卡,将会在短期内产生大量挂失黑名单,而这些黑名单需要上传至终端,极有可能会导致终端无法存储,更为严重的是降低交易终端的感应效率,不利于用户刷卡出行,违背了一卡通建设的初衷。若全部更换未到期的终端以提升其技术性能,这将会产生一笔巨额的改造投入,一般的交通一卡通企业是根本无法承受的。

随着技术的进步和智能终端的大规模普及,届时终端改造成本将大幅度下降,为一卡通企业重启记名制卡带来了难得的机遇。这里所说的是记名制,还不是真正的实名制,这主要是根据用户的需求而定的。记名制要解决的是卡片余额转移用户识别的问题,因此只要能将卡号与用户标识一一对应便可实现,无须真正的实名,这样可有效减少用户真实信息泄露的概率。

1)一卡通记名制的实施方法

(1)账户记名制,例如用邮箱、注册名作为标识用户身份,这种方式信息敏感度最低,但也是最不安全的。

(2)手机号记名制,这种方式是利用手机号标识用户,丢失后可通过手机短信验证码实现一卡通账号确认,安全性较高。

(3)实名记名制,这种方式是通过一卡通账号与用户身份信息进行绑定,安全级别最高。

2)一卡通记名制的实施方式

(1)通过实名登记发卡——实名卡

用户在购买一卡通时要提交个人实名信息,后台对一卡通账号与个人信息进行绑定,用户可根据个人信息对卡片进行实名挂失。

(2)通过用户注册空中发卡——虚拟卡

用户可通过手机 APP 注册账户向一卡通运营商提交虚拟卡申请,一卡通运营商通过审核用户信息,通过空中发卡方式下发卡片信息,并与用户信息进行绑定,用户可根据 APP 账号进行挂失处理。

(3)通过用户注册卡号绑定——网充系统

用户通过登录网充平台,将一卡通账号与卡号进行绑定,用户可根据网充账户对一卡通进行挂失。

记名制实施后,对个人、企业及社会管理方面的好处是明显的。对企业来说,通过记名方式能辅助企业有效掌握用户的交易信息,为企业积累大量有价值的数据,围绕用户交易数据开展相关增值服务,同时还能增强用户黏性;对个人来说,卡片可以挂失,减小经济损失;对社会管理来说,政府部门可以通过这些交易数据实现基于用户出行路径的可追溯,辅助政府部门治安管理、社会管理、交通治理等。

1.2.4 从有卡到无卡的发展需求

交通一卡通之所以不"通",就是被"卡"住了。物理介质的实体卡片,有利于推动一卡通企业快速拓展用户,但同时也限制了其向更多领域拓展的能力。交通一卡通的核心在于支付功能,在1.0版本时代,通卡企业便与通信运营商开展合作,推广加载了一卡通功能的SimPass卡,将一卡通加载到其他终端载体上,初步实现了一卡通产品的多形态化。进入2.0版本时代,通卡企业纷纷与手机厂商开展合作,借助TSM平台实现空中发卡,将交通一卡通功能通过网络将卡信息空中加载到手机终端上,实现手机虚拟一卡通。未来,随着NFC手机、智能穿戴设备的普及以及其他形态创新产品的出现,一卡通将不再拘泥于某一种介质形态,用户可以自由选择在任何载体上加载任何一卡通功能,实现随时随地享受一卡通服务。从“有卡”到“无卡”,使得一卡通支付模式更加多样,真正让“无卡”模式渗透到日常生活中,使用户体验到一卡通支付带来的便捷。未来的一卡通可能发行免费虚拟卡,一卡通企业通过放弃发行收入来吸引用户,不断积累用户数量,并通过其他增值服务获取收入;例如基于不同用户需求开发新的个性化、定制化产品和服务,在此基础上构建一卡通的商业模式,延伸价值链或增值服务,实现盈利。

1.2.5 由单一场景到多样化场景的发展需求

基于传统的交通领域,逐步拓展覆盖用户关注的吃、喝、玩、乐等生活消费,通过连接商户,构建多样化支付场景。

众所周知,传统交通一卡通行业的业务应用集中在交通出行领域,为市民提供便捷的支付环境,这是交通一卡通系统最初的功能特征。但随着外界环境和形势的变化,特别是第三方支付、银联等外部力量纷纷布局公共交通出行市场,导致一卡通原有的基础业务受到了一定程度的冲击,给一卡通行业敲响了警钟:再也不能仅仅依靠交通出行业务来支撑行业未来的发展。还有,传统通卡企业普遍存在利润收益结构单一等问题,不利于企业的可持续发展。另外,随着移动支付产品的应用和流行,人们的消费习惯发生了巨大的变化,顺应市民大众的生活和出行需求也是交通一卡通行业发展的趋势。交通一卡通企业应充分发挥线下渠道的优势,不断完善线下消费体验,丰富线下消费场景,尤其是小额消费领域,不断满足持卡用户在不同应用领域的消费需求。

随着消费环境的升级和各种支付方式的扩张,与通卡企业有长期合作的连锁消费渠道俨然成为支付企业竞争最为激烈的战场。通卡公司完全可以利用本地化企业的优势,与更多的商业巨头所忽略或放弃的个体网点开展合作,以“个体”包围“连锁”。构建以学生用户为中心的学校商圈,以白领用户为中心的商务办公区商圈,以普通市民为中心的社区商圈等。除此之外,通卡企业还需要在出行服务领域方面不断扩展业务,由公交、地铁向交通出行链全覆盖发展,开展与高铁、航运、航空、客运等长途运输领域的合作,利用城市公共交通接驳优势实现多式出行的联运联乘服务、电子票证服务等,在公共管理、旅游景点、社区园区等应用领域引入一卡通服务。

1.2.6 从预付费到信用支付的发展需求

随着移动互联时代的发展，交通一卡通领域通过结合移动支付技术延伸出多种新型的支付方式，为人们搭建了更便捷的支付环境，提升了一卡通用户的支付体验。信用支付方式的出现打破了以往“先付款，后消费”的传统模式，为一卡通行业注入了新的发展理念，更加提升了用户的一卡通使用体验。

随着信息技术的发展以及移动终端设备的广泛应用，越来越多的市民大众将消费的快捷性和方便性排在首位。“信用支付”的应用最初来源于金融产品——信用卡，所谓“信用支付”，是指根据用户在第三方机构（如银行）的实名认证以及信用情况，授予用户一定额度提前支付消费，后续再对信用支付账户进行还款的一种支付方式。信用支付方式的好处在于用户的消费不必再受制于现有储蓄额度，给予了用户更大的消费自由度和便利性。这种先进的金融支付方式的优点正好切合了传统交通一卡通支付的痛点，即“先付款，后消费”的模式。采用“信用支付”+一卡通的方式更能为一卡通用户提供便捷的出行和消费，提高出行效率和满意度。

一卡通行业与银行业相比，具有刷卡多且次数频繁、单笔交易额较小，更适合小额消费、不取现等特点。可以利用此特点和优势，较好解决和突破传统的一卡通服务痛点，从而创新一卡通行业的信用支付模式。根据一卡通的存在形态与第三方机构（如银行）探索交通一卡通行业的信用支付模式，通过空中发卡方式，将虚拟卡信息下载至移动终端载体（NFC 手机或可穿戴设备等），基于银行或第三方支付机构的信用体系为一卡通用户进行额度授信，绑定信用方获取信用额度之后，通过激活成为交通信用卡。这种模式具有先消费后还款、永远无须充值的特点。

虚拟交通信用卡与实体交通信用卡有着本质的不同：后者只是由一家银行单独发行，交通支付作为一种附带功能加载于卡上，仍属于一种传统的银行信用卡；而前者是真正的“交通信用卡”，是一卡通运营商和多家银行或具有用户信用评级功能的机构共同合作的产品。其目的为了解决用户在交通出行支付方式上的便利性，是对信用卡的一种突破性应用，用户可自由选择开卡单位（授信机构），理论上不设限制。另外，通过一卡通电子账户可以集成关联一卡通信用、银行信用和第三方支付信用，用户在用一卡通消费时可以自主选择一卡通信用、银行信用和第三方支付信用的一种，这为混合模式提供了厚实的基础。

1.2.7 由单一清结算到大数据应用的发展需求

交通一卡通系统的六大子系统是构建交通一卡通出行支付服务的重要基础，包括了发卡、充值、消费、清分、结算和客服环节。其中，清分、结算是交通一卡通企业关键的业务基础,更是其重要的收入来源。交通一卡通系统承担着一卡通使用过程中所产生的所有交易数据的处理,包括数据的合法性校验、上下笔校验、重复记录核查及生成各类结算报表等,提供与公共交通服务商(如公交、地铁等)、合作商户、服务网点间票款结算功能。其中,清算系统对客服、充值、消费和票卡发行等各类一卡通数据进行检查,对有效数据按区域进行清分;而结算系统提供各合作单位(商户、网点)各类业务的结算、对账业务及报表。

交通一卡通属于高频次的产品应用,不仅覆盖地区广,且服务人群基数庞大,因此,每天产生海量刷卡数据。以岭南通卡为例,每天公共交通的刷卡行为能产生的数据记录就高达1200多万条;据粗略统计,全省每天公共交通刷卡数据量达到50GB,由此推算全年的数据量高达18TB。随着交通一卡通业务应用领域的扩展,特别是全国范围互联互通的推进,未来基于一卡通所采集到的数据将呈现爆发性的增长。

但目前一卡通企业在交易数据的分析和应用领域方面,主要还是集中在单一的清分结算业务上,对数据进行深入的挖掘和利用较少。当然,出现这种状况有客观原因。首先是相关人才普遍缺乏。优秀人才资源是大数据发展的关键基础,目前大部分一卡通企业都缺乏这样的人才储备。其次,目前通卡企业的大数据技术基础较为薄弱;大数据存储、分析和挖掘技术与产品往往需要巨大投资,一般的通卡企业无法承受这个巨大成本。再者,一卡通企业的大数据转化能力不强,缺乏深度的数据价值分析,往往提供的一卡通大数据产品和服务都没有太大的用处。最后,一卡通数据与其他相关交通数据融合度低。来自一个维度的数据,无论体量多大,都不是大数据,因为一维数据无法反映客观事实。若一卡通数据没有与其他数据关联分析,得到的结果,价值自然也不大。

“互联网+”时代的来临,为交通一卡通的数据分析和价值转化提供了重要的技术手段、人才资源及价值转化能力,极大地推动了一卡通企业从单一的清分结算向大数据、云计算服务方向发展。企业可以借助互联网有效解决数据分析人才的问题,通过网络众包和众智的方式解决人才缺乏的问题。在不同的应用领域,大数据技术整体解决方案已经很成熟,完全可为企业发展大数据战略提供成本低廉的技术方案。互联网的广泛应用为数据融合提供多种的便捷的渠道,不同数据来源可通过兼容接口实现不同数据源之间的关联融合,为大数据分析提供多样化的数据资源。

交通一卡通行业转型升级和业务深入发展需要大数据分析平台的支撑,通过企业内部对接各个核心系统和平台,将历史数据整合在一起,打通线上线下数据通路,不断提升企业自身数据采集能力。同时与更丰富的外部数据源合作,充分利用并打通企业内外部数据源,引入大数据处理技术,按照不同类型的数据,形成一个完整的行业数据资产。利用此系统为整个社会产业生态服务,为政府、企业与合作伙伴的经营提供帮助和创造价值。

1.2.8 从城市公共交通到综合出行链的发展需求

众所周知,目前交通一卡通主要应用在城市公共交通出行领域,特别是公交、地铁和出租车等主要的交通工具,初步实现了局部的交通出行换乘机制。但随着人们出行范围的扩展,这种局部性的换乘机制已经不能很好满足人们的出行需求,使交通一卡通的应用和发展出现了瓶颈。

进入"互联网+"一卡通时代,通卡企业通过运用互联网技术将一卡通的业务进行扩展。通过全国联网售票系统的建设,推动一卡通电子票证的试点应用,推动道路客运、城际轨道与城市公共交通的无缝接驳,推动航空票务、道路客运售票系统与交通一卡通系统开放对接,通过互联网系统将不同交通方式进行整合和功能集成,为旅客提供全方位、联程客票服务。交通一卡通企业通过与客运站场、火车、航空和长途等运输企业以及票务提供商等进行充分的合作,为旅客提供公共交通、长途客运的电子支付服务、票务票证、快速安检、公共信息服务、"交通+旅游"融合产品等一站式服务,推进旅客联程运输发展,提升旅客服务体验。通过一卡通系统与停车场支付环节的对接,实现一卡通综合换乘"P+R"模式,推动人们公共交通出行的一卡通"一站式"服务和"一票到家"。

1.2.9 由封闭系统到开放生态圈构建的发展需求

城市交通一卡通经过十多年的发展,无论在技术手段、平台建设、安全体系以及运营模式、应用领域以及产业合作等方面已日趋成熟。为广大市民的公共交通出行、跨区域交通出行提供便捷的支付环境,提升了城市公共交通出行效率,对促进交通信息化建设、改善交通出行结构做出了重要贡献。

在城市交通一卡通系统建设之初,作为城市本地化的民生工程,一般是通过政府直接参与推动组建或由政策支持建立的当地一卡通公司,其运营具有一定的政策门槛和行业垄断性质,外部企业通常难以进入一卡通服务领域,长期以来形成了较为封闭的行业系统。但随着技术的进步和政策的逐步开放,特别是市民大众的生活和出行习惯发生了巨大的改变,原有的一卡通服务和封闭的体系受到前所未有的冲击,越来越不适应时代的发展要求。进入"互联网+"时代,移动网络环境得到极大的改善,智能终端广泛应用,使得出行支付方式得到了变革,各种新业态层出不穷,互联经济、共享经济、平台经济、生态平台等不断涌现。这种快速变化的互联网环境不断改造着传统一卡通行业,并逐步打破了一卡通行业封闭性,向开放市场、开放生态方向发展。

在移动互联网环境下,传统交通一卡通企业通过开放的态度积极寻求各种产业合作,基于一卡通的民生服务定位,联合产业链中的芯片厂商、手机终端厂商、可穿戴设备厂商、TSM 平台商、通信运营商以及渠道服务商等一起打造一卡通的开放生态圈,推出各种“互联网+”创新产品和服务,不断满足新时代人们的各种需求。

1.3 “互联网+”交通一卡通国内外的发展现状

随着“互联网+”时代的到来,网络技术、软硬件技术的提升和用户对移动支付习惯培养的形成,交通一卡通行业也紧跟“互联网+”时代的步伐,结合自身行业的特点和优势,积极与新兴技术进行融合,推动交通一卡通行业由 1.0 时代向 2.0 时代进行转型和升级。

“互联网+”时代的便捷性和连接力表现在移动互联网的基础网络是一张立体的网络(图 1-5),通过各种无线通信方式(GPRS、3G、4G、5G 和 WLAN 或 WIFI)构成的无缝覆盖,使得移动终端方便连接网络。移动互联网另一个关键的要素是以移动终端为载体。这些移动终端不仅仅是智能手机、平板电脑,还有可能是智能眼镜、手表、智能一卡通、手环、戒指等各类随身物品,实现随时随地都可使用。

图 1-5 移动互联网时代

“互联网+”时代的到来不仅推动了移动技术在各行各业的广泛应用(图 1-6),还带动了消费模式、出行模式、生活模式的创新与变革,“O2O”、移动支付、移动充值、网络约车等新兴技术和应用场景不断涌现,极大地改变了原有的产业生态现状,对与消费终端接触紧密的行业冲击尤为严重。传统交通一卡通行业,原来基于离线的一卡通支付不断受到了各种移动支付方式应用的冲击,原有的行业应用优势在被削弱,使交通一卡通整个行业发展都面临着严峻的挑战。但有危必有机,这也正是为交通一卡通转型升级带来机遇,在"互联网+"时代,无论在技术上、场景应用上还是用户使用习惯或体验上都为交通一卡通行业的革新提供了重要的基础。

图 1-6 "互联网+"云时代下,人人互联互通

1.3.1 国内外整体的发展现状

随着"互联网+"与传统交通一卡通行业的结合,中国、日本、韩国和美国等国家都积极发展交通一卡通业务,业务应用也逐渐向多元化、多层次的应用场景拓展,从公共交通领域,逐步覆盖到如商城、便利店等其他消费领域,交通一卡通市场和规模得到进一步扩大,应用场景也得到了进一步的完善。

首先,国内外各城市根据自身的特点和用户需求,研发出了如短信支付、扫码支付、指纹支付、声波支付和NFC近场支付等一系列新兴支付技术,极大地改变了用户的支付方式和使用习惯,变革了传统支付产业结构,也涌现出了不同主体的支付运营模式。随之,催生了如颠覆式创新思维、共享经济思维与跨界思维等移动互联思维和一卡通"O2O"商业模式、一卡通社交(粉丝)商业模式、一卡通大数据商业模式、一卡通定制化模式、一卡通免费商业模式和一卡通平台商业模式等新兴的商业模式。

作为传统交通一卡通运营商,在积极寻求自身战略和业务模式调整和产业升级转型的同时,探索由线下实体卡片发行和线下支付向虚拟发卡和线上线下融合支付发展,为一卡通用户提供便捷的支付体验。位于产业链下游的一卡通应用场景服务提供商,通过改造线下服务网点,逐步将一卡通充值消费业务向线上方向转移,并构建丰富的线下支付场景。通过产业链企业之间的合作和共同技术研发,推动一卡通支付技术从传统离线支付向空中支付、移动支付和信用支付等 2.0 时代技术应用方向发展。

1.3.2 国外的发展现状

“互联网+”时代正推动着各行各业的创新与发展,国内外交通一卡通行业也积极寻求与“互联网+”模式进行融合,为的是在新的时代背景下不断提升自身市场竞争力和优势壁垒,孕育新的互联网业态,为用户提供更优质的产品和服务,赢取未来的市场先机。

“互联网+”交通一卡通行业首先是商业模式的创新与应用,交通一卡通发展较为先进和成熟的日本在交通一卡通转型创新方面有了一些积极的探索,进行了如下创新尝试。例如日本西瓜卡与信用卡早期开展的合作,3000 日元以下的小额支付通过西瓜卡电子钱包实现,3000 日元以上部分通过信用卡完成支付;西瓜卡积极推动消费积分会员俱乐部的忠诚计划,提升用户忠诚度。而作为韩国第一大一卡通运营商 T-money 卡则另辟蹊径,与支付宝开展合作,用户可通过支付宝账户购买 T-money 卡。美国纽约地区的 Metro 卡则推出了旅游票卡,为短期出游的用户提供了更加贴心优质的服务。随着互联网业务的深入发展,国外交通一卡通行业为更好地满足用户需求,推出人性化的服务,比如韩国的 T-money 卡与银联国际联合推出的“闪付”功能,使得银行卡和交通卡合二为一,为出国旅游群体提供定制化的一卡通产品。不仅如此,在大数据分析方面也得到了广泛的应用,例如 T-money卡的运营商通过数据挖掘技术对采集到的运营数据进行科学分析,最终与首尔市的公共交通资源进行了整合,包括公交线路的规划、发车频率的调整、与地铁换乘实现连续计费等。而美国纽约地区的 Metro 卡则推出了定制公交的服务,使得更多深夜下班的用户能够享受更优质的服务。

从国外交通一卡通的发展来看,尽管收集到的国外一卡通创新发展方面的材料不多,但基本上也反映了国外在交通一卡通方面是紧随着互联网时代发展的步伐在不断创新应用。不过相对于国内一卡通行业日新月异的变化,国外的一卡通互联网创新略显保守。

1) 日本

日本作为移动支付发展最早的国家之一,手机支付应用已经渗透到了居民日常生产生活的方方面面。早在功能机时代,日本的移动支付业务就非常发达。日本在 2014 年开始推广移动支付应用,当时移动互联网用户已经高达 7515 万,占日本总人口的 70%,渗透率在全球居于领先地位,为发展移动支付提供了基础条件。

图 1-7　日本 Suica 卡及应用

特别是随着日本线下交通 IC 卡的升级发展,进一步促进了移动支付的诞生。日本最早的小额支付 IC 卡是 Edy 卡以及东日本铁路公司发行的 Suica 卡(西瓜卡,图 1-7),其诞生于2001 年,发展迅速,并迅速覆盖日本的地铁站、便利店、自动贩卖机及餐馆等小额支付的场景(图 1-8)。这类预付费卡为移动支付的电子钱包业务奠定了基础。随着智能手机的出现,消费者对于手机能够集成预付费 IC 卡的需求日益强烈,这也为移动支付的发展提供了一个良好的契机。截至2016 年 11 月,交通移动支付在日本也有具体业务投入使用,东日本旅客铁路公司(JREast)旗下的 Suica 支付系统与 Apple Pay 支付渠道打通,乘客可以刷日版iPhone7 购票进站。JR East 每天承运量超过 1700 万人次,这使得日本一跃成为仅次于英国的交通近场支付第二大市场。

Suica帮您解决零钱的烦恼

便利店

车内购物

自动售货机

投币式自动寄存柜

图 1-8　交通一卡通在日本的应用

但经过了多年的发展,在公共交通支付领域,日本民众还是更习惯于使用交通卡进行支付,且对于移动支付的热衷程度还不如现金。其主要是因为日本是一个崇尚现金的国家,比世界上任何一个发达国家都喜欢使用现金。现金交易占据了日本 70%的交易额,而其他发达国家的现金利用率却只有 30%。

同时,日本也是一个十分依赖卡的国度,据统计,20 岁以上的成年人人均拥有

2.6 张信用卡,相比于我国,这种普及率是非常高的。据金投网报道,2017 年全国人均持有信用卡为 0.31 张,北京信用卡人均拥有量也只达到 1.35 张,可见日本对于卡的使用具有强烈的依赖性。其中一个明显的案例是日本交通卡的应用。在东京都市圈内,Suica 卡和 Pasmo 卡可以乘坐东京地区大部分的列车和巴士,包括 JR 列车、地铁和单轨铁路车以及其他非 JR 列车,还适用于关东地区、仙台、新潟、名古屋、静冈市、冈山、近畿地区和广岛地区等,但不包括新干线。而 ICOCA 卡主要应用于 JR 西日本的大部分线路。

除了公共交通领域外,日本交通卡已经拓展至其他服务领域。在一些自动售票机和投币储物箱、车站内外的商店,包话连锁店,如 Family Mart、am\pm、Ministop、Yodobashi Camera 和 Bic Camera 店,都可以使用交通卡进行消费,成田机场的部分商店、出租车也开始接受交通卡付费,在一些可以用笔记本电脑上网的商店,还可以用交通卡来支付网费。JR 东日本公司的员工还把 Suica 卡作为雇员证来使用。

2)韩国

韩国政府通过政府主导的大型信息化项目来促进全国信息产业的发展,出台了很多政策鼓励信息化发展。目前韩国电子商务基础设施在国际社会被公认为世界级水平,宽带普及率是世界上最高的,手机用户占全国人口的 82%。韩国电子政务发展也极为迅速,并成为世界电子政务发展的典范。这些都为电子支付的发展提供了良好的政策、法律和市场环境。

目前 90%的韩国手机用户已经习惯进行手机支付,移动支付的消费模式已经深入人心。政府还出台了一系列关于手机支付的鼓励性法律法规,对支持手机近端刷卡支付的商户可享受消费退税 2%的优惠政策;对于不接受手机支付的零售、餐饮、宾馆等行业的商户,将被作为重点税务检查对象。此外,韩国政府积极推动大型信息化项目的建设,无线城市、u-city等建设都推动了手机支付的普及。

同时,在交通一卡通应用创新方面,韩国大力推动移动互联网在交通一卡通领域的应用创新,提升公共交通的信息化服务能力。韩国 T-money 卡是韩国境内通用的一种预付式交通卡(图 1-9),只要购买 T-money 卡并充值,便可乘坐全韩国境内所有的地铁或巴士,并且除了交通工具以外,旅游景点、快餐店、公

图 1-9 韩国 T-money 卡在刷卡使用

共电话、自动售货机、便利店等地方都可以刷卡消费。此外,T-money 卡还具有多种包括结算支付和在相应的加盟店获得优惠的功能。

目前,三星电子已和韩国最大的两家交通卡公司(T-Money 和 Cashbee)合作,把两家公司的交通卡整合到了三星旗下的移动支付服务。持有交通卡的用户只需注册三星公司该项服务,便可激活手机交通卡的应用功能。当手机交通卡余额不足时,用户还可通过与 Samsung Pay 签署协议的金融机构旗下的信用卡和借记卡进行在线充值。

图 1-10 英国 oyster 卡

3)英国

英国于 2003 年发行了牡蛎卡(oyster 卡)如图 1-10 所示。英国作为全球最大的移动支付市场之一,是世界上最常使用移动设备进行支付的国度,约 44%的在线交易是通过移动设备实现的。但是,经过多年的发展与应用,英国的移动支付应用并没有获得英国民众的广泛支持与普遍应用。

其中,最为突出的是在公共交通领域,移动支付应用还不能转变英国市民的使用习惯。英国《每日邮报》援引英国汽车协会一项最新调查称,该国绝大多数驾驶员不爱使用手机进行停车费支付,70%的人宁愿开远路寻找接收现金的车位停车。这项调查涵盖英国 1.65 万名驾驶员,抵制用手机支付的驾驶员主要是不满意向服务供应商缴纳约 40 便士(约合 4 元人民币)的管理费。车主也不愿意通过电话支付,并声称那样做会很费时,使用体验并不佳。此外,认为强制使用手机交费的做法无疑是"歧视性"的,这样不利于老年人与低收入者的使用。

在交通卡与移动支付相融合发展方面,英国也积极推动手机虚拟交通卡的应用创新,但是应用设备的兼容问题、运营商的利益分成问题等还需要进一步的完善。早在 2015 年 7 月,伦敦的居民和游客就可以使用 Apple Pay 刷手机或智能手表进站乘坐地铁。不过在此后的运营实践中,许多问题被暴露出来,包括使用 Apple Pay 支付时闸机反应速度明显慢于刷公交卡和普通车票,使用体验达不到预期效果。并且,如果出入站时使用相同 Apple ID 的不同设备(如 iPhone 手机和同 ID 的苹果手表),会被收取分段收费中的最高费用,造成费用清算错乱等问题,客户投诉情况比较严重。

因此,在交通一卡通移动支付应用方面,英国还保持着比较谨慎的态度,并没有进行全面的应用推广。

1.3.3 国内的发展现状

1）移动支付发展迅速

根据2016年的市场数据调查显示，中国移动支付的规模大约为美国的50倍，充分表明了中国的移动支付应用发展在这一被视为“通往金融科技生态系统康庄大道”的细分市场中，占据了强势的主导地位。据中国互联网络信息中心（CNNIC）2018年1月31日在京发布的第四十一次《中国互联网络发展状况统计报告》（以下简称为《报告》）显示，截至2017年12月，我国网民规模达7.72亿，普及率达到55.8%，超过全球平均水平4.1个百分点，超过亚洲平均水平9.1个百分点。其中，手机网民占97.5%。

《报告》显示，截至2017年12月，我国手机网民规模达7.53亿，网民中使用手机上网人群的占比由2016年的95.1%提升至97.5%。与此同时，使用电视上网的网民比例也提高3.2个百分点，达28.2%。台式电脑、笔记本电脑、平板电脑的使用率均出现下降，手机不断挤占其他个人上网设备的使用。以手机为中心的智能设备，成为“万物互联”的基础，车联网、智能家电促进“住行”体验升级，构筑个性化、智能化应用场景。移动互联网服务场景不断丰富，移动终端规模加速提升，移动数据量持续扩大，为移动互联网产业创造更多价值挖掘空间。

互联网企业通过与公共服务机构、消费商家以及社区等开展深入合作，将涉及民生类缴费环节陆续打通，全方位的民生服务网上缴费体系基本完成搭建，并加速推广。水电费、煤气费、物业费、网费、有线电视费等常规生活类缴费在纳入网上缴费体系的同时，加入诸如自助提醒等功能，使得缴费更加便捷、智能；就医挂号、交通违章、校园类费用等社会公共服务实现网上缴费，极大提升公共服务机构效率，切实解决大众现场缴费不便的问题。

2）“互联网+”交通一卡通异军突起

在国家鼓励创新的“互联网+”政策陆续出台和移动支付技术升级的大背景下，我国主要城市的交通一卡通行业都在积极探索“互联网+”交通一卡通的发展模式。

随着“互联网+”和公交信息化的迅猛发展以及智能手机的普及，越来越多的交通支付手段已转移到手机端。同时，实体公交卡在使用过程中，也存在诸如充值不便、容易丢失、刷卡记录无法查看、跨地区无法使用等缺点。推广公交移动支付，打造“低碳”、“无现金”城市已是大势所趋。传统通卡公司纷纷携手互联网企业、第三方支付公司开展与布局公共交通移动支付业务。其中移动支付最主流的两种业务模式是以华为、小米、三星为代表的NFC近场移动支付和支付宝、微信等主推的二维码扫码支付。NFC近场移动支付已实现多款手机机型的应用发布，支持在北京、上海、广东等地进行刷手机乘公交、坐地铁；而二维码公交支付也逐步在广州、深圳、杭州、青岛等地试点进行扫码付费乘车(图 1-11)。

图 1-11 广州、深圳公交二维码支付应用

2017 年 6 月,广东岭南通与小米、华为等手机厂商和拉卡拉等智能穿戴设备厂商合作推出空发卡,此后每月的增长率达 15%,其中活跃卡维持在 60% 以上,"互联网+"一卡通的实施效果十分明显。自 2014 年以来,上海交通卡陆续与三大通信运营商以及华为、小米、三星等主流手机厂商进行合作,推出交通卡 NFC 手机交通卡产品,目前共有 213 款型号的手机支持交通卡的应用,用户增长势头良好。

在目前能够使用二维码支付乘坐公共交通的城市里,传统公共交通一卡通公司的二维码支付有四种合作模式:(1)公共交通一卡通公司与支付宝合作,在支付宝的"城市服务"里有"公交付款"选项;(2)公共交通一卡通公司与腾讯合作,在微信的应用里添加本地公交卡;(3)公共交通一卡通公司与银联合作,通过银联 APP 中的付款码乘坐公共交通;(4)公共交通一卡通公司与上述"三巨头"之一展开技术合作或者独立研发,推出自主运行的 APP,能够扫码乘坐公共交通。

四种合作模式的代表城市如表 1-1 所示。

乘车二维码合作模式 表 1-1

合作模式	代表城市	合作模式	代表城市
与支付宝合作	广州、杭州、武汉、济南、绍兴	与银联合作	南京、成都、东莞、肇庆
与微信合作	广州、青岛、重庆	自主运行	金华、北京、广州、深圳

传统通卡公司利用互联网技术,开发了各地的交通一卡通 APP。如广东地区的岭南通 APP,日均使用用户以 5%的速度增长;而拥有支付牌照的北京市政一卡通 APP 除去基本的查询和充值业务,还研发了微商城的增值服务;金华一卡通则结合当地旅游产业在金华行 APP 内增加了旅游板块;上海交通卡开发的 APP 将公交卡和 ETC 卡融合。具体情况如表 1-2 所示。

部分城市交通一卡通 APP 应用 表 1-2

APP	大小(M)	基础功能	特色功能
鹏淘(深圳)	32	充值消费 网点查询 余额查询 客服服务	话费充值,乘车二维码,公交查询,微商城,理财
北京一卡通	18		快充券,积分商城,企业账户
羊城通	9		乘车二维码,在线钱包,实名制
长安通	11		乘车二维码,实名制,路线规划,交通卡商城
金华行	72		乘车二维码,路线规划,横店旅游
上海交通卡	10		ETC,停车场等查询

在一卡通新业务应用方面,西安的长安通、杭州的市民卡等通卡企业通过与当地医院合作,将公共交通一卡通与医保卡、医疗卡相结合,扩展一卡通的应用场景。据华商网报道,2016 年起,西安的长安通已经与五家医院展开合作,用户能够使用长安一卡通在医院进行挂号和消费。具有医保功能的杭州市民卡在发卡规模上也取得重要突破,截至 2017 年 2 月,杭州市民卡发卡量已超过 1000 万张,其中主城区 483.7 万张,七县市区共计 538.5 万张。

在一卡通大数据分析方面,北京市政一卡通是行业的佼佼者。据媒体报道,市政一卡通使用范围覆盖了城市交通、市政服务、商业消费四大领域,积累了可用数据达到了 460 亿笔,以此数据为基础建立了三套数据相关的体系:第一套是具有鲜明一卡通特色的数据治理体系,第二套是数据挖掘分析和计算体系,第三套是应用和展示体系。通过这三套体系能够提供政策效果评估、城市规划支撑、特定人群的分析及服务和公共交通的优化四方面的增值服务。

3)主要省份和城市的交通一卡通发展现状

(1)北京

北京市政交通一卡通有限公司,是根据国家信息产业部金卡办提出的“统一规划、统一标准、统一制造、统一发卡、统一管理”和国家建设部提出的“一卡多用、统一发卡”的原则建设的,实施以智能卡为交易载体、全面应用于市域内公共交通、轨道交通及其他小额支付交易领域的电子支付结算的服务商。北京市政交通一卡通拥有超过千万活跃用户,日均交易量达 1600 万笔,拥有庞大的用户体量及高频的使用充值需求。为适应新时代的发展趋势,北京市政一卡通借助互联网技术推出了多种新的业务和服务。例如上线北京一卡通 APP,用户除了实现基本的查询和充值业务之外,还能够享受如乘车二维码、公交查询和微商城等增值服务;发布手机一卡通,与手机厂商和智能穿戴设备厂商合作,进行空中发卡;推出个性定制卡,用户可根据自己的喜好进行在线化定制和支付,满足了持卡用户足不出户即可享受一卡通的个性化服务。

2017 年 6 月,北京地铁联合北京市政交通一卡通,首期于房山线启动刷手机乘车项目试点,开启北京地铁移动支付创新应用,逐步实现实体交通卡向虚拟化应用的方向发展。通过 NFC 手机的近场通信功能实现一卡通与手机的合二为一,让市民出行不必携带实体一卡通,刷手机即可畅行北京地铁(图 1-12),摆脱了原来找卡、忘带卡的烦恼。同时,手机一卡通支持在线充值,用户可通过下载指定 APP,三步操作即可秒充到账,无须前往人工网点排队办理。

图 1-12 北京市政一卡通刷 NFC 手机进闸

北京市政一卡通从 2018 年 2 月 1 日起试点推行手机互通卡。作为在互联互通领域应用的新型产品,手机互通卡将可在北京公交、地铁以及京津冀区域等全国互联互通城市指定线路全面使用,京津冀三地用户可凭借"一部手机畅行京津冀",体验交通互通和移动出行的双重便利。

北京市在"互联网+"交通一卡通创新应用的过程中,不仅转型与升级交通一卡通的线下应用模式,突破传统一卡通的应用场景,还促进了交通一卡通的数据化应用,推动了与"互联网+"应用产业的相互结合,从而实现对城市公共交通的数据化管理。北京市政交通一卡通除了实现公共交通的全覆盖,还覆盖至燃气、公园景点、电话、环保系统、学生卡、养老助残卡、残疾人一卡通等市政服务领域,从而积累了海量的一卡通数据,为实现基于交通一卡通的大数据应用提供了良好的基础条件。

北京市政一卡通在大数据分析方面取得了较好的成效。通过对海量的交通一卡通交易数据进行分析与挖掘,可以获取北京市公共交通出行的规律信息,了解市民大众的出行需求、各公交线路与地铁线路的运营情况,从而有效地实现对城市公共交通系统的综合管理,为制订高效可靠的交通管理措施提供数据支撑。

(2)上海

上海公共交通卡股份有限公司成立于 1999 年 5 月 25 日,是一家按照现代企业制度组建的股份制企业,始终以"方便市民使用,提供便捷服务"为工作目标,为用户带来安全性更高、便捷性更好、覆盖面更广的用户体验,为上海乃至整个长三角的交通发展,提供更优化的互联网线上服务。上海交通卡在互联网转型中推出了新的产品和服务,例如公交卡与 ETC 一卡融合,实现电子标签服务,既能满足用户的公共交通需求,同时也能帮助用户无障碍通过高速公路;推出一卡通 APP 服务,通过在线应用实现实时查询停车场信息和停车费支付、NFC 在线充值及余额查询等功能;自 2011 年起,上海交通卡推出“网上充值”服务,通过 e 乐充终端实现充资、移资、查询、在线续期等网上业务。

对于更为方便快捷的空中充值服务,上海公共交通卡通过与金融机构开展业务合作的方式,利用当前流行的 NFC 手机实现对交通卡的空中充值服务。使用带 NFC 功能的安卓手机的用户,可通过下载“上海交通卡”APP,并将交通卡贴近手机,即可实现银联卡向交通卡充值,省去排队的时间(图 1-13)。同时,需要发票的用户可根据 APP 中的“发票领取须知”至各光大银行网点领取。

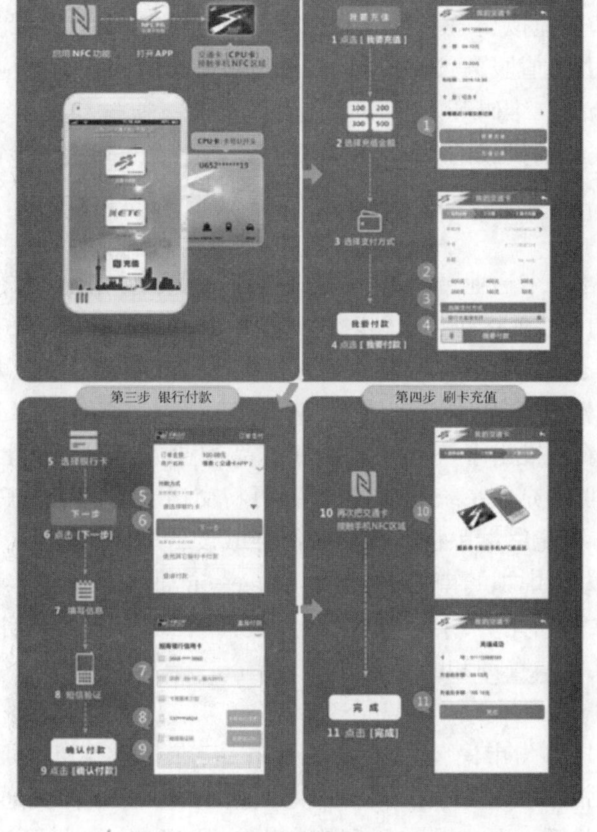

图 1-13 上海公共交通卡手机空发开卡流程

2015 年,上海公共交通卡公司和移动、联通共同开发的手机交通卡正式应用试点,享受与普通交通卡相同的优惠与折扣,可通过手机客户端实现手机交通卡账户充值、余额查询、交易记录查询等便捷功能。电信也推进了公共交通卡手机支付试点,用户只需换一张带有刷卡芯片的手机 SIM 卡,通过安装"翼支付钱包"APP,下载上海公共交通卡应用,即拥有了虚拟交通卡账户。用户进行"内卡充值"后,便可直接在公交 POS 机、轨道闸机上使用。上海电信"翼支付"手机交通卡用户在乘坐轨道交通时,没有指定闸道的限制,任何通道只需"刷"机就可轻松进入。

上海交通一卡通在"互联网+"交通一卡通创新发展的潮流下,进一步推进业务创新与应用创新,联合华为、小米、三星等手机厂商,以及支付宝、腾讯等互联网企业,创新发展交通一卡通的移动支付,实现交通一卡通与 NFC 手机的应用结合。用户使用支持 NFC 功能的手机登录相应的电子钱包(如支付宝钱包),进入应用中心的服务项"城市一卡通",再申请一张虚拟卡、进行充值,即可使用手机"刷卡"乘坐公交。同时,基于虚拟交通卡是建立在电子钱包的基础上,因此,可实现对交通卡随时随地的网上充值服务,进一步优化与完善了交通一卡通的应用场景。

此外,交通卡的二维码开发应用也在有序推进。通过和支付宝等第三方支付公司的合作,地铁站内投放的交通卡自助服务设备都开通了扫码售卡、充值、退卡等服务,已有近 30%的用户通过自助扫码充值对交通卡进行充值。

(3)广东

广东省的交通一卡通业务主体运营机构——广东岭南通股份有限公司(以下简称"岭南通公司"),在移动互联网时代背景下,岭南通公司一直在寻求适合自身发展的战略转型之路,建立了"移动互联网战略"和"Inside"战略,从不同的维度对转型创新进行探索,寻求从线下到线上、从有卡到无卡、离线钱包到在线钱包等九大方向发展。目前已推出了一些互联网新产品和业务,例如,网上充值服务,网上充值终端作为互联网充值系统的前置设备,可将交通卡与网络账户进行关联;空中发卡服务,实现与智能终端手机厂商和智能穿戴设备厂商的合作,发行虚拟形式的交通卡——手机内涵虚拟岭南通卡(图 1-14);一卡通 APP 服务,基于岭南通 APP 应用,为用户提供移动充值、余额查询、网点查询、在线客服等服务,未来将接入联网售票系统,提供客票查询和购买服务。

(4)广州

羊城通目前是广州市民公共出行的必备品,在日常生产生活中发挥着重要的作用。拥有一张羊城通卡,便可以在广州范围内乘坐各种交通工具,大大便捷了市民的乘车与换乘,并支持在便利店、超市、快餐店、停车场等场景进行刷卡消费。

图 1-14 岭南通-手机 NFC 刷卡进闸

广州市在公共交通移动支付应用方面一直走在全国的前列,积极推动“互联网+”应用技术的相互融合,促进传统应用产业的转型与升级,特别是传统交通行业信息化转型升级,提升现有城市公共交通的服务能力以及用户的使用体验。

2015 年 1 月,羊城通与微信开展“互联网+”技术合作,通过接入微信公众服务平台,基于 NFC 手机开通一卡通的余额查询、常见问题在线咨询以及查找最近的客服中心(目前开通);自动充值绑定、转账充值、交易查询以及电子商务等多样化的在线服务(图 1-15)。

2017 年 4 月,羊城通与支付宝达成“互联网+”的全面合作,积极发展交通一卡通的移动支付应用,进一步促进交通一卡通的数据化、信息化和虚拟化发展。早在 2014 年 5 月,羊城通就开通了支付宝线上充值业务,利用移动互联网技术,实现对交通卡的线上充值。截至目前,广州市民可以通过羊城通网站、APP、自助终端机、支付宝、微信等进行充值,并进一步实现了利用 NFC 手机拍卡的实时充值功能。其中,支付宝数据显示:2016 年,通过支付宝进行羊城通充值的累计人次达到了 365 万笔,极大地便利了广州市民的交通出行。

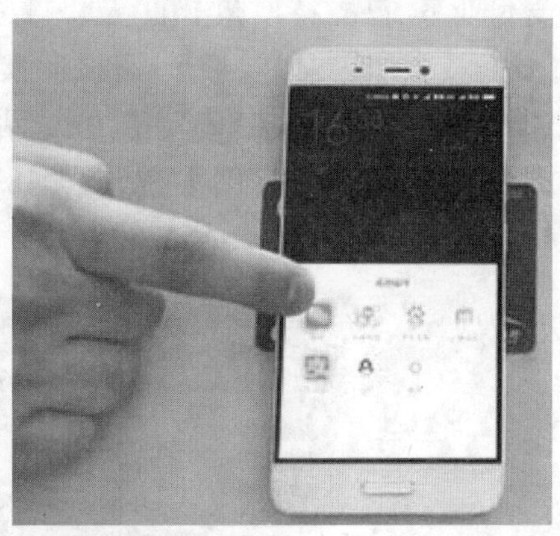

图 1-15 基于手机 NFC 的一卡通充值应用

随着手机 NFC 近场支付技术的不断发展与成熟,羊城通开展与各手机厂商进行技术合作实现把羊城通卡集成至手机支付应用中。NFC 手机的用户通过相应的 APP 或电子钱包即可进行手机交通卡(虚拟羊城通卡)的申请与开通,满足刷手机购票的应用需求。当用户乘坐公交车或地铁时只需要把手机放置车载机或闸机上的感应区域即可实现刷机支付(图 1-16),无须点亮屏幕或打开应用程序,直接黑屏刷机即可购票,其应用功能与应用范围与实体卡一致,并享受实体卡所有的优惠政策。

图 1-16　岭南通·羊城通手机空发 NFC 地铁闸机支付

2017 年 12 月,羊城通公司还与腾讯公司和支付宝公司共同推出羊城通乘车码的支付业务,已支持广州 BRT 及全部公交车的扫码乘车。市民只需打开手机羊城通 APP 或微信、支付宝乘车码,按照操作提示开通应用,就会生成一个专属的"羊城通二维码",将此付款码对准 BRT 站台闸机或公交车载电子收费终端的扫码模块即可完成车费支付(图 1-17、图 1-18)。广州 BRT 快速公交线路已成为全国首条支持二维码乘车的 BRT 公交线路。

图 1-17　广州 BRT 的二维码扫码入闸

图 1-18 羊城通乘车二维码小程序

(5)深圳

深圳通在不断完善现有公共交通服务的同时,加快拓展应用领域以及一卡通转型升级的步伐,加强与“互联网+”应用产业的技术合作,已基本完成从“交通一卡通”向“城市一卡通”,从“公交卡”向“智慧卡”,从“卡片支付”向“手机移动支付”的转变,涵盖公共交通、便民消费、社区(企业)一卡通、互联互通和电子商务等五大领域。

深圳市一直推动交通一卡通的实名制,逐步实现交通一卡通与用户个人身份信息的绑定。深圳市民通将“身份识别+便捷支付”相关功能整合在一起,实现深圳市民信息归集、身份识别、数据分析、交通出行、便民消费、支付结算、电子商务等应用,满足客户在公交地铁、出租车、停车场、路边停车、自行车租赁、汽车分时租赁、小额商户、互联网支付等场景的使用,进一步推动“交通一卡通”向“城市一卡通”的全面发展,促进多元化应用场景的构建。

2017 年,深圳通公司正式推出深圳通充值电子普通发票(图 1-19),成为全国第一个开通电子发票功能的一卡通公司,率先进入“发票无纸化”时代。深圳通公司依托自身的官方 APP 鹏淘,推出了电子发票功能,利用 NFC 手机通过鹏淘充值,即可在鹏淘 APP 里开票。深圳通开展充值电子发票服务,旨在进一步提高自身的信息化服务能力,提升用户的使用体验。

2016 年 11 月,深圳通成功推出了交通信用后付卡——“工银深圳通欢享卡”,支持“先消费后付费”的信用乘车模式,实现了金融额度在地铁、公交等城市一卡通领域的直接应用,突破了传统交通一卡通预付费的运营模式,实现了应用模式的创新发展。深圳通的公交信用卡无须充值,一卡通账户直接与信用卡主账户相关联,信用卡授权一卡通账户一定的信用额度,额度用完之后自动实现充值,所有消费款项通过信用卡主账户实现笔笔扣收,使用的信用额度按月还款。

图 1-19　深圳通 APP 的电子发票功能

基于移动支付的二维码乘车是公共交通支付未来发展的潮流。深圳市在全国范围内率先推出了深圳通二维码乘车新体验,实现继信用支付、NFC 手机支付之后,正式步入二维码支付领域。2016 年底,深圳通推出二维码乘车功能,经过半年多的试点运营,目前业务运行稳定。用户通过登录深圳通官方鹏淘 APP 绑定第三方小额免密支付即可扫码乘车,实现了"先消费、后支付、免密码"的便捷体验。据深圳通官方微信消息,2017 年 7 月,深圳通与腾讯公司微信平台合作,推出了深圳通鹏淘微信小程序,市民打开微信小程序即可在深圳巴士集团的 B683 路、12 路、17 路、213 路共四条公交试点线路上扫码乘车(图 1-20)。

目前,市民还可以通过多种方式获取深圳通二维码,实现公共交通二维码扫码乘车的应用功能。其中,可通过下载深圳通官方 APP"鹏淘",关注微信小程序"深圳通鹏淘"或者"深圳市民通",进入支付宝"城市服务"使用"深圳通鹏淘"等。使用深圳通二维码支付可免除购买深圳通实体卡,注册及填写手机号,并可与微信、支付宝、深圳通"鹏淘"等进行账户绑定,即可实现扫码消费,且使用深圳通二维码乘坐公交车,可享受和深圳通普通卡一样的乘车优惠。

图 1-20 深圳通公交二维码支付

(6)杭州

杭州市民卡在“互联网+”时代背景下,率先尝试将手机二维码扫码技术应用于公交车终端缴费支付,同时推出在线支付的优惠政策;同时,杭州市民卡与支付宝积极展开合作,在支付宝的城市服务选项里能够对杭州市民卡进行充值并进行消费;而且,杭州市民卡还为外来旅游的用户推出了旅游卡,可供用户进行选择。截至 2017 年 2 月,具有医保卡功能的杭州市民卡累计发卡量已超过 1000 万张。其中主城区 483.7 万张,七县市区共计 538.5 万张。

在互联网移动支付快速发展的浪潮之下,杭州市逐步推动“无现金”城市的全面发展,无现金理念已推广至多个支付领域,不带现金只带手机成为杭州人出门的一种习惯。在杭州,超过 95%的超市便利店、超过 98%的出租车都支持支付宝支付。不管是吃饭购物、乘坐公共交通、政务办事大厅,都可以实现手机支付。

面对日益多元化的交通一卡通应用场景、频繁消费频次以及基于移动端支付习惯的形成,原有的线下充值服务能力已经不能满足当今市民日常生产生活的需求。为解决市民卡(钱包)、杭州消费卡、杭州通卡充值难的问题,杭州市民卡公司推出了线上充值业务,通过线上操作就可实现杭州通卡、市民卡钱包充值。用户首先下载一个“杭州市民卡”APP,登录 APP 后点击右上方“公交充值”,输入卡号,选择充值金额,即可给手上的成人市民卡电子钱包、杭州通通用卡(含 T 卡)、成人优惠卡(A 卡)、普通卡(D 卡)进行充值,充钱包和充月票都可以。完成线上充值后,用户需要持卡至就近已经升级的公共自行车亭自助机,选择“市民卡/杭州通‘补登’菜单”,拍卡确认充值后,线上充值的钱就会真正到账。

杭州市作为支付宝的大本营,在发展移动互联网支付应用上具有天然的技术优势与应用环境,特别是在二维码扫码支付方面。杭州率先对支付宝扫码支付、银联云闪付连线交易和物联网专网进行试点应用且取得了成功,成为第一个实现乘公交车使用二维码扫码支付、银联云闪付等移动支付全新体验的城市。杭州市的移动支付应用包括了杭州通支付宝公交卡二维码(支付宝中的电子虚拟公交卡)扫码支付和银联云闪付,同时融合了现有的公交IC卡的刷卡支付,实现了一体机全支付(图1-21)。2017年6月底前,杭州市区近5000辆公交车将实现移动支付全覆盖。此后,杭州本地市民和外地游客乘坐公交,无须再投币,刷手机支付宝即可乘车。

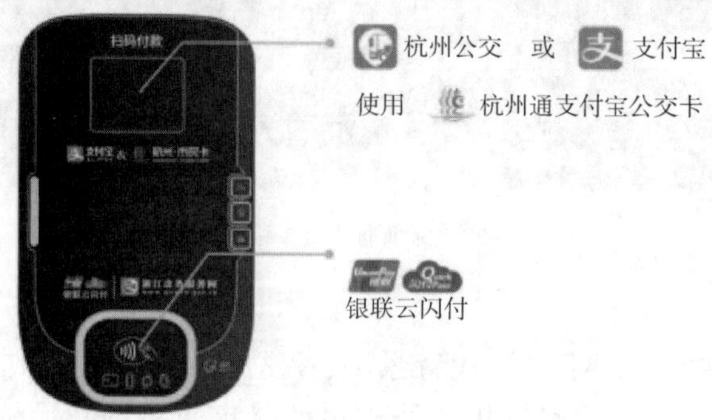

图1-21 杭州公交新型终端(同时支持二维码和闪付刷卡)

使用支付宝的乘客,打开杭州公交APP,点击“支付”,或打开支付宝首页“付钱”,页面下方点击“乘车码”,领取“杭州通支付宝公交卡”后,就能生成“杭州通支付宝公交卡”二维码,对准POS上方标注有“支付宝&杭州市民卡”的扫码付款区,听到“叮叮,请上车”的声音即可(图1-22);同时支持银联金融IC卡(芯片卡)或具有银联云闪付功能的手机、手表、手环,各类智能手机Pay、手表和手环等智能终端同样“秒刷”公交票。

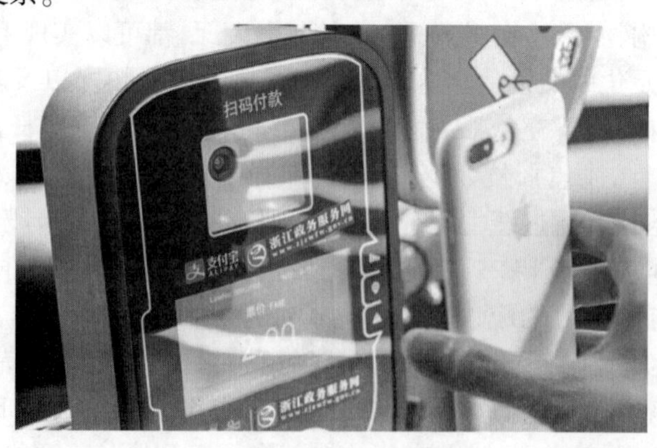

图1-22 杭州公交二维码

为更好提供公交支付服务，杭州市民卡与蚂蚁金服开展合作推出基于芝麻信用的公交信用支付服务，芝麻分满550分的用户无须提前充值，就能享受"先乘车后付款"的便利服务。为更好提升用户使用黏性，基于支付宝公交卡，推出公交刷卡会员积分等相关增值业务。

在交通一卡通多样化支付方面，杭州市做出了多个首次的尝试。2017年9月，杭州成为全国首个实现挥银联卡购票乘公交车的城市，到目前，杭州市公交集团下辖所有公交线路，超过8000辆公交车已全面支持银联云闪付购票，范围覆盖主城区、下沙、萧山、余杭、大江东。

1.4 交通一卡通的技术发展现状

我国自20世纪90年代启动城市交通一卡通系统建设以来，发展至今，现有的一卡通系统无论在技术能力、服务运营、安全系统、平台建设以及应用领域等方面都日趋成熟。

从技术发展角度来看，交通一卡通已经从传统的IC卡技术，延伸至在线支付、空中充值、NFC移动支付等互联网技术。

从业务创新角度看，传统的IC充值、消费业务，升级至便捷的在线充值、信用支付、二维码支付、电子票证等新业务应用。

从服务人群和覆盖地域来看，目前各大城市交通一卡通系统基本覆盖包括公交、地铁在内的各种城市公共交通工具，并逐步延伸至其他生活消费、休闲娱乐服务领域；在跨区域应用上取得新的突破，从市内互通到跨地区应用，逐步过渡到全国互联互通。交通运输部2015年印发的《关于促进交通一卡通健康发展加快实现互联互通的指导意见》中明确指出，2016年底，全国大中型城市初步实现公交一卡通便捷换乘，2020年基本实现全国范围内跨市域的公共交通一卡通互联互通。

从一卡通产业链发展的角度看，一卡通基本形成了以芯片研发、终端制造、系统集成、软件开发、安装测试、发行销售、服务应用等一系列的关键环节组成的产业链条，这些产业链上的企业通过紧密合作为城市一卡通系统的稳定运行、广大市民的出行需求提供重要的技术和服务支撑，在促进城市公共交通捷支付方面发挥重要作用。随着移动支付技术的发展和智能终端的普及，与交通一卡通产业加速融合，不断壮大一卡通产业规模，推动一卡通产业升级换代。

交通一卡通系统的运营与服务离不开相关支付技术的支撑，随着技术进步、互联网环境的完善和移动应用市场兴起，一卡通支付日益向移动端和在线端转移。从交通一卡通启动初期所采用的IC卡支付技术，逐步向智能支付终端、互联网服务及多场景化方向发展,在产业各方的共同努力下,研发出了如网充技术、NFC移动支付技术、空中发卡技术、信用支付技术以及多密钥卡技术等,相继推出空中充值、空中发卡、在线钱包和支付账户以及在线客服等一系列互联网创新业务,推动了一卡通产业创新发展和转型升级,技术进步的同时也提升了一卡通产品体验和服务效率,在传统的交通一卡通技术系统的基础上构建了适应互联网时代发展的新的技术体系,并不断完善和发展。

1.4.1 支付技术发展

回顾一卡通支付技术发展的历程,我们可以清晰地看到,一卡通技术的进步在推动支付便捷性、提升支付安全及丰富应用场景方面起到重要的作用。这里以一卡通产品技术的应用及市场需求升级为脉络进行梳理,展现一卡通技术的进化历程。

在一卡通建设初期及往后相当长一段时间内,一卡通是以实体IC卡支付为载体,为人们提供便捷简单的交通电子支付功能,解决了现金支付的烦琐和低效问题。

随着社会经济的发展和各种电子化交易和认证业务的出现,多种行业的IC卡逐步流行。由于行业标准各异,无法实现兼容使用,于是产生了多种卡融合技术需求。从而出现了一卡通与银行等金融发卡机构合作推出联名卡,兼有交通支付和金融支付功能,真正实现一卡多用。卡片融合技术也延伸到其他行业领域,一卡通与社保卡、企业卡、校园卡、行业卡等融合,使得一卡通技术走向跨行业应用场景,突破单一场景应用的局限。

1)一卡通支付形态的变化

进入移动通信时代,手机成为人们日常生活和工作必备的工具,以手机SIM卡为载体改变了传统一卡通产品的技术形态,将传统的大卡嵌入到移动手机设备内,实现了一卡通与手机终端的融合,从此进入手机一卡通时代。不同的厂商或运营商根据自身的业务特点推出不同的合作模式。例如,通信运营商更愿意推出基于SIM卡的手机一卡通支付。2013年7月19日,中国移动北京公司与北京市市政交通一卡通有限公司签署合作协议,联合发布"移动NFC手机一卡通"应用。该应用可以让用户通过刷手机方式完成公交、地铁刷卡和超市餐饮等小额支付。通信运营商通常采用的手机一卡通技术有两种:SimPass和RFID-Sim技术。RF-SIM是通过将RF的芯片嵌入标准的SIM卡中而发挥作用与进行工作(图1-23),并能利用SIM卡的CPU实现运算功能,该技术采用的是2.4GHz,是中国移动早期力推的产品之一。RFID-SIM卡既具有普通SIM卡一样的移动通讯功能,又能够通过附于其上的天线与读卡器进行近距离无线通信,从而能够扩展至非典型领域,尤其是手机现场支付和身份认证功能。SimPass 是一种双界面 SIM 卡,采用的是 13.56MHZ。不同于传统 SIM 卡仅有金属接口,还具备了通过天线进行无线射频通信的非接触界面,俗称"辫子卡",不但可以实现 SIM 卡的通信作用,同时也是一卡通非接触式智能卡。

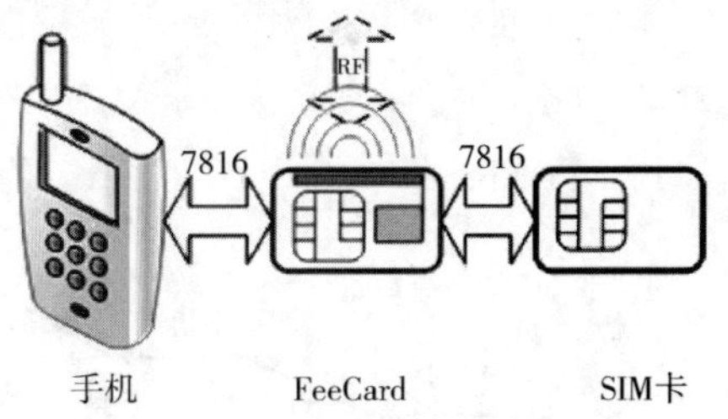

图 1-23 RF-SIM 技术模式

手机一卡通产品的出现进一步扩展了一卡通的服务功能,通过手机钱包与一卡通的在线绑定,实现手机支付、在线充值及查询功能。(早在 2014 年就推出的虚拟公交和 NFC-SIM 卡等方案却并没有在全国大面积地推广。其原因当然有 NFC 技术实现本身的兼容性问题以及产业链过长、NFC 终端普及率和用户的使用习惯等问题,但更多的还是由于手机厂商、运营商和交通运输等各部门和机构之间的利益博弈。)

2)在线一卡通支付的兴起

互联网环境的完善,带动了电子商务和在线支付业务的快速增长,推动了在线支付技术应用与发展。随着在线支付技术的完善,传统一卡通线下充值业务的烦琐流程使人们对随时随地在线充值产生极大的需求。交通一卡通企业审时度势,迅速感知市场变化信息,面向用户需求研发出基于 PC 端的一卡通互联网充值产品和服务,通过在线充值终端连接网络,线下写卡的模式解决线下随时随地充值需求。

进入移动互联网时代,随着智能终端支付的广泛应用,基于手机终端的移动应用越来越多,连接的场景越来越丰富,并逐步渗透到交通领域。为更好地满足人们移动支付需求,一卡通企业积极推动与手机厂商、集成商共同合作,通过一卡通与手机 NFC 技术相结合,推出基于手机 NFC 的一卡通移动支付技术,进一步拓展了一卡通的服务功能和应用场景,真正进入虚拟卡(无卡化)时代。

"互联网+"时代为交通一卡通行业创造了良好的创新创业环境,赋予了一卡通企业技术转型升级的优势和机遇,为适应市场的快速变化需求和产业升级换代。一卡通行业不断坚持技术创新,通过与第三方支付、手机厂商、金融机构合作,推出一卡通扫码支付技术,迎合目前人们最为流行的支付习惯。

交通一卡通技术坚持不断地进步和创新,经历了"互联网+"时代的洗礼,在技术升级和服务应用上取得了很大的进步。总的来说,一卡通技术发展趋势将是由有卡支付向无卡支付转变,从封闭的支付服务体系向开放合作的支付生态转化,从卡基服务向基于在线账户模式技术升级(图 1-24)。

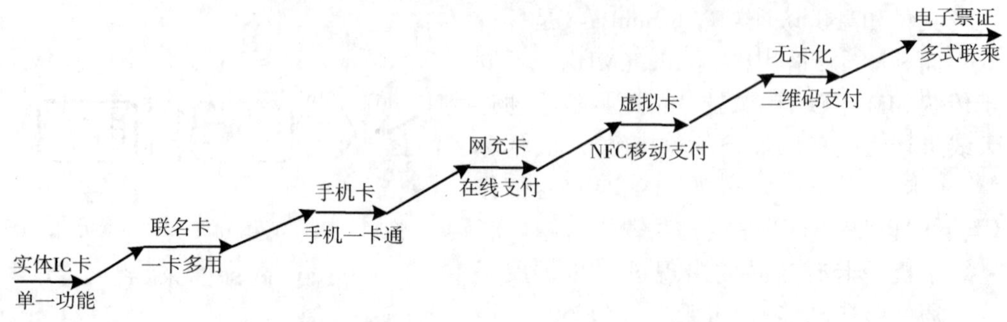

图 1-24　支付形态的升级演变

作为服务和产品的首要流量入口，支付不仅能提升市场效率和信息透明度，助力传统行业电子化，更能弥补传统金融服务的不足。当前，"互联网+"革命正掀起新一轮"支付+"革命，随着线下商业逐步的线上化，新型场景化支付正逐渐改变我们熟悉的世界。支付从被动嵌入到主动闭环，从幕后走到台前，成为 O2O 成长的最佳推动器，不仅对 O2O，对整个社会的经济形态和商业发展也都起着显著的影响。

3）电子支付发展回顾

交通一卡通支付是电子支付的一个重要分支，在公共交通领域发挥着重要作用，其技术的演进和发展与我国电子支付技术的发展历程是密不可分的，这里有必要对我国电子支付技术发展历程做一个简要的回顾，以更好地理解交通一卡通发展的技术背景以及演进路径。

1985—1999 年，我国电子支付体系处于孕育期，这个时期的关键词是：一卡通、银行卡和支付体系。20 世纪 80 年代，银行卡、信用卡、ATM 机先后投入使用，中国开始步入电子支付时代，我国电子支付体系初步建立。20 世纪 90 年代，各大城市交通一卡通工程相继启动，推动一卡通体系形成。特别是 1993 年国务院启动的国家信息化重大工程"金卡工程"，促进了银行卡产业的发展，推动着中国金融业的改革与信息化进程，同时为物联网的发展奠定了重要的基础。

2000—2004 年，我国电子支付体系形成的初创期，随着互联网时代到来，在线支付形成，特别是网上电子商务的兴起，大大促进了在线交易、在线支付的发展，此阶段的关键词是网银，银联，在线支付和转账。银联跨行支付平台出现，使异地跨行的网上支付成为可能。银行之间通过互联互通，实现银行卡跨银行、跨地区和跨境使用。随着电子商务的发展、金融网络与互联网接口互联，第三方支付得以萌芽。

2005—2012 年，电子支付进入了成长期。以 PC 互联网应用为核心，第三方支付异军突起，互联网电商高速发展，涌现出了一大批第三方支付机构，包括支付宝、财付通、拉卡拉、快钱，互联网第三方支付市场呈现爆发式增长。为更好规范非金融机构支付管理,2010 年下半年,中国人民银行颁布《非金融机构支付服务管理办法》及其细则,2011 年 5 月首次发放第三方支付牌照。支付行业市场秩序逐步走向规范,业内绝大多数第三方支付机构纳入央行监管范围,业内经营规范逐渐成形,行业自律管理组织也逐渐出现。

2013 年至今,我国电子支付进入成熟期。移动互联网的普及与大量移动应用的出现,特别是移动支付、O2O 模式、“互联网+”战略、各种创新支付技术与应用使电子支付日益成熟。这个阶段最显著特征:“资本+技术”模式变革现有商业模式,甚至颠覆传统行业。“滴滴出行”变革了传统出租车巡游模式,“共享单车”优化了最后一公里出行问题等新业态和模式。

随着移动互联网发展,智能终端日益普及,移动应用市场兴起,线上支付日益向移动端转移。在线支付生态发展完善,其中支付宝和财付通在市场上占据了垄断地位。线上支付呈现 PC 端向移动端转移的趋势。交通一卡通行业在移动互联网大的背景下也出现变革和转型,线下支付和充值向线上、移动端发展,业务模式和产品服务更加关注用户需求。

随着智能手机在国内的快速普及,移动互联网浪潮席卷的支付业务创新和技术创新也露出端倪,NFC 支付、二维码支付、声波支付、虹膜支付等支付技术都在创新发展中,支付的安全性也在不断提升。

1.4.2 终端技术的发展

在交通一卡通技术体系中,一卡通支付终端是一卡通系统的重要组成部分经历了四个阶段的产品升级和技术发展,如图 1-25 所示。作为收单方的重要工具,其所采集和处理的数据是交易结算的唯一依据。终端系统主要的作用是通过与支付载体(如卡片,手机、穿戴设备等)进行交互识别,从而对支付载体做加值或减值操作,并提供合法性验证、数据存储和处理和显示等其他必要功能,最终实现完整的支付交易过程。

这里以车载终端为例说明。一般来说,公交车载终端机的工作环境比较特殊,对终端机的性能和技术要求相对比较高。众所周知,公交车的电磁环境比较复杂,存在较强的电磁干扰源,又由于公交车在行驶过程中可能产生频繁的震动(视不同的路况程度有所不同),对车载终端的抗干扰和抗震性都有较高要求。因此,一卡通车载终端不仅仅要考虑其本身的处理性能,还对外部使用环境有严格要求;通过采用多重抗干扰措施,排除环境对车载机的电磁干扰,确保车载机的正常工作。而这对于部署于固定网点的一卡通终端机具来说,情况又可能完全不一样,即网点型终端的技术和性能要求就不需要那么严格。所以,一卡通终端的选择跟外部环境有着重要的关系。

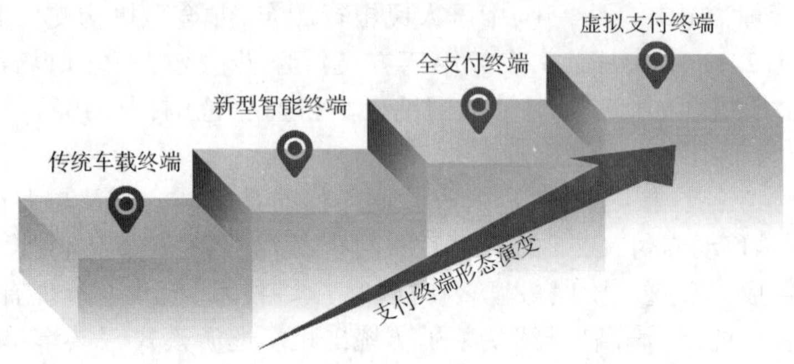

图 1-25　支付终端的发展历程

1)传统终端技术

一般来说,一卡通终端整体性能和技术评估主要可从几个要素和维度来分析和评价,其中包括终端的体积、可移动性、安全性、处理能力、联网能力及服务能力等。

限于当时的技术水平和应用需求,传统终端(图 1-26)体积往往偏大,显得相对笨重,十分不便于携带,所实现的功能包括验证、交易、存储、查询、传输等基本功能。从当时一卡通的发展水平和应用情况来说,基本满足一卡通企业及乘客刷卡需求。

图 1-26　传统公交车载终端设备

传统终端的联网有离线和联网两种方式。在公共交通出行场景下,具有高频刷卡的特点,在客流潮汐期间表现得更为明显。因此,大部分车载终端采用的是离线模式;由于刷卡时无须与后台进行交互验证,脱机模式能较好地确保快速完成交易过程,有利于客流快速疏导,提升公共交通运输效率。随着互联网环境的完善和公交终端技术的提升,一卡通终端对在线联网的需求逐步凸显,同时联网的技术开始逐步成熟。随着一卡通应用环境的改变,特别是新型支付方式的广泛应用,对一卡通终端的在线联网能力提出了新的要求,在线支付过程需要终端与后台进行信息交互,确认交易的合法性。随着物联网技术的发展,一卡通终端将成为整个网络中的一个在线终端,可实时收集和上传数据,实时监测客流状况和车辆的运行状态。此时,传统一卡通终端将变成物联网下的智慧终端。

(1)传统车载终端安全要求

①充值类终端安全

IC 卡充值交易无论在设备联机或脱机进行交易时,充值设备都应先对 IC 卡的合法性予以验证,同时查询账户状况及其他交易数据。如果发卡方因某种原因不能接受交易,那么充值端设备应显示相应的告知信息。

充值类终端在 IC 卡以及 ISAM 之间建立通信链路,充值终端的安全认证由 IC 卡和 ISAM 共同完成。充值类终端只是在 IC 卡和 ISAM 之间传输信息,不参与密钥运算过程。充值类终端在设计时应对交易清算中心授权的时间、次数、和金额进行限制,防止此类终端非法被使用时给系统造成重大损失(例如伪充值记录)。一般要求:

a.应使用一卡通系统的 ISAM;

b.应取得一卡通安全系统对 ISAM 的授权,才能进行售卡、充值交易;

c.应具有密文加校验传送的功能;

d.生成的交易记录应含有 TAC;

e.应具有掉电 ISAM 工作权限丧失功能;

f.应具有时效性设置功能。

②消费类终端安全

消费类 IC 卡终端在 IC 卡以及 PSAM 之间建立通信链路,消费类 IC 卡终端的安全认证由 IC 卡和 PSAM 共同完成。终端只是在 IC 卡和 PSAM 之间传输安全信息,不参与密钥运算过程。一般要求:

a.应使用一卡通系统专用的 PSAM 或 ISAM;

b.生成的交易记录应有 TAC。

③数据安全要求

一卡通终端一般存在两种类型的数据,即通用数据和敏感数据。通用数据是指外界可以对这些数据进行访问,但不允许进行无授权的修改;敏感数据是指外界在未授权的情况下,不允许对这类数据新型访问和修改。

通用数据一般存储在终端的存储器中,在更新参数和下装新的应用程序时,终端应做到:

a.在更新参数或下载应用程序前能够对下载设备进行有效的身份验证;

b.在更新数据或下载应用程序后要校验下载数据或程序的完整性。

敏感数据一般存放在终端安全存取模块中。此模块主要负责保存和处理所有的敏感数据,这些数据包括各种密钥和内部参数。该模块还应提供必要的加密功能。安全存取模块应做到出入模块以及其内部存放的和正在处理的数据不会由于模块自身或其接口造成任何泄漏和交换。

④黑名单处理

终端应能够存储两种格式的黑名单数据:卡号序列与卡号区间序列;其中卡号区间是由一个起始卡号和一个结束卡号组成的,因此黑名单也包括起始卡号与结束卡号。

黑名单检查操作在IC卡合法性检查过程中进行。卡片开始操作后,向IC卡终端回送包括应用序列号在内的公共数据。IC卡终端根据序列号进行黑名单检查操作,检查卡是否在IC卡终端存储的黑名单卡之列。

黑名单文件更新包括增加、删除、重新下载等操作,具体的要求应包括:a.终端在更新黑名单数据时,应进行安全认证;b.终端应保证黑名单数据更新的完整性和有效性;c.更新周期满足应用要求。

(2)传统终端的优势

①与现金交易相比,通过一卡通终端能获取刷卡信息,对获取的数据进行二次开发利用,有利于公交公司掌握客流的变化;

②一卡通终端的应用,提升了公交收费的效率,也有利于乘客搭乘体验,增加公交使用占比,提升公交公司收入;

③相比现金结算清点,电子化的交易数据统计使得资金清算更快,效率更高;

④使用一卡通终端收费模式,从而减少公交公司的售票人力和运营成本;

⑤利用一卡通终端交易数据分析,对线路进行优化调整,提升交通决策水平;

⑥电子化的收费终端有利于打造智慧城市、智慧交通。

2)智能POS终端技术

随着互联网环境的完善,特别是移动互联网的发展,在线和移动应用得到广泛的推广,并与线下场景紧密结合在一起。作为线下收单设备的一卡通终端也在慢慢经历顺应互联网的改造过程,传统的POS终端已经不能很好地满足商户的需求,另外,线下商户也希望通过终端技术的升级不断提升POS终端的智能化水平来完善商户的服务能力。在这个背景下,POS厂商看到了巨大的市场需求,纷纷推出互联网POS,也称为智能POS。

智能POS(Smart Point of Sales,又称微POS)机是相对于传统POS(Point of sales)机而言,其主要功能除了传统POS机的刷卡、扣款、显示之外,还包括了会员卡券验证以及结合后端的CRM系统进行客户精细化管理、大数据分析等功能,如图1-27所示。从传统POS产业应用情况来看,传统POS的局限性是非常明显的。第一,系统升级较为麻烦,涉及不同终端兼容支持、通信报文、POSP等改造;第二,对非标准金融类业务的扩展性较差;第三,终端互动性较差,操作较为麻烦;第四,与商家其他业务系统集成较为麻烦。传统POS虽然也能通过自定义菜单来支持一些增值业务,但其通信协议主要基于 ISO8385 报文,导致扩展、升级都较为麻烦。

图 1-27 新型(互联网)智能 POS 终端

然而,相对于传统 POS,智能 POS 的技术优势主要体现在以下几个方面:

第一,整合了支付解决方案,能兼容多种收款方式,包括现金、刷卡、扫码支付、第三方账户支付等,解决了传统 POS 单一支付方式,为用户带来诸多的不便。

第二,提供更强大的客户管理和营销功能,实现个性化行业解决方案,包括会员卡、各种券管理以及会员维系等功能。

第三,拥有了更强大的在线联网处理能力,包括在线转账、账户处理、支付交易转接以及数据传输。

第四,基于 POS 的大数据分析和可视化能力,通过会员资料和交易数据的分析,挖掘用户消费偏好,因应场景的变化对用户端提供精准推荐;通过商户交易数据,针对性地对商户端提供信贷、保理、消费金融等业务。

随着移动支付在我国已成为主流的支付方式,带动了线下和线上商业逐渐融合,从而形成倒逼商户对店铺管理升级。而作为对接财务、会员、营销、仓储、物流等管理系统的商业智能终端,智能 POS 不仅是店铺管理升级的关键入口,而且还可以通过与后台管理系统的结合,实现更多维度的解决方案。

从目前的 POS 技术发展来看,智能 POS 确实比传统 POS 具有更多的优势,也更符合互联网时代发展的趋势和要求,对场景的适应能力更强,但是否表示智能 POS 能马上替代传统 POS,实现 POS 产业链的升级换代,其实也未必。对于未来线下收单市场来说,智能 POS 是趋势,但就目前短期而言,智能 POS 要想形成市场规模还有一定的难度。众所周知,智能 POS 并不是这几年才有的,为何行业内没有广泛推行智能 POS,个中原因值得思考。其实,一个新产品的上线到应用,并不仅仅取决于技术的先进性,市场环境及其相关配套、应用时机也十分重要。同理,智能 POS 确实在技术上比传统 POS 更先进,更智能,但在传统 POS 占主导地位的大环境下,智能 POS 的推广将会遇到很大的阻力,同时商户的置换成本会很高。另外,大部分线下网点或收单方对智能 POS 的新增服务功能并不是非常迫切,因此,智能 POS 发展多年仍未能得到广泛应用就可想而知。在二维码支付方式大行其道的当今,只需一张二维码照片就能实现收款,对实体 POS 的应用需求将有所减弱。

3)全支付终端技术

近年来,随着交通一卡通系统及其应用的快速发展,为人们公共交通出行带来了丰富的支付方式,如传统的公交卡、电子金融 IC 卡、手机 NFC 卡、互通卡、可穿戴卡等,已在各城市公共交通领域广泛使用,逐渐培养了人们自觉刷卡支付乘车的习惯,并呈现多种支付方式并存的发展状态。

随着移动支付的高速发展,以支付宝、微信为代表的第三方支付产品成为主要的支付工具,其支付代表是二维码。二维码支付因使用简单、支付便捷等特点,已经成为面向商家付款的首选交互方式。通过衍生的各种支付场景,如共享单车、超市便利店、餐厅、商场、医院等推广使用,加上前期大量的使用优惠补贴策略,使得用户人群继续扩大。公共交通出行是高频使用场景,第三方支付抓住这个重要入口,通过与一卡通企业、公交公司等机构合作,使手机二维码扫码支付逐步登上了公交车。

交通一卡通推出的多种支付方式令市民的出行更为便捷,而二维码支付方式的应用更是节省了一卡通的制卡和发卡成本,避免了实体卡容易损坏和遗失所造成的损失和补办的麻烦,同时延续了人们的消费支付习惯,逐步成为出行人群交通支付的新需求。

全支付终端(图 1-28)的出现适应了目前多种支付方式并存的现状,与聚合支付一样,兼容多种支付方式,使商户摆脱不同支付手段各自需要安装不同支付终端的尴尬局面。

图 1-28　全终端手机

正是由于多种支付技术的崛起，新兴支付技术正在逐渐取代传统支付技术。目前，大多数终端已拥有非接触、磁条、IC 卡等交易功能，但是还远远不能满足日益增长的支付需求。扫码、MST、光子支付及生物识别等更多的支付技术逐渐被市场接受，全终端兼容成为支付终端技术发展面临的重要抉择。

4)互联网虚拟终端技术

移动互联网的迅速普及，为传统行业转型升级提供了巨大的发展平台与空间。近两年在“互联网+”浪潮的推动下，城市一卡通企业也在积极拥抱互联网，相继推出城市一卡通 APP 抢占移动端用户，抗衡第三方支付的渗透入侵。APP 似乎已成了当下一卡通转型升级中不可或缺的用户连接器。

一卡通类 APP(图 1-29)最早从 2014 年开始，由第三方企业为提供城市公交一卡通充值等增值服务所兴起。移动互联网渐渐普及后，通卡公司开始意识到向移动互联网转型的重要性，并着手自建 APP 应用终端，寻求一卡通行业从线下到线上线下的融合发展。2016 年，一卡通类 APP 开始呈现井喷式增长，整体行业处于“互联网+”转型期。据不完全统计，目前由各地通卡公司推出的官方 APP 应用已至少 40 多个，推动一卡通服务往移动端迁移已成为产业发展共识。

图 1-29 交通一卡通 APP

通过对一卡通 APP 应用市场的观察，根据其所提供的综合服务功能、运营模式及市场响应情况，APP 应用可分为三大类：基础功能类、综合服务类和创新应用类，如图 1-30 所示。这三类 APP 的形成是由一卡通企业在不同发展时期技术和业务需求所决定的。我国各地交通一卡通企业的发展现状和应用情况都有所不同，东西城市差别较大;且这类 APP 具有较强的地域性,与当地生活及人们的使用习惯密切相关。因此,不同城市一卡通 APP 各具特色,风格各异。

图 1-30　互联网虚拟终端的升级之路

(1)基础功能类 APP

这种类型的 APP 应用一般只涵盖一些简单的基础功能,例如有充值、网点查询、余额查询和客服等服务功能,响应的是用户的原始需求。基础功能类往往是一卡通企业处于转型升级初期开发的,其开发公司的体量较小、技术能力和后台支撑能力相对较弱。这属于一卡通企业向互联网转型的一种尝试,由于这类 APP 所承载的功能较少,充值也非高频操作,因此,这类 APP 用户量一般不多,黏性也不高。另外,这类产品缺乏行业应用特色,也没有给用户带来特有的增值服务,很容易被第三方 APP 所取代。因此,这类 APP 依靠这些简单且又低频的移动应用来实现企业转型升级,将难以得到市场的响应和支持,最终不得不选择放弃或升级。

在体验方面,随着人们对支付便利性需求的提升,在支付方式选择上,用户往往更青睐于使用第三方支付所提供的便捷支付服务。出现这种现象主要有两个原因:①第三方支付 APP 使用和操作简便,前期通过补贴策略俘获大量用户,在现有 APP 内能解决的问题一般不会再重新安装一卡通 APP;②第三方支付 APP 承载的功能较多,从充值、信息查询、生活服务、娱乐消费到理财、信用服务等一应俱全,多方面满足用户不同层次需求,留存率和活跃度很高。

(2)综合服务类 APP

这类 APP 是在基础功能的基础上,通过加载其他城市生活服务应用,将一卡通服务从公共交通领域延伸至其他日常生活服务领域,包括公共自行车、网上商城、理财服务、电子发票、实名卡以及医疗挂号等。这类 APP 通过不断整合各种线下线上资源,扩充线上功能,提升一卡通在线服务能力,切入更多的日常生活场景。基于一卡通 APP 可满足用户从城市出行服务到生活服务的各种需求,相比于第一种简单的 APP 应用,在一定程度上可以提升用户黏度和活跃度。但随着功能的增加势必会失去一卡通的焦点功能,变成大而全的产品,从而导致用户体验变差。另外,大量 APP 希望通过推出丰富的服务功能来吸引用户使用,这将导致不少功能出现重复,最后反而会脱离一卡通类 APP 的行业属性。因此,一卡通 APP 在功能设计上既要突出一卡通的核心功能(充值、账户、查询),也要兼顾用户的其他相关应用需求,同时又不能过多地加入关联性不大的功能;把握好 APP 产品功能规模及用户体验,是一卡通 APP 成功的关键。

(3)创新应用类 APP

交通电子支付(包括充值和消费)作为一通卡公司的核心业务,也是一卡通稳定收入的来源,但随着行业政策的开放和“技术+资本”模式的进入,第三方支付、互联网机构纷纷进入公共交通电子支付领域,将一个传统封闭性的行业变成了竞争性的行业。第三方支付的进入为一卡通行业带来了移动支付技术和创新服务理念。在移动支付技术和智能终端普及的推动下,一卡通企业通过加强产品和业务创新,与第三方支付、手机厂商、集成厂商展开合作,推出各种互联网支付产品和服务,包括基于一卡通 APP 的 NFC 手机移动充值、二维码支付、空中发卡、电子票证、信用支付服务等创新业务,极大地改变了传统一卡通企业的业务模式、盈利模式,推动了一卡通企业的互联网创新转型。

随着移动应用的快速发展,一卡通企业也纷纷加入了移动业务的浪潮,通过开发互联网虚拟终端:一卡通 APP,推动通卡企业在互联网技术和业务转型,一卡通 APP 相比于传统的实体 POS 终端,具有以下几个明显的优势:第一,移动 APP 为一卡通用户打造了便捷的服务平台,将相关的服务内容进行了整合,提供多层次多场景服务;第二,APP 的应用是交通一卡通业务向线上延伸的入口和载体;第三,APP 是一卡通企业实现战略转型的重要创新举措;第四,强化与用户的连接黏性,通过 APP 数据的分析,辅助通卡企业实现二次营销和增值服务。通过 APP 应用入口,打通了一卡通服务与用户之间的连接渠道,加强了与用户之间的互动,第一时间掌握用户的需求并做出及时的响应行为,这是传统一卡通产品无法做到和实现的。移动 APP 的应用不仅仅是产品的更新迭代,更是一卡通业务运营模式的创新,服务思维的转变甚至是变革。

5)其他终端技术

(1)自助充值(消费)终端

随着一卡通使用人群的扩大,固定的服务网点越来越不能满足人们的充值和消费需求,一卡通自助终端(图 1-31)的出现弥补了这一缺陷。一卡通自助终端可提供多种支付方式为 IC 卡充值,避免了远离充值网点无法及时充值,或者排队充值带来的麻烦和尴尬。例如,拉卡拉与北京市政一卡通达成合作,北京地区的居民也可以在社区周边的拉卡拉开店宝终端上完成对市政交通一卡通的充值服务。通过自助终端改造后,一卡通充值网点数已实现翻倍增长,为迅速改善百姓日常充值提供了便利,解决了北京部分地区充值难、网点少的问题,让居民在社区周边即可办理快捷、方便的一卡通充值业务。

图 1-31　一卡通自助终端

(2)共享卡服务终端

共享卡服务终端是一卡通公司在移动互联网时代为解决用卡资源闲置而推出的一项共享服务。共享终端借助闲置资源共享的新理念,主要解决了公交 IC 卡的便捷购买、使用与返还,实现一张实体 IC 卡可以为不同乘客服务;类似于目前流行的"共享单车",用户不用获得所有权的前提下实现使用权的暂时转移。这种共享卡终端主要的目标群体是那些不经常使用当地 IC 卡的人群,特别是满足过境旅客群体在当地出行的需求,解决票卡临时使用的问题。

2017 年 11 月,在第五届岭南通创新者大会上,广州羊城通有限公司推出"岭南通 · 羊城通"共享卡概念产品(图 1-32)。基于共享设备,市民可自助实现"岭南通 · 羊城通"租卡和还卡服务。共享设备以微信等移动互联网扫码支付为支付方式。市民在通过自助设备还卡退资时,将原路退回卡内余额资金。

(3)可穿戴终端(设备)

随着移动支付技术的发展,移动支付方式多样化推动移动支付市场呈现爆发式的增长,在智能手机快速普及的当下,移动支付市场需求带动了智能可穿戴设备(图 1-33)的兴起。可穿戴设备以其便携性、独特性等特质与移动支付有许多闪亮的结合点,存在很好的结合基础。将随身携带的可穿戴设备应用在移动支付领域,使用可穿戴设备与支付终端交互完成支付,将大大简化支付流程,与手机支付相比显得更加的简便和快捷。除此之外,智能可穿戴设备还具备了计步、睡眠、心率、时间、测距、卡路里等实时数据监测,并将可这些数据与手机进行同步,提升产品应用价值。2015 年 6 月,广东岭南通与国内首家可支付的穿戴设备——刷刷手环开展合作,推出基于智能手环的一卡通支付,在广州、佛山、肇庆、江门和汕尾等 21 个城市顺利应用;岭南通卡用户可使用刷刷手环支付公交、地铁,刷便利店。

图 1-32 岭南通 · 羊城通共享卡设备终端

图 1-33 一卡通+智能可穿戴设备

1.4.3 行业内外部环境发展

随着外部环境的变化、技术的进步和市场需求的变化,交通一卡通行业政策也在适应时代的发展而不断发生调整,从鼓励普及城市一卡通应用,并提供政策性的补贴措施,作为民生工作大力推动,到鼓励一卡通企业充分利用互联网技术实施转型,推动技术升级、服务升级。从 2012 年 12 月 29 日发布的《国务院关于城市优先发展公共交通的意见》,到 2013 年 11 月广东省人民政府发布的《广东省人民政府关于城市优先发展公共交通的实施意见》等配套政策,都提出完善标准体系,逐步实现跨市域公共交通"一卡通"。进入移动互联网时代,国家发展改革委交通运输部关于印发《推进"互联网+"便捷交通促进智能交通发展的实施方案》,提出加快移动支付方式在交通领域应用。

随着交通电子支付市场和政策的逐步开放,第三方支付、金融机构等电子支付巨头纷纷进入交通出行领域,政策鼓励创新、鼓励开放和合作。既有利于推动传统一卡通的转型,同时打破了原有一卡通市场格局,引入外部力量促进一卡通市场的发展。

一卡通技术的发展及广泛应用,在为一卡通带来了服务质量提升和产业升级的同时,也为其他支付企业进入传统一卡通市场提供重要的突破口。特别是在国家鼓励行业创新、政策逐步开放的大背景下,新技术的出现和外部环境的变化加速了一卡通市场的开放。

在传统的实体卡支付技术框架下,一卡通系统运行了十多年,一卡通企业形成了较成熟的运营模式、技术模式及产业链,加上存在一定的政策门槛,使得一卡通行业在较长的一段时间内形成了封闭的技术体系,使得外部支付企业也难以进入一卡通市场。

但随着新技术的发展,特别是移动互联网、移动支付技术的广泛应用,新的支付方式在各行各业加速渗透,在"技术+资本"的组合新力量的冲击下,极大地改变了传统的市场格局,传统封闭的一卡通市场也不例外。在"互联网+"时代背景下,移动支付新技术与传统交通电子支付加速融合,彻底改变了原有的一卡通技术体系,逐步重构并形成了"互联网+"一卡通技术体系,实现了实体卡技术体系的升级。

目前,在第三方支付机构(支付宝,微信支付等)、手机终端厂商(小米、华为等)、金融类机构(银联、各大银行等)的大力推动和补贴下,移动支付在中国得到快速的发展,新的支付技术也层出不穷。根据 Analysys 易观发布的《中国第三方支付移动支付市场季度监测报告 2017 年第 1 季度》数据显示,2017 年第一季度,中国第三方支付移动支付市场交易规模达 188091.2 亿元人民币,环比增长 46.78%,其中支付宝和微信支付占据了 93%市场份额。随着支付技术创新的日渐普及,人们的支付习惯正在发生变化,并影响到了传统交通支付方式。为更好地适应人们的支付需求,维护一卡通的市场,一卡通企业纷纷主动进行战略调整和技术升级,在传统的一卡通技术系统基础上进行升级,建立基于移动终端及互联网应用为方向的全新技术体系。例如,广东岭南通公司在提出移动互联网战略转型之后,建立了一系列基于移动和在线支付技术的产品和服务,推出了手机 NFC 移动充值、空中发卡、可穿戴支付、信用支付、网充网消及二维码支付等新技术和业务,实现产品和服务的更新换代。北京市政一卡通、上海公交一卡通、广州羊城通以及深圳通等一卡通企业在移动支付、便捷支付技术方面纷纷布局,并已经取得了良好的效果。

1.4.4 传统优势及未来发展

交通一卡通企业在交通支付领域经历了多年的发展,无论在服务人群、地区覆盖、使用习惯以及政策补贴等方面都具有较大优势,利用这些已有的优势,结合创新的支付技术,将推动一卡通移动支付产业加速形成。通过加强与产业链企业合作,构建开放移动支付生态圈,以开放、共享、合作的原则推动一卡通技术产业升级,不断拓展服务领域,为人们提供覆盖全交通出行链、生活服务、公共管理等领域的便捷服务。

总之,"互联网+"时代掀起了"支付+"革命,新型支付渠道、支付方式、支付场景不断涌现,行业洗牌加剧;与此同时,支付也成为金融创新和经济发展的助推器,在变革的当下,发挥着越来越深刻的影响。

第2章 “互联网+”交通一卡通发展理念

2.1 以用户为核心的服务理念

在工业化时代,对产品的生产要求是统一化、标准化、规模化,表现出来的特征是:生产规模越大,成本就越低,市场竞争力越强。这也是传统企业所追求的规模效应。因此,在这种传统思维模式影响下,无论企业如何强调用户需求,强调个性化,最终的效果还是不大,市场追求的更多是价格优势、功能优势。因为产品模式的着眼点还是在产品的功能和价格上,也就是说企业关心产品的品质、功能、销量,产品功能的最大化、用户规模化才是它的核心价值体现。因此,在产品模式的主导下,企业很难满足消费者的个性化、差异化需求,还没有真正了解“用户”这个词的丰富内涵,及其对企业发展的决定性作用。

进入移动互联时代后,消费端服务供给大量增加,消费者已经拥有了消费主权,进入了消费民主时代,差异化服务渐渐成为时代的主要特征。相对于产品思维,用户思维的提出有了本质的变化。用户思维关注的是“人”,而不是具体的“产品”,它的思维聚焦点不再是产品层面,而是用户本身。用户思维的定义是:一切围绕用户需求的思维理念,用户思维的特征是:注重人的多样化需求,提出产品的个性化、差异化。用户思维特别注重用户的参与感、用户体验以及核心需求。

以用户为核心的服务思维具有以下几个特点:第一,人性化。思维模式是基于一个特定的用户,在这个具体用户身上,直接体现关怀、尊重及认可;第二,个性化。不再局限于多数人的共同需求,而更可能是小众化需求,甚至个性化需求;第三,多样化。从多个层面、多种形态来满足用户需求。产品、服务仅仅是表面的层次,多样化更多地体现在情感、认同等精神层面。

在传统的经济结构里,企业没有“用户”概念,只有“客户”概念,即谁买了我的产品谁就是我的客户。但在互联网时代,所有成功的商业模式都不仅仅是考虑客户,而更多的是考虑“用户”。“客户”是在产品交易过程中产生,完成交易后就不再与企业发生联系,而“用户”则不一样,完成交易的节点才是“用户”诞生的开始,在产品使用过程中不断与企业或产品本身产生互动。若客户与你的关系是基于交易的,则用户并不一定是产品的买单者;以客户为导向,营销是有效的;以用户为导向,体验才是关键。

在移动互联时代,消费者的消费需求升级对产品的要求提出了更多的要求。换句话说,产品生产商仅仅靠一般的规模化生产、铺天盖地的广告再也很难打动新时代的主流消费群体,尤其是年轻的消费群体。在消费者主权的大时代下,信息越来越开放,打破以往信息不对称的现象,价值链上的传统企业越来越难以巩固自身的竞争壁垒,传统的品牌霸权和零售霸权逐渐丧失发号施令的能力,话语权从零售商转移到消费者手中。

进入“互联网+”新时代,消费的权力发生了转移,消费者主权逐渐形成,强调的更多是一种用户至上的思维。这种用户至上必须是真诚的,而不仅仅是一个口号,是实实在在体现在整个产品和服务链条中的体验。就像淘宝卖家“见面就是亲,有心就有爱”是真实的情绪,因为引入了用户服务评价机制,从而使得“好评”变成了有价值的资产。好评的透明化公布和传播让你很难再掩饰产品的不足。让我们再思考一下小米公司及其董事长雷军的做法。小米公司通过微博互动得到了更多消费者的信息反馈,从而不断迭代创新自己的产品,满足更多消费群体对产品的要求;也让消费者最快捷地了解到产品信息,真正形成了互动沟通黏度,更培养了用户的忠诚度。用户思维体现的是用户的互动和参与感。

在互联网时代,传统的工业化产品思维已经不适应市场的发展要求,必须进行思维的转变。互联网时代是用户主权时代,强调以用户需求为核心,注重与用户的互动,企业运营应由“产品思维”向“用户思维”转变。一切决策和行为将以用户为中心,坚持围绕用户核心需求开展生产和经营,产品的存在是为了解决用户的痛点,强调的是用户的产品体验。“用户思维”要求企业在更高层面上来实现“以用户为中心”,不是简单地听取用户需求、解决用户的问题,更重要的是让用户参与到产品链条的每一个环节,从需求收集、产品构思到产品设计、研发、测试、生产、营销和服务等,汇集用户的智慧。“用户思维”的核心是用户参与和用户决策。小米科技每一款产品的成形都凝聚了小米粉丝的智慧,在产品设计前就通过论坛、微博等公共媒体征求用户意见,并十分注重与用户的互动和反馈,甚至让核心用户参与产品设计和试用体验,不断进行产品迭代和更新,使得产品在推出之前已经捕获一批忠实用户,保证了产品的销量,甚至连营销推广都不需要做。这就是把用户思维运用到极致的典型例子。

因此,传统交通一卡通企业在移动互联时代更应摆正心态,转变经营和管理思维,跳出以产品为中心的经营理念,以往通卡企业只管向用户提供统一的、大众化的一卡通产品,认为只要能辅助用户便捷完成交通出行支付功能就是企业唯一的战略目标,然后做着一成不变、毫无创新的一卡通交易结算工作当成为用户提供的“良好”服务,而没有进一步思考满足用户、企业、公共服务等其他潜在的需求。不同类型、阶层的出行市民在使用一卡通时表现出来的支付习惯、充值需求是有差异的,应当为各个群体提供不同的服务和差异化产品,使得一卡通的应用更特显“公共出行”的公益属性,再结合政府的优惠政策进一步优化市民的出行结构和公共交通治理的发展。

“互联网+”时代的交通一卡通业务创新应该紧紧把握新时代的特征,顺应新环境的发展要求,十分重视用户的感受和核心需求,围绕用户的定位来研发和完善自身的产品和服务体系。所谓用户为核心的服务理念就是指,必须站在用户的角度来思考产品设计和功能体验,也就是站在对方的角度换位思考。显然,用户思维在互联网时代下是至关重要的。

以交通一卡通行业为例,传统交通一卡通以管理和技术服务为主,较少考虑用户的真正需求点。但进入互联网时代,各种新的服务和产品不断涌现,用户面对的选择更多,供求关系发生变化,满足用户需求成为企业获取市场的关键要素。基于大时代背景的变化,交通一卡通企业顺应时代发展要求,通过整合一卡通线上线下业务,构建统一平台,实现互联网及移动充值、电子商务消费和在线客服的完整应用服务,突破传统线下离线发卡、充值和支付模式的发展瓶颈,打造以用户体验为核心的一卡通服务模式。现在,基于互联网的一卡通跨域业务技术和应用体系,形成了一卡通业务跨域互联网经营和创新服务形态,将 NFC、TSM、二维码和大数据等移动互联网新技术融合到一卡通技术体系中,构成一卡通行业全生命周期解决方案。目前,交通一卡通行业已通过 NFC 智能手机实现一卡通空中移动充值、移卡移资消费和空中客户服务,使广大用户在使用交通一卡通的过程中无须返回当地客服处理,轻松跨域享受交通一卡通的完整服务链。同时,引导一卡通产业链向高附加值的互联网业务延伸,补齐线上服务缺失的短板,实现产业关联发展和转型升级。

2.2 以跨界为核心的合作理念

所谓跨界合作,英文为 Crossover,指的是跨越两个不同领域、不同行业、不同文化、甚至不同意识形态,基于某一共同的服务理念和价值取向而产生的一个新行业、新领域、新模式、新产品。跨界合作,相比于强强联合、并购合作等更具可想象力,甚至更具颠覆意义。通过与不同行业的企业或品牌之间的跨界合作,拓展更大的传播空间,开拓更大的市场空间,正在成为越来越多转型企业的共识。这种思维模式打破了行业固有的藩篱,是一种真正跨行业的合作共赢。把一些原本毫不相干的元素重新组合在了一起,融合在了一起,跨界合作让不同行业之间有了联系的纽带,并充分发挥出了各自的优势和协同效应,让合作发挥出了更大的效用。

跨界合作是移动互联时代的另一重要特点，也是产业开放思维的重要体现。在移动互联时代，不同产业之间的边界越来越模糊，在以往没有任何交集的领域在移动互联技术的推动下都可能产生融合。传统的免费杀毒软件360跨界做手机；互联网手机厂商小米科技跨界做电饭煲、路由器、手提电脑，意在打造基于手机的产业生态链；第三方支付平台支付宝推出的余额宝和花呗两个产品，做起了吸储和房贷等银行专有业务；著名的社交平台——微信的文字语音和视频功能替代了通信运营商原有主流业务；传统交通一卡通企业利用移动支付技术与银行等信用方推出信用公交支付产品，基于信用支付还可以延伸出各种金融合作业务等；放在以往这些跨界方式是不敢想象的，但现在在不同的行业不断上演。以上在不同行业发生的跨界“打劫”现象都表明不同领域企业之间跨界合作已经成为移动互联时代发展的重要趋势，甚至能对原有产业的一种颠覆。因此，依靠不同产业领域之间的开放与合作，将各自的优势进行整合，更有利于推动原有产业的发展壮大。

移动互联技术实现了事物信息之间相互对接、相互交流的互联互通；也实现了事物信息相互交流的开放性状态。企业实施“互联网+”转型，就要树立开放性思维，主动走出去进行跨界的行业合作，对接和吸纳社会优质资源。“互联网+”的实践思维本质上是一种突破了传统思维活动方式封闭性，主动联结事物、对接资源的开放性思维。互联网信息技术打破了事物信息之间孤立封闭状态，实现了事物信息之间相互对接、相互交流的互联互通，也形成了事物信息相互交流的开放性状态。

传统产业的边界变得越来越不确定。用科斯的交易成本理论去定义企业边界将变得越来越困难，竞争与合作伙伴将难以区分，竞争中有合作，合作中有竞争。因此未来的企业组织将是一种无边界组织，一种开放的生态圈，强调开放合作、利益共享。组织的架构将从串联到并联，在内部呈网状结构，由无数个微型组织、自主经营体所编织而成的一个网，最终实现对外的“以用户为中心的价值交互网”和对内的“以人为中心的价值创造网”。开放合作将成为新时代下企业组织变革的核心，灵活性、适应性、整体性将成为组织成败的关键。有个关于“跨界”的笑话就是说，运营商搞了这么多年，才发现竞争对手原来是腾讯。这个说法就是告诉我们千万不要低估外界看似与你无关的事物，它有可能成为你未来的重大竞争对手，甚至是行业颠覆者，因为跨界从来不是专业的。微信之于运营商，支付宝之于银行，都是典型的跨界创新案例。电商开放平台，正在完成从跨品类、跨平台到跨界的飞跃，从而创造新的电商商业模式。通过一系列跨界创新，淘宝网“打破边界”逐步“下沉”，覆盖范围从此前的C2C拓展到了整个电子商务生态链。跨界竞争已经成为当前企业竞争的关键词。以前所未有的迅猛，从一个领域进入另一个领域，产业边界正在打开,产业间加速融合,企业异质化竞争加剧。传统创新模式难以适应市场竞争需要,整合企业内外部资源,实施"跨界创新"新战略,正成为企业可持续发展的新动力。

为转变传统交通一卡通应用场景单一、盈利结构单一等固有的发展模式,未来需加强跨界合作,以支付为核心发展多元化产品,研制了多款新型终端设备及支付产品,将产品的创新模式由传统的功能转向体验。在以跨界为核心的合作思维的指导下,传统交通一卡通公司加强与通信运营商、手机移动设备厂商、智能穿戴厂商、第三方支付企业等横向产业链展开合作。比如,通过 NFC 卡模拟技术在 SIM 卡中实现一卡通功能,研发具备一卡通功能的智能可穿戴产品,研制集事件提醒、记步、健康监测、支付等功能于一体的智能穿戴一卡通设备,将一卡通从"公交钱包"扩展到"生活服务工具",这些都丰富公共交通一卡通内涵。还可通过研发一卡通核心模块、网充终端等创新设备,通过集成化、模块化的研发设计,统一行业标准及接口规范,降低终端技术门槛及研发成本,盘活存量资源;"新业态、深融合"将持续激发产业活力,最终实现产业多元化、个性化的发展。

2.3 以平台为核心的共享理念

随着互联网技术的发展,资源共享和信息流动变得更加容易和频繁,并呈现多样化的方式。以往资源孤立、信息屏蔽、封闭发展的企业越来越不能适应互联网时代的发展要求,甚至成为产业链中闭塞的一环,从而导致整体产业链信息流通不畅,传递效率不高,影响产业资源整合共享,反过来也会阻碍企业本身的持续发展。必须进一步打破这种思维惯性,通过引入互联网思维和技术,打造开放共享的平台化思维模式,鼓励产业链上的企业资源共享,通过平台的一系列规则接入相关企业,激发多边或跨边网络效应,推动企业平台化模式的生长。平台模式具有缩短产业链,带来丰富性和多样性,能够帮助企业实现跨界资源整合等。在平台上,往往汇聚了数量较多来自不同领域和产业环节的参与者,分别扮演着需求方和供求方角色。平台的规模越大,参与者越多,则平台上产生的服务和商品就越丰富,从而反过来也会聚集更多想得到多元化产品或服务的平台参与者,刺激创新思维的不断发酵。相比于垂直模式,遵循平台化思维的企业模式所激发的多样性和个性化也得到了极大的延伸。

移动互联技术为不同系统之间建立连接和数据交互提供了统一平台,因此在移动互联网时代,平台思维将进一步取代系统思维成为新时代的特点,也是系统思维的迭代升级版。所谓平台思维,就是开放、共享、共赢的思维,打造多方共赢生态圈。企业的平台思维,对内是企业组织系统的重构,对外是兼容接入其他不同的系统,为异构系统提供统一的接口和标准。国内的 BAT 三大互联网巨头就是按照平台思维构筑自身的互联网生态圈。百度以搜索业务为核心,依托百度云平台,建立包括无人驾驶、智能硬件、大数据、旅游、O2O、地图、视频和语音等系统技术,组建百度生态平台。阿里巴巴以商务交易为核心,借助阿里云平台,通过连接包括支付宝、淘宝天猫、物流、地图、娱乐影业、视频和金融等业务系统,构建阿里生态系统。

平台思维所构建的企业具有四个显著的特征:首先是开放,能够吸引一流资源创造用户价值;其次是以用户资源为核心,注重的是用户体验,而不是交易本身;第三是免费,通过免费开放平台,让更多的用户参与进来,共同凝聚智慧创造新的价值;最后是智能化和模块化特征,保证平台能够满足用户需求,并实现从大规模制造向大规模定制的转型。

从人类进入商品经济时代开始,就出现了市场,但由于空间、交易手段的限制,传统市场的参与人数和辐射半径都非常有限。这一切随着互联网时代的到来发生了巨变,互联网模式下,地域垄断被打破,信息变得不再封闭,商业信息流动的速度、深度和广度都前所未有地得到提升。某些杀手级应用的互联网平台迅速集聚了包括供应商与消费者的海量用户,使得类似平台的现实价值和潜在价值达到前所未有的厚度。互联网时代,企业的竞争形态也在发生着巨变,平台竞争成为新的制高点。从商业发展历史来看,企业的竞争经历了一个从产品竞争到产业链竞争,再到平台竞争的阶段。在产品竞争阶段,企业之间比拼的是产品和服务的性价比;在产业链竞争阶段,企业之间比拼的是对产业链的掌控能力以及由此产生的议价能力;而在平台竞争阶段,企业之间比拼的是商业生态系统的构建和孵育能力。传统企业如何根据自身行业特点,借助互联网手段,构建"平台竞争"新优势,将企业间的合作由一般合作模式转向供应链协作、网络组织、虚拟企业和国际战略联盟等形式;"不能成为平台,只能屈从于平台"。能否适应"平台竞争"新方式将成为未来企业竞争关键。

传统交通一卡通因各地原有技术标准不同、兼容性差,以统一标准改造的技术和协调难度大、成本高,导致互联互通改造成本高。与其他城市的一卡通应用相比,未来须打破区域一卡通在产业规模化发展和地域互联互通过程中的技术壁垒,按照平台化、接口化、模块化和标准化的原则,通过制定统一的标准规范,研发异构卡兼容技术,封装终端核心模块关键应用,降低进入壁垒和技术门槛,突破行业发展过程中存在已久的服务时空限制瓶颈,解决不同技术标准的一卡通体系在区域应用互联互通过程中存在的技术兼容难、改造成本大、改造工期长和区域保护等问题。

从行业用户互动、平台接入、高效服务以及行业大数据等方面探索平台发展思维,实现一卡通自有系统思维转向互联互通平台思维的转变。通过搭建地市运营管理平台,将全省一卡通数据接入统一的数据结算平台,实现分级管理;为跨行业、跨领域合作探索出以平台为核心的创新发展思维,使行业应用可快速复制关键技术,转化平台成果,也为全国交通一卡通互联互通的接入保留开放式的平台接口。

2.4 以数据为核心的发展理念

一百年来,石油推动着处在工业时代里的世界滚滚向前。如今,在互联网时代,数据就是当代的"石油",成为新环境下的重要资源。类似石油一般,可以从数据中挖掘出各种有价值的信息内容,服务于社会、政府、企业等,提升生产和服务效率。

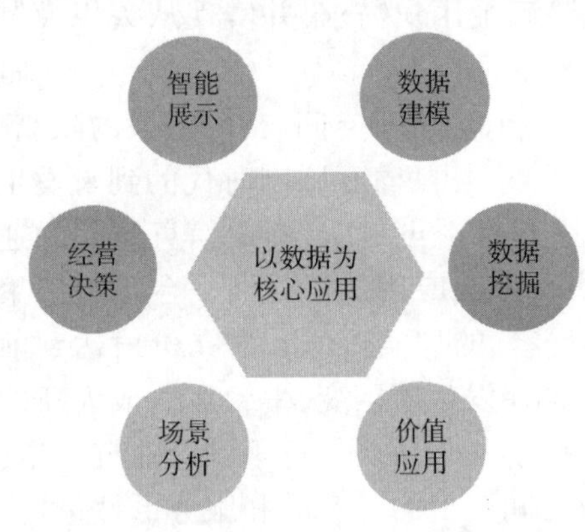

图 2-1 以数据为核心的应用领域

以大数据为核心的发展理念,就是要我们意识到在一个几乎无处不在的互联网世界里,到处都是数据,人人既是数据生产者,又是数据的利用者和得益者。互联网将各种信息终端(手机、电脑、传感器等)联为一体,构成了庞大的物物相连的网络,数据和信息在这个庞大的网络上时时刻刻地传递、储存和积累,同时不断被加工成新型的、有价值的生产资料。

以数据为核心的应用领域十分广泛,如图 2-1 所示。

2.4.1 数据思维改变认知

大数据思维能使我们在决策过程中超越原有思维框架的局限。每个人都是依据自己对现实的认识和判断而不是现实本身作出行动决策的。以数据为基础的智能决策有两个步骤:第一是对事物的理解和判断;第二是作出行动决策(不行动也是一种决策)。以数据为核心应用到了很多行业,并取得了良好的效果(图 2-1)。

人们对事物的理解和判断会受制于自身思维框架的局限。物理学家在分析一件事物时,会很自然地应用物理定律来思考、理解和判断。社会科学家在分析一件事物时,脑子里出现的框架是人际关系、社会地位、历史背景和社会效益等。大数据思维不是从某个人的思维框架出发,而是让海量数据交叉碰撞,寻找隐藏的相关性,由结果导出原因。这就冲破了传统思维框架的局限。有一个典型的案例就是美国一家零售商的做法。在对海量的销售数据处理中发现:每到星期五下午,啤酒和婴儿尿布的销量同时上升。通过观察发现,星期五下班后很多青年男子要买啤酒度周末而这时妻子又常打电话提醒丈夫在回家路上为孩子买尿布。发现这个相关性后,这家零售商就把啤酒和尿布摆在一起,方便年轻的爸爸购物,大大提高了销售额。以上案例说明:需求是一直存在的,只是没有显露出来,需要通过数据分析过程进行挖掘,将隐藏在背后的关联性找出来,并加以利用,从而能产生不可思议的价值。

大数据思维可以引发城市管理的新方法。自从美国大使馆每天公布 PM2.5 指数以后,城市空气污染的问题得到了各个城市政府和市民的重视。每天 PM2.5 检测数据的采集成为环境保护和管理的一个重要任务。如果一个统计学家按照原有思维框架来设计检测数据采集,他会从统计学原理出发在市区有代表性的不同地点定时采集和上报数据。其结果是数据量有限,费用高,检测覆盖率和准确率低。应用大数据思维,某市环保部门考虑将上万个手持检测仪发放给散居各处的市民检测并通过手机上传数据。通过手机定位,环保部门可以确定每个数据的测量地点和时间,大大提高数据采集的覆盖面和精确度。

大数据思维还可以对历史数据的分析提供新思路。古语有云:“读万卷书,行万里路”。用大数据思维,读万卷书在今天绝非难事。美国的国会图书馆正在将藏书全部数字化。以后通过电脑“看书”搜索关键词,分析相关字条和数据将会非常容易,读万卷书可能只是几小时的“小任务”。美国匹兹堡大学公共卫生学院将记录在报纸、报告、微缩胶片上美国各地自 1888 年以来有关传染病发生和死亡的多元、碎片、海量的数据收集、整理并数字化。通过数据建模和分析,把一百多年的历史“死”数据变活,建立了 1888 至 2010 年美国 50 多种传染病电子数据档案库。用历史数据证明了疫苗的发明和使用避免了一亿以上的美国人死于传染病。

大数据思维能帮助企业改进服务模式。在美国出现的 Uber 打车服务和后来中国兴起的滴滴出行,都是大数据思维产生的经典 O2O 新型商业模式。智能手机在移动互联网时代的普及使实时定位的数据传递和信息沟通成为可能。它为乘客和驾驶员之间的商业交换提供了一个崭新的平台,改变了传统的电话叫车或路边招车,降低了沟通成本和空驶率,极大地节省了驾驶员和乘客双方的资源和时间。源源不断的乘车交易和时间地点的电子数据在高速地积累和储存。数据科学家们可以通过对海量数据的分析寻找规律以提高和改进乘客打车出行的体验,找到新的商机和推出新的服务。

大数据的发展理念改变了竞争的本质。科技巨头一直受益于网络效应:Facebook 的注册用户越多,就会吸引更多的人注册。数据还有额外的网络效应,通过收集更多的数据,企业拥有更大的空间来改善产品,从而吸引更多的用户,进而产生更多的数据等。特斯拉从其无人驾驶车辆中获得的数据越多,就越能更好地改进无人驾驶的技术。也正是这一原因,该公司在第一季度仅售出了 2.5 万辆汽车,但市值比第一季度卖出 230 万辆汽车的通用还要高。

以用户为中心的发展理念，也需要对用户行为数据做科学分析和实践指导。现在的公司将如何不断地实现对用户的毫无规则的活动进行精准监测呢？答案是借助“大数据”。客户动向是不断变化的、动态的，因此营销人员的策略也应该做出相应调整。通过整合过去和实时数据来评估客户的品位和喜好，这样可以使公司决策更具针对性和科学性。以亚马逊数据应用为例，亚马逊利用强大的大数据引擎和分析能力，从一个以产品为基础的公司发展成为囊括 1.52 亿客户在内的大型市场参与者。亚马逊旨在通过跟踪客户的购买趋势，并为营销人员提供他们即时需要的所有相关信息，从而来为客户服务。此外，亚马逊通过实时监控全球 15 亿种产品，成功满足了客户的需求。

同样，要想构建便捷的交通一卡通支付服务体系，以数据为核心的分析思维更是必不可少的。清分、结算是交通一卡通企业关键的业务基础，也是交通一卡通的重要数据基础载体。交通一卡通系统承担着交通一卡通使用过程中的交易数据处理，提供与公共交通服务商（如公交、地铁等）、合作商户和服务网点间票款结算功能，其中，清算系统对客服、充值、消费和票卡发行等各类一卡通数据进行检查，对有效数据按区域进行清分，而结算系统提供各合作单位（商户、网点）各类业务的结算、对账业务及报表。

2.4.2 以数据为核心的发展理念

近年来大数据技术的快速发展深刻改变着我们的生活、工作和思维方式。大数据研究专家舍恩伯格说过，在大数据时代，人们对待数据的思维方式将会发生三种变化：第一，人们处理的数据从样本数据变成全部数据，强调的是数据的“全”；第二，大数据使得人们不得不接受数据的混杂性、多维性，从而放弃对精确性的追求，强调的是数据的“多”；第三，人们对事物的理解，将不是再纠结于因果关系，而是转向关注相关关系，改变了看到事物的看法。事实上，大数据时代带给人们的思维方式的深刻转变远不止这些。

在小数据世界中，人们往往执着于现象背后的因果关系，试图通过有限样本数据来剖析事物内在运行的机理，但是小数据存在无法克服的缺陷，就是有限的样本数据无法反映出事物之间普遍性的相关关系。而在大数据时代，人们可以通过大数据技术挖掘出事物之间隐蔽的联系，从而获得更多的认知与洞见，运用这些认知与洞见就可以帮助我们捕捉现在和预测未来，而建立在相关关系分析基础上的预测正是大数据的核心方向。

但问题是，要想通过大数据分析得到事物背后的种种联系或规律，前提是必须有足够“大”的数据规模，这对于很多中小企业都是很难做到的。但作为城市公共交通领域的出行支付场景，数据规模已不成任何问题。众所周知，交通一卡通应用已成为了大部分城市公共交通出行所采用的一种主流的支付方式，每天承载着大量的出行支付服务和刷卡交易，不断积累了大量的交易数据。就以广东省内的岭南通卡为例，每天公共交通的刷卡行为能产生的数据记录就高达1200多万条，在跨区域（城市）使用方面，岭南通卡每天刷卡量达120万人次，经粗略统计，全省公共交通刷卡数据量达到50GB/天，由此推算全年的数据量高达18TB。随着交通一卡通业务全国范围的互联互通应用，未来基于交通一卡通支付所采集到的数据将呈现爆发性的增长，为大数据的分析与应用打下良好的基础。

由于传统交通一卡通行业普遍缺乏大数据分析人才，且部分通卡运营单位并未认识到数据背后的重要意义，所以通卡公司仍然将数据看成是唯一清分结算业务的基础，并没有对相关数据进行深入挖掘。不过，出现以上状况也是有其历史原因的。总的来说就是，人才配备不足、大数据技术基础落后、缺乏资金投入、应用场景不清晰、缺乏多维度数据融合等，这些都是造成大数据分析在交通一卡通行业发展缓慢的重要原因。

令人庆幸的是，新时代赋予了通卡行业新的发展机遇，新技术的普及应用为大数据分析提供了有利的支撑，为交通一卡通数据分析和价值转化提供了重要的技术基础，推动了一卡通企业从单一的清分结算向大数据、云计算领域发展的动力。通卡企业通过互联网的途径可有效解决数据分析人才的问题，例如网络众包和众智等方式。随着大数据在各行各业的广泛应用，目前大数据技术整体解决方案已经很成熟，可为企业发展大数据提供成本低廉的技术方案。发达的互联网络为数据融合提供多种接口，不同数据来源可通过兼容接口实现不同数据源之间的关联融合，从而解决了数据资源维度单一化的问题。

交通一卡通在发展过程中，始终保持线下线上的需求，在2.0时代并不是消灭线下用户，二是在线下基础上拓展线上服务，两者兼容并存。只有将线上线下交易数据进行融合，得到的数据才能完整，分析的结果才有说服力。线下线上需求相互可以得到补充。

在“互联网+”的时代，数据是新的生产要素，是企业的基础性资源，更是战略性资源，已经成为企业重要的生产力。大数据的收集、挖掘、连接、分析和运营，是企业综合实力的标志和体现。交通一卡通运营商发展十多年，积累了相当庞大的数据量，但在过去，我们并没有将这些宝藏进行充分的价值挖掘，互联网+时代给予了一卡通行业的发展机遇。

随着交通一卡通行业对大数据应用的重视，交通一卡通企业纷纷研发自身的大数据平台，推动交通一卡通2.0版本的生态构建，促进在企业内部对接各个核心系统和平台，将过去、现在和将来的数据整合在一起，打通线上线下交易数据，充分利用并打通企业内部数据源与外部数据源，引入大数据处理技术，按照不同类型的数据,形成一个完整的行业数据资产。利用此系统为整个社会产业生态服务,为政府、企业与合作伙伴的经营提供帮助和创造价值。

2.5 以共赢为核心的生态理念

通过开放式平台战略实施,构建交通一卡通产业生态圈,汇聚行业优质资源,建立开放共享机制,共同打造合作共赢生态圈。未来的竞争将不是一场要素竞争,也不是企业间的同行竞争,而是商业生态圈的竞争,谁懂得整合产业链资源,发挥行业生态协同作用,谁就能为行业发展赢得先机,为企业转型升级赢得时间。

构建交通一卡通产业生态,必须搭建融合诸多场景的一站式平台。随着用户需求的不断变化,对于公共交通和小额消费领域,除了脱机消费,也衍生出对在线支付、移动支付的需求。此外,用户还有很多真实的生活场景,包括城市生活、消费购物、金融理财等都是一卡通支付还无法覆盖的。在一卡通 1.0 版本时代,一卡通和用户的关系是脱离的,2.0 版本必须将用户紧紧聚合一卡通平台上。因此,一卡通运营商需要搭建一个核心平台,一个 O2O 平台,融合线上线下商户,聚焦于用户关注的吃、喝、玩、乐等生活消费与支付以及理财等金融需求,将"移动支付"与"嘀卡体验"完美结合、将"线上购买"与"线下享用"有效连接。实现线上用户和线下商户无缝对接。

2.5.1 交通一卡通生态构建

交通一卡通垂直生态是以一卡通运营主体为中心,涵盖一卡通产业上中下游的研发、运营、市场各个环节,包括一卡通设备的生产制造和原材料供应、芯片研发、网络运营、系统集成、服务运营以及场景应用等方面,各个环节之间相互依存的关系如图 2-2 所示。

一卡通设备生产商依托自身的技术,生产符合标准、规范的一卡通设备,并经过测试验收后交付一卡通运营主体使用。一卡通设备制造商在纵向价值链中承担着产品制造、技术研发、技术保障等责任,是一卡通产业发展的基础技术支撑力量。因此,只有在技术层面必须不断坚持创新,吸收和消费各种先进技术和商业模式,才能更好满足人们在公共出行方面的需求、提升一卡通产业的整体价值。

交通一卡通运营主体根据市场需求和政策环境,部署一卡通系统终端,为用户提供一卡通使用环境,并负责一卡通系统运营、维护、技术支持、业务咨询等,是价值转移和增值过程的关键节点企业。因此,一卡通运营主体应不断进行业务创新,在为用户提供安全、快捷的支付环境的同时提升企业产值。

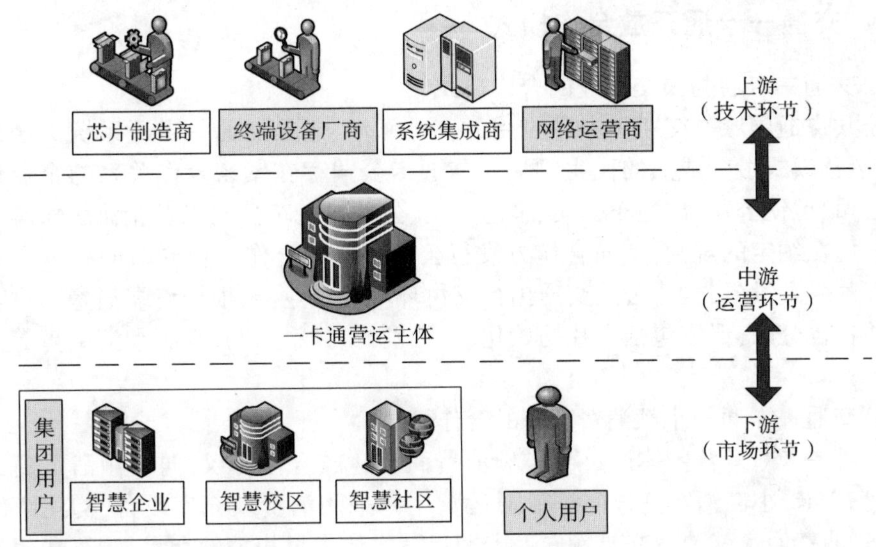

图 2-2 一卡通产业垂直生态

交通一卡通横向生态同样是以一卡通运营主体为核心，通过运营主体与金融机构、互联网企业、移动运营商和小额消费商家之间的业务开展广泛的合作，形成以公共交通出行为主要场景的交通电子支付新业态，推动业务模式和产品服务创新，构建紧密的产业共同体，实现多层次、多维度的跨界合作。一卡通横向生态如图 2-3 所示。

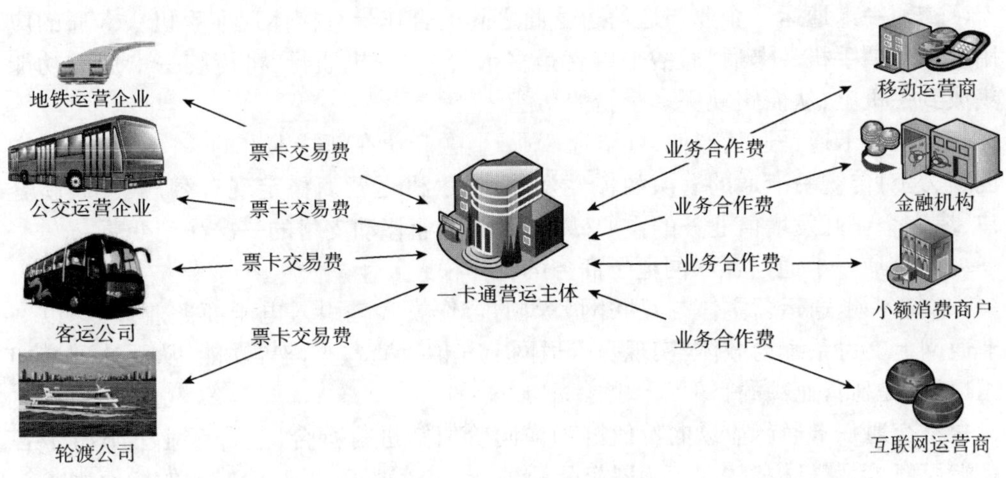

图 2-3 交通一卡通产业横向生态

2.5.2 交通一卡通开放合作模式

1)交通一卡通与公交企业的合作模式

公共交通领域是交通一卡通应用的基础领域,也是交通一卡通系统部署最为完善、运营模式最为成熟的民生领域。与通卡公司存在紧密合作关系的企业包括公交公司、地铁公司、出租车公司、客运公司、公共自行车公司以及轮渡公司等。一卡通公司在约定的规则下,向合作方发行公交 IC 卡,合作企业同时向一卡通企业采购车载终端设备,构建公共交通出行支付环境和产业链,根据终端消费额进行清结算并各自分账,形成包括卡片初始化、卡片发行、物料采购、客服和清结算等的价值链。

2)交通一卡通与小额消费商家的合作模式

交通一卡通运营主体通过与小额消费商户达成合作协议,向小额消费商家发行消费 IC 卡,小额消费商户向一卡通运营主体采购消费及充值设备,构建小额消费环境,消费商家就消费交易额向一卡通运营主体支付相关的交易、清算费用及设备维护费等。

3)交通一卡通与金融机构的合作模式

交通一卡通运营主体与银行等金融机构主要采取以下两种合作模式:一是通过改造一卡通终端机具,使其能兼容支持某些银行或者所有银行的电子现金交易;二是通过在一张 CPU 卡里同时提供一卡通的电子钱包和银行的电子现金,实现资金共享。

4)交通一卡通与通信运营商的合作模式

交通一卡通运营企业与通信运营商之间的合作最直接体现在手机一卡通的应用上。所谓手机一卡通,通俗来讲就是多卡合一,一机通行,将传统一卡通的功能集成到手机上,从而实现更多全新的功能。

手机一卡通是通信产业、一卡通产业、金融产业在新技术上的一次高度整合和创新,是对传统一卡通的一次颠覆性发展,是手机运营商稳定现有客户、发展新客户、渗入企业开发增值业务的重要砝码,是金融业移动支付的一次深刻变革。

5)交通一卡通与互联网电子商务的合作模式

交通一卡通运营主体与互联网公司的合作模式是引入电子商务业务,即以一卡通网上支付系统为载体,实现一卡通网上充值、消费、查询等功能,从而达到增加用户量、提高营业额的目的。

将交通一卡通产业纵向价值链和横向价值链进行耦合,整合产业上下游个各终端厂商、运营机构等资源,拓展产品销售、支付等渠道,提升消费者的增值服务等用户体验构建一卡通产业价值网,如图 2-4 所示。

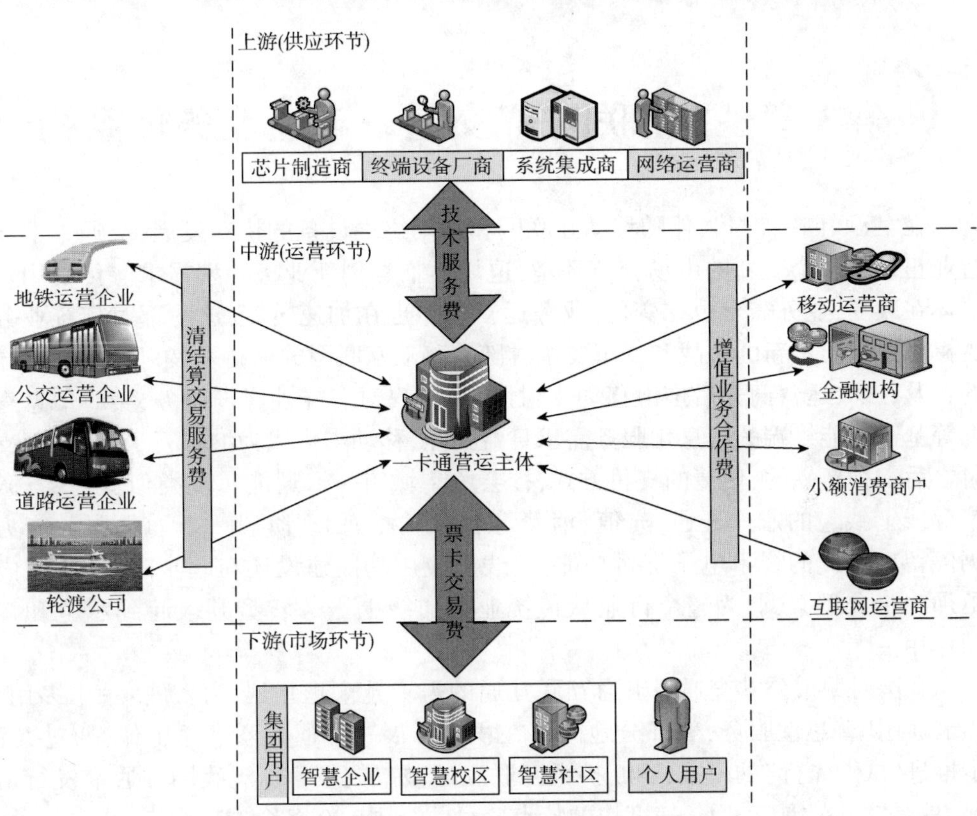

图 2-4　一卡通产业价值网

第3章 “互联网+”交通一卡通业务体系构建

在“互联网+”时代，伴随移动互联网和移动终端设备的快速发展，交通一卡通行业正处于一个全新的市场变革环境，迫切面临着创新业务转型需求。传统用户群体在改变，业务需求也在变化，业务运营思路也在加速转变，这些都对传统业务支撑体系提出了新的挑战和变革要求。随着移动互联网的迅猛发展以及智能终端的普及，三大运营商先后推出移动支付服务，用户对多样性客户服务、实时信息查询等基于智能终端的信息化服务需求日益强烈，移动支付成为继银行卡、互联网支付之后一种新兴的、便捷的支付方式，社会盼望城市一卡通能实现类似支付宝、微信等线上钱包的账户开通、充值、消费等服务。然而，现阶段一卡通的服务能力仍停留在单纯的线下电子支付功能上，线上应用功能建设还在起步阶段，行业内亟须一个典型案例，为整个行业从传统业务向线上服务转型升级起到示范和带动作用。

我国对城市公共交通一卡通互联互通的需求越来越强烈，为发展“一卡多用、一卡通用”普惠性服务，大部分地区都在积极开展一卡通互联互通工作，通过“逐步推进、试点先行”的模式，不断扩大互联互通城市数量。纵观我国交通卡发行情况，具有发卡范围广、增长速度快的特点。目前全国600多个城市中有400多个城市已发行了当地的交通卡，并且发卡量以每年10%的速度增长。尤其是以上海为中心的长三角、以广州为中心的珠三角以及以北京为中心的京津冀等经济发达地区的交通一卡通互联互通服务发展最快。但因传统交通一卡通支付应用的行业特点要求和技术限制，交通领域的出行支付服务仍然以线下服务为主，以广东为例，广东省公共交通一卡通服务以传统的单一线下服务为主，公交一卡通的发卡、充值服务主要包括人工和自助两种模式。其中，人工模式是由公交一卡通运营企业将服务外包给公交、地铁、连锁便利店等人工网点数量较多、布设范围较广的商业合作对象，业务合作模式以支付给对方服务手续费为主；自助模式则以自助或商业合作的方式，布设自助多媒体终端。这些城市公交一卡通的售后服务，则主要以自营服务网点为主，通过自建客服人员队伍的方式提供服务。这种模式逐步显露出线下服务的短板。为适应城市交通一卡通发展趋势，满足用户多样化的需求，必须通过跨行业合作、产业融合等方法推动形成新的商业模式，借助移动互联网、NFC、TSM等新的信息技术研究面向用户的跨域交通一卡通公共服务。

3.1 业务体系的设计方向

为促进交通行业创新转型,交通主管部门、交通运输企业主动引入新型应用技术推动行业创新,鼓励行业主动转型,实现技术创新驱动行业的发展目标。新型移动支付技术在公共交通领域的应用逐步突破或化解传统交通一卡通行业原有的政策壁垒,在交通支付行业的变革与创新中取得优势。移动互联时代,扫码支付、金融 IC 卡、NFC 手机支付等新型支付方式在公共交通领域的应用已初见端倪,交通一卡通行业面临来自各方支付强敌的挑战。

新兴支付方式带来的“挑战”既是对传统交通一卡通行业的“警示”,也为行业转型升级带来难得的“机遇”。交通一卡通企业在长期的发展过程中形成了自身特有的行业优势,主要体现在通卡企业积攒了海量的用户群,培养了一卡通的支付习惯,尤其是在公交、地铁等公共出行服务领域。因此,通卡企业仍然具有较好的资源优势和发展基础,而且各种新政策的密集出台推动一卡通产业的持续创新和升级,移动支付技术的进步带动一卡通技术的升级与应用,提升一卡通在产品和服务使用过程的用户体验;移动支付市场的扩展有利于为一卡通转型升级提供广阔的市场基础;跨界合作的新趋势为一卡通产业链间融合、跨界创新提供良好的途径和发展空间。

交通一卡通行业在面临移动支付强势入侵的严峻形势下,通卡企业积极推进行业、企业自身的变革和创新,包括思维创新、技术创新、产品创新和服务模式创新,建立互联网充值、电子商务、移动穿戴设备支付等新兴场景与产品体系,注重以用户为核心、技术为保障、业务为支撑、场景为着力点、产业合作为基础,共同推进交通一卡通行业转型发展,构建与产业链合作生态圈,为广大一卡通用户出行、生活、消费提供便捷、舒适的电子化支付服务环境。尤其以北上广深等一线城市交通一卡通企业为典型,基本完成了从基础公共交通领域到小额消费领域的业务覆盖,并利用自身的资源优势结合移动互联网技术,在 NFC 移动支付、互联网充值、金融跨界合作等方面构建较为完善的服务应用及终端产品,为全国其他城市一卡通的发展路径提供很好的示范作用,为交通一卡通行业的顺利转型提供重要的契机。

3.1.1 坚持公益普惠性质,服务海量用户

传统交通一卡通为解决民众公共交通出行的便捷性问题,以降低人们出行成本为目的,是在政府的扶持下逐步发展起来的一项民生工程。因此,一卡通的应用与推广属于社会公共服务的重要组成部分,是公益性、基础性的行业,具有公共普惠性质,受政府的管理与支持,这就意味着具有天然的政策优势。特别是随着各省

交通一卡通管理办法的出台,更加明确了交通一卡通企业的进入门槛,维护其本身的公益性。虽然随着社会经济改革深入,为提升行业企业的生产效率和创新能力,企业逐步实行向市场化方向改革(比如业务自负盈亏),但政府担任社会民生工程的监督角色,可通过公共政策等手段保障一卡通公共服务正常运行,不影响市民的出行服务。

城市交通一卡通行业基于其公益普惠性质,经过十多年的发展,已形成了较为成熟的产业和业务运营模式。交通一卡通支付逐渐演变成人们公共交通出行的主流支付方式,沉淀了海量的用户基数,并塑造了乘客公共交通出行刷卡的行为习惯。相比新兴的支付方式,交通一卡通支付在公共交通领域用户人群方面拥有一定的优势,且以其支付速度快捷、使用方便的特点,形成了强大的用户使用黏性。

3.1.2 推进智能终端应用,培育移动支付习惯

智能移动终端的普及为一卡通发展提供了重要的支付载体,通过其连接作用,将一卡通线下业务实现在线化,为用户提供更加便捷、随时随地的通卡服务。智能终端的普及也为一卡通多场景终端定制化提供了可能。根据用户和应用场景的个性化需求已经设计生产各种极具场景特色终端设备(智能手机、智能手环、手表、充消一体 POS、网充终端等),满足各种消费和充值需求。

交通一卡通行业继承了移动互联网发展的主要特征,就是大众化的移动支付应用。随着各种移动支付技术的升级与发展,如 NFC 支付、二维码支付、声波支付、生物识别技术等创新发展,使得移动支付在整体消费交易中的占比成加速上升的趋势,逐步成为人们主流的支付方式。这种新型支付方式的形成在一定程度上冲击了原有一卡通的离线支付,但同时也普及教育了用户的移动支付习惯。交通一卡通企业依托庞大的用户基数和高频交易的优势,通过一卡通在线化产品和服务构建连接入口,将线下用户转移至线上,建立在线账户管理体系,通过采集用户交易数据,挖掘用户需求,延伸一卡通在线增值服务。

3.1.3 搭建多样化场景,满足用户个性化需求

传统交通一卡通应用场景十分有限,主要服务于公共交通出行领域及部分的小额支付领域,这是由于其支付方式单一引起的;传统交通一卡通以实体卡片为主,难以承载更多的支付服务内容。交通一卡通行业通过引入多种的支付方式和搭建多样化场景,有效解决场景单一的弊端。与新兴的支付方式(尤其是二维码支付等需要网络的支付方式)相比,一卡通因不需要接入网络采用脱机消费可实现方便快捷的支付,十分适用于网络并不能完全保障的公共交通领域。同时,一卡通脱机消费模式可以减少客户端遭病毒入侵,防止客户个人信息泄露。

3.1.4 构建开放产业链,打造合作共赢格局

经过十几年的发展,交通一卡通行业自身已形成了较为成熟的产业链,从芯片研发、卡片封装、终端测试、卡片发行、卡片销售、交易结算以及客户服务等环节形成了稳定的协作和产品服务供应链,从而确保了交通一卡通行业作为公共交通服务民生工程得到快速发展,惠及广大市民的出行服务。由于政策门槛、应用领域、运营服务的特殊性,交通一卡通产业一直在特定的环境下发展和运营,并形成了封闭性的产业圈。随着移动互联网、“互联网+”环境的完善,逐步打破了交通一卡通原有的产业格局,形成了开放与合作的产业生态。

交通一卡通在构建开放的产业链过程中,通过与智能终端厂商、系统服务商、移动服务商和第三方支付机构等非传统产业环节开展各种合作,不断优化和完善交通一卡通线下线上的产品和服务体系,利用移动互联技术和在线服务平台,不断拓展交通一卡通服务场景生态,通过一卡通线上账户体系与用户进行绑定连接,提供在线卡片管理、电子商务平台、线上积分管理、个性化定制服务、其他衍生金融服务及一卡通社区等服务形态。

3.2 业务体系规划的设计内容

3.2.1 业务架构设计

随着 NFC、物联网、大数据、云计算和移动互联等关键技术的快速发展,核心支付模块、在线充值与消费、NFC 移动支付以及 TSM 平台等技术的难点问题逐步突破,城市交通一卡通领域逐步发展融合空中发卡、网上充值、电子商务、移动信息服务、移动支付等交通电子支付服务于一体的“互联网+”交通一卡通公共服务平台,推动智能交通产业转型升级,构造全新的互联网交通一卡通公共服务生态。“互联网+”交通一卡通公共服务平台连接用户、卡片、终端、第三方支付系统等,具体的框架体系分为一卡通公共服务平台、第三方支付机构、外部接入系统、后台系统及综合控制中心等(图 3-1)。

“互联网+”交通一卡通公共服务平台的设计,是通过研发统一的交易规则和技术标准体系,以及基于该标准下的多场景终端,在终端统一接入的基础上,完成空发、空充平台、联机消费平台的兼容接入,实现交通一卡通的在线发卡、充值和消费,业务数据通过统一的接口接入运营管理平台,实现跨域就一卡通的统一清分结算。

第三方支付机构:指各类银行、支付宝、财付通等第三方支付机构,为支付平台网上交易提供资金渠道。

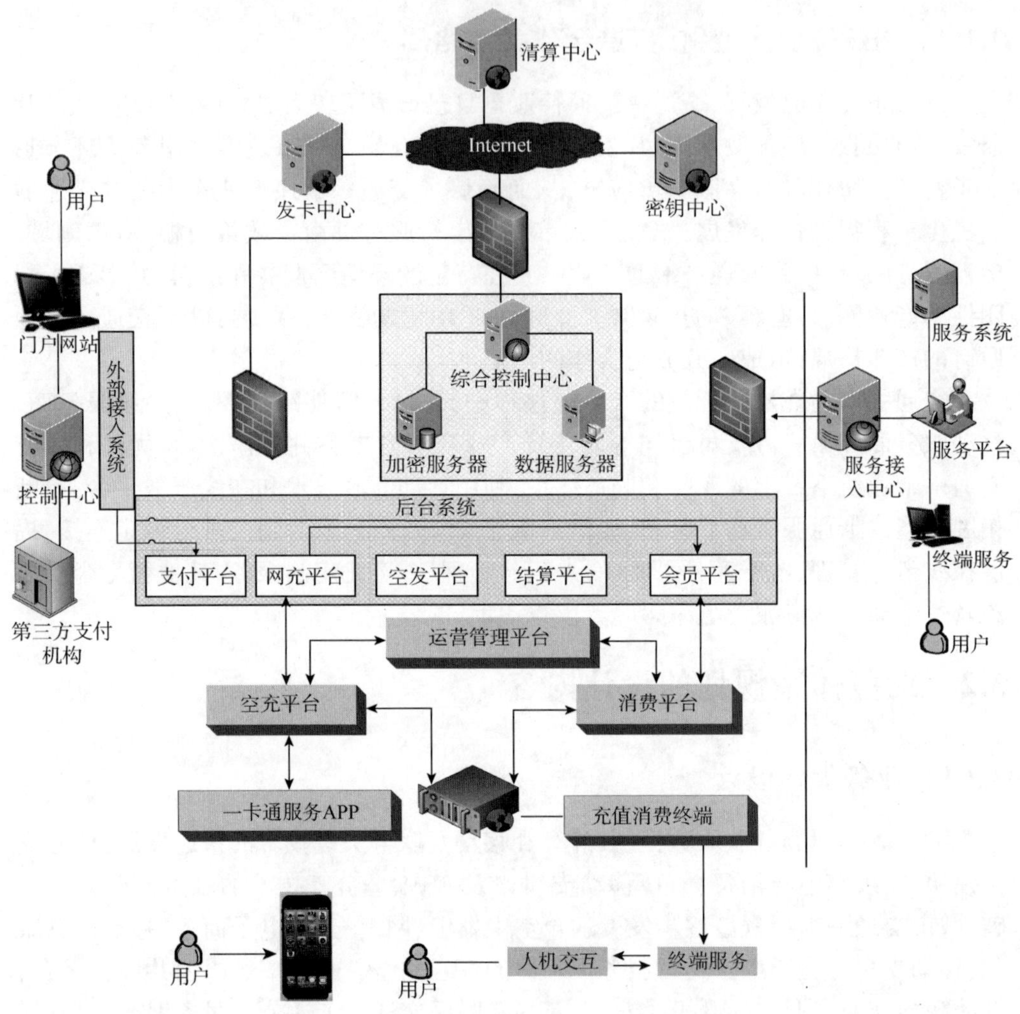

图 3-1 "互联网+"交通一卡通公共服务平台架构图

外部接入系统:指为平台与用户提供中间服务的服务商、各类合作商户的服务平台以及接入平台统一管理的城市通卡公司。

后台系统:后台系统主要由充值平台、消费平台、空发平台、空充平台、清算平台和结算平台组成,其连接底层的一卡通清算系统、密钥系统、充值系统、消费系统等基础平台,为跨域交通一卡通实现线上服务奠定数据与管理基础。

综合控制中心:通过数据服务器、加密服务器等设施连接跨域交通一卡通公共服务平台、第三方支付机构、外部接入系统、后台系统,保证平台的安全与功能实现。

为完善交通一卡通公共服务体系，加强跨域出行交通信息服务，通过与通卡公司、合作商户、第三方支付机构以及手机运营商等外围平台的对接，重点突破多种支付方式融合互通、异构终端、系统兼容、跨区域清结算及信息安全支撑等关键技术，融合建成面向用户的跨域交通一卡通公共服务系统，主要围绕公共交通、客运电子支付、小额支付等基础服务领域向社会公众、商户、政府等提供电子票证、客票、移动信息、会员管理等服务，大力拓展应用领域、优化服务模式，提升用户体验，将不同范围、不同区域、不同领域的交通一卡通公共服务加以综合，集成不同区域公交一卡通、公共自行车租用、出租车计费、地铁售检票等系统的一卡通应用，其应用终端包括车载终端机、充值机、计价器和地铁 AFC 闸机终端、各零售商及其所属商铺的 POS 消费机、充值机、持卡人 NFC 手机等，并构建公共信息集成利用模式，挖掘交通出行大数据，支撑政府管理、行业监管决策及商户运营等多个业务领域，实现跨域交通信息服务产业化示范应用。

交通一卡通公共服务平台框架(图 3-2)实现一卡通网上充值、空中充值、NFC 移动支付、移动信息服务及电子支付服务功能，其形成的生产能力主要表现在终端产品研发、运营管理系统部署、场景化终端支付及互联网充付消费等方面。针对交通互联互通平台的安全机制、多终端兼容技术、多卡融合技术、多标准支付技术、异构系统兼容等关键技术研发，围绕面向用户的跨域交通一卡通的公共服务平台研发与产业化，根据需求分析设计平台框架，依托智能终端向一卡通互联网支付服务提供全套解决方案，完成交通一卡通公共服务平台构建，创新线下与线上融合服务的运营模式，同时开展跨行业合作，研发多功能的支付产品，形成面向公众的账户线上管理、网上充值、移动支付、TSM 管理服务、手机移动服务等应用的互联网服务平台，不断推动平台迭代完善，实现规模效应。

3.2.2 业务体系设计

1)体系设计原则

交通一卡通创新业务体系的建设在“互联网+”时代有了巨大的变化，特别是在业务思路、业务模式和业务发展等方面的理念和思维甚至颠覆了传统的业务运营方式，“互联网+”时代所强调的“用户需求”“数据共享”“资源整合”和“线上线下”等先进理念逐渐融入交通一卡通企业管理思维，不断改造一卡通原有的业务体系。因此，在“互联网+”时代下，若要保持行业的持续发展，必须结合新的技术和思维观念重构业务架构，重新设计业务体系，最大限度地迎合用户的需求变化，完成交通一卡通企业的业务转型。结合互联网企业的案例实践以及行业特色，经研究分析，提出以下几种业务设计原则供参考。

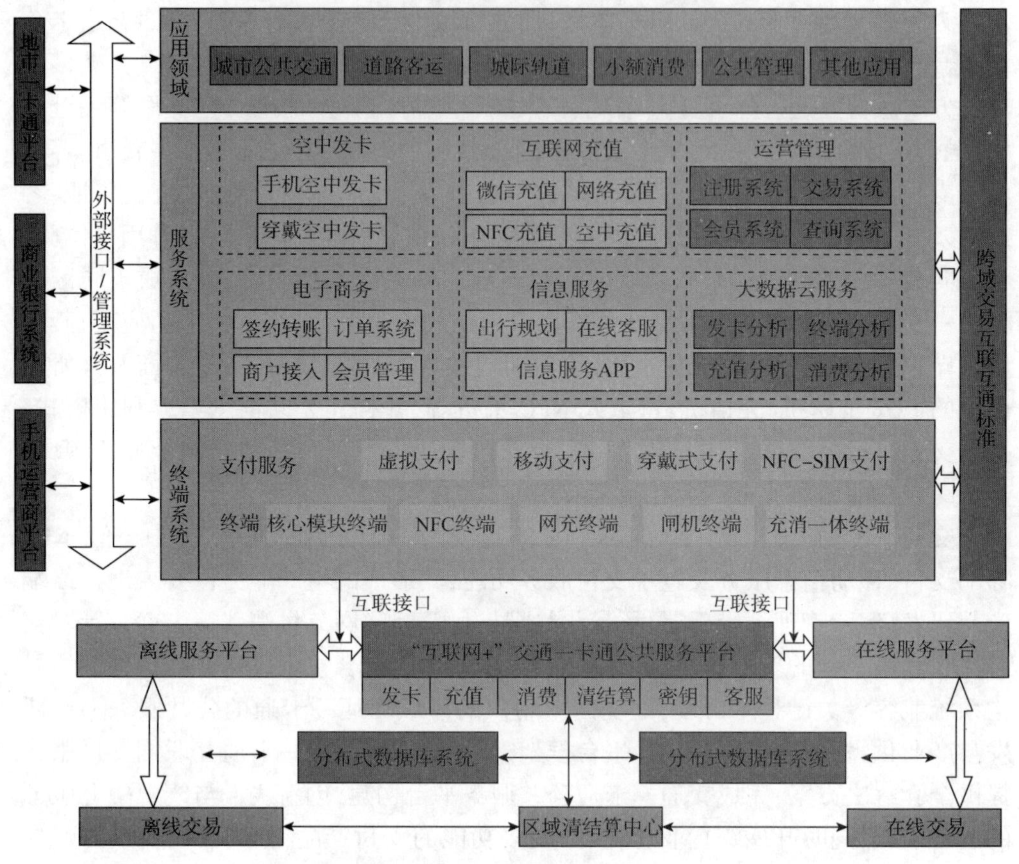

图 3-2 "互联网+"交通一卡通公共服务平台框架图

(1)用户服务原则

所谓用户服务原则,系指一切业务的设计和运营都必须围绕用户需求来开展,离开了用户需求,任何业务的上线都变得毫无意义。这里所说的用户需求,不仅仅是功能需求,还包括精神需求,如情感需求、猎奇需求、传播需求等。也就是让用户在使用产品后,不仅能为用户解决问题,而且对用户心理状态也起到积极的促进作用。这才是用户服务的真正核心所在。

用户服务原则主要体验在几个方面:第一,产品服务一定要快,包括业务响应速度要快、产品更新迭代要快。在移动互联网时代,用户需求变化加快、等待的耐性明显下降,加之可选择的服务更多,若产品经常需要加载和等待的话,就无法获得用户认同。第二,产品一定是简单的,这不是指功能上的简单,而是操作上的简便、界面上的简洁,易于使用。第三,产品具有交互功能,能对用户的操作做出及时反馈,让用户能得到想要的信息;同时收集用户的操作习惯,分析后能感知用户潜在需求,为用户进行个性化推荐服务。

传统的交通卡是一张实体离线卡,不具备实时感知用户需求的功能,很难通过监测产品使用过程提升用户服务水平,以用户为核心的业务设计原则应用得不彻底。进入"互联网+"时代,交通一卡通线下业务借助互联网技术延伸至线上。通过互联网服务平台,实现线上发卡、移动充值、电子商务消费和在线客服的完整应用服务,突破传统线下离线发卡、充值和支付模式的服务瓶颈,创新交通一卡通的"互联网+"应用模式。交通一卡通企业通过构建基于移动互联网的一卡通全业务技术和应用体系,形成了一卡通业务在线化的经营和服务形态,让广大用户在使用一卡通的过程中无须依赖线下网点、无须受限于营业时间和地理位置,能节省大量出行和时间成本,真正做到以用户为中心的业务体系,引领传统公交一卡通行业未来的发展方向,引导一卡通产业链向高附加值的互联网服务延伸,补齐线上服务缺失的短板,推动产业关联发展和转型升级。

随着智能移动手机终端的发展,为进一步提升用户体验,利用移动端实现对交通一卡通进行充值、查询、消费服务,通过与第三方合作,接入互联网公众平台,实现在线实时查询、微信充值、APP 充值等功能。将信息查询服务写成接口,供移动服务端调用,实现手机端的信息查询,包括充值点查询、消费点查询、客服点查询、售卡点查询、优惠信息发布、客户服务等,不断完善交通一卡通的用户服务体系,提升用户使用体验。

(2)线上线下融合原则

所谓线上线下业务融合,是指互联网业务与非互联网业务通过优势互补的方式实现业务的协同发展。由于线上线下业务所依托的资源、平台及服务方式不一样,所以两类业务所表现出来的优势也有所不同。线上业务依靠的是互联网服务平台,不受时间地点限制,具有实时服务的显著特点,能实现信息流、资金流的统一整合,直接面向用户服务,减少多余的中间环节,降低交易成本。而线下业务依靠的是实体网点,具有物流、面对面服务及产品实地体验的优势,长期发展积累下来的用户市场和产品使用习惯也是线下业务得以持续发展的重要基础。

线上线下融合的业务设计原则,就是要利用线上线下业务的不同优势进行互补,共同推动互联网时代下新业务的发展。这种设计原则特别适合于以传统线下业务为主的行业。众所周知,传统交通一卡通行业是以线下业务为主,在移动互联网技术和移动支付业务的推动下,交通一卡通线上业务发展十分迅速,以其方便、快捷的业务特点吸引了不少用户,呈现出线上与线下业务同步发展的格局。

未来交通一卡通业务的发展将集合线上线下业务的优势,协同推动交通一卡通业务的创新,结合行业发展趋势与用户需求,打造统一的一卡通服务平台,实现实体卡片的在线账户管理、账户充值、票证购买和移动服务查询等服务,透过互联网终端的接口推动线上线下服务的关联,带动交通出行链的业务创新,实现线上与线下客户综合服务的统一管理,实现连接互联网和用户的重要平台。

(3)极致服务原则

所谓极致服务原则,就是把产品和服务做到最好,为用户提供超出预期的产品体验,不仅在产品功能上很好地满足用户需求,还解决了用户未想到的特殊需求。极致服务目的使得用户在使用产品过程中感觉非常舒畅,无论是产品外观、颜色搭配、个性化功能和重量等方面,相比于其他同类产品在指标上都有较大的超越。其实,极致思维体现的就是一种匠人精神,追求的是做产品的专注和服务极致,在资源、目标、时间等多个维度达到极致的平衡,最终不断地创造极致产品。

互联网时代,是一个产品和服务多元化的时代,是一个消费者主权的时代,互联网打破了信息在时间和空间层面的不对称,使得用户在不同产品和服务之间转移成本非常之低,只有极致的体验,才能真正黏住用户,提升产品和服务的市场占有率。

(4)简洁设计原则

所谓简洁设计,是指在设计业务过程中,尽量减少不必要的处理环节,直接呈现给用户的就是用户所需的核心需求,主要表现在产品设计上要小型化、轻量化,在业务流程设计上要简洁化、便捷化。简洁设计的目的是使用户在使用产品或业务过程中不存在任何负担,在确保产品功能和应用安全的前提下,不断降低产品的使用门槛,尽可能地覆盖不同层次的用户群体,提升产品的用户黏性和使用频次。

简洁设计原则在很多的产品领域上都有过典型的应用,因为简洁符合人们的需求,消费者需要的是一个简洁的产品,在使用过程不需要经过复杂的思考就能达到目的,这是符合人性的安排,也是业务和产品设计成功的关键。重新定义手机的乔布斯就是一个极简主义者,关于产品的任何多余的功能和设计都必须去掉,乔布斯进入手机领域只有一个理由:已有手机都太复杂,太难操作了,世界需要一款简单到极致的手机。因此,他给设计团队下达了一个看似无法完成的任务:iphone 手机面板上只能有一个控制键。最终这个设计原则颠覆了传统的手机行业。

简洁设计的原则是互联网时代下业务转型的关键,同样适用于交通一卡通行业。传统交通电子支付依靠的一张实体卡片为介质完成交易过程,但其配套的一卡通服务却成了人们吐槽的重点。烦琐的线下客服、分布不均的服务网点、效率低下的充值过程等越来越不能满足人们的需要,这些服务环节的设计根本不符合简洁原则。随着 RFID 芯片及 NFC 技术的升级、特别是移动支付方式的变革,交通一卡通卡片产品、终端产品逐步向虚拟化、小型化、轻量化的方向发展,不仅使得购卡、设备购置成本不断下降,还进一步简化了一卡通的业务流程。购卡不再需要到线下网点,手机即可完成空中发卡;充值不再需要排队,通过手机或电脑即可随时随地完成。以上交通一卡通互联网创新业务都是在简洁原则下设计的,通过去除不必要的服务环节,直达用户核心需求,使用户更容易接受新业务、新产品的应用,更有利于新业务实现快速转型。

(5)差异化设计原则

所谓差异化原则,是指在产品开发与业务推广中,针对用户的不同需求而提供的个性化服务与产品选择,是一种市场细分的业务设计策略。随着互联网的发展,加快了信息的流动和融通,打破了信息发布主体的不对称,新技术的升级与变革推动了服务产品成本的下降,加快了生产效率,以往需要复杂的流程工艺和高昂成本才能完成的产品在新技术的辅助下变得更容易实现,某些受追捧的热门产品和服务在商家利益的驱动下,类似功能、外观和服务的同类产品大量出现,逐渐形成严重的同质化市场,使得业务的发展拼的不是创新、不是质量而是价格,最终导致行业面临恶性竞争。

因此,坚持差异化的设计原则才是创新业务发展的永恒主题,也是保持业务可持续发展的重要法宝。差异化服务一定是有针对性地提供服务,有明确的客户群体,提出专业化的方案以解决部分群体的特殊需求,从而避开了陷入大众化、同质化的竞争中,获得稳定的服务收益。差异化的业务设计需要建立在可靠的数据分析基础上,通过收集完整的用户数据,有针对性地进行分类分析,根据不同群体呈现的特有特征,推出个性化的服务内容。差异化原则的运用取决于多种因素。第一,在行业内存在许多种可使产品或服务出现差异的方法,同时用户又认为这些差异是有价值的;第二,用户对产品的需求经常出现变化;第三,差异化服务领域仍是较为空白的市场。

要想实现业务快速成长,只能依靠差异化的发展战略。以交通一卡通行业为例,传统交通一卡通公司的发展已经到了瓶颈期,依靠原有的业务模式已难以支撑企业进一步拓展,因此,借助“互联网+”的东风,我国主要城市的一卡通公司纷纷提出转型战略需求,同时也推出了各种互联网创新业务(如空中发卡、二维码乘车、移动充值等),并不断获取年轻的用户群体,取得一定的转型成效。但随着互联网业务的同质化发展,有些业务已经难以吸引用户使用,在第三方支付强势介入下,逐渐失去原有的市场份额。例如,二维码支付业务,是近年来公共交通支付领域引入的一项新业务,由于其便捷的支付方式、无须充值的特点一时成为出行支付热点,交通一卡通企业纷纷宣布支持二维码乘车方式。但二维码支付模式是支付宝、微信等支付巨头的强项,通卡企业无论在技术、使用体验跟第三方支付相比都很难有所突破,导致大部分的交通二维码支付都呈现同质化现象,最终导致,通卡企业与第三方支付巨头竞争中很难获得优势。“差异化”发展才是通卡企业发展互联网创新业务的关键。这里所说的“差异化”指的是通卡企业在交通电子支付领域的差异化优势；通卡公司长期立足于交通支付领域并不断发展，拥有庞大的持卡人群基数，与公共交通支付产业链企业保持着紧密的合作关系，这些都是传统通卡企业所拥有的资源优势，利用这些差异化的资源优势不断提升通卡公司的竞争力。例如，通卡公司利用庞大的交易数据，可将消费人群进行分类，并根据不同的群体特征进行针对性的业务设计，推出个性化卡片、手机 APP 的定制化功能等，向用户群体提供差异化的服务。另外，针对习惯于使用微信社交平台的年轻群体，研发出一卡通充值红包产品，增加一卡通应用的趣味性和使用黏性。

2）业务体系建设

（1）在线充值业务体系

为适应一卡通移动互联网充付与消费的服务需求，一卡通企业研发在线的移动充值支付服务系统，该系统的建设基于移动端发行的虚拟一卡通与线下的传统一卡通相结合。研究内容包括互联网充付功能，互联网充付终端设备和 NFC 移动充付系统。系统实现由最初的单一人工线下充付服务逐步发展为互联网 PC 端门户网站、移动互联网终端及第三方支付平台等自助充付模式，提升了用户使用体验，创新了一卡通的“互联网+”应用模式（图 3-3）。

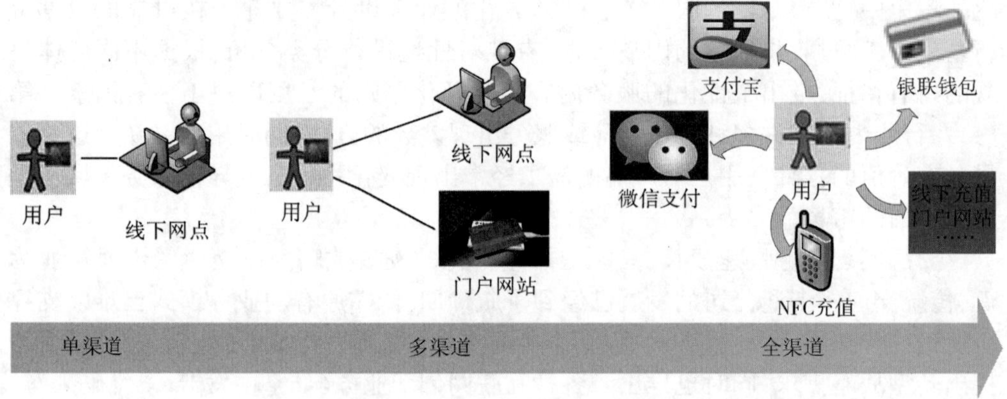

图 3-3　支付渠道形式的对比

互联网充付系统包括 NFC 移动充付和网上充付等系统。其中，NFC 移动充付系统基于 NFC 读写器模拟技术，通过终端控制程序将 NFC 智能手机变成一卡通充付终端，借助移动互联网、手机 NFC 模块实现对其他一卡通的移动充付。持卡人可在任意时间、任意地点借助 NFC 手机完成充值与消费；网上充付系统，包括网付模块、会员模块、安全模块、短信平台、资金渠道等。网充终端连接一卡通、电脑和网上充付系统，借助互联网完成对一卡通的充值与消费，使持卡人在家即可完成充值。

基于互联网的广东省交通一卡通充付系统改变传统单一的线下充值与消费服务,大力发展移动互联网充付业务,推动线下服务与线上服务的融合,为市民提供更多元化的一卡通充付服务应用体验,实现更为方便、快捷的、不受时空限制的应用功能(图3-4)。

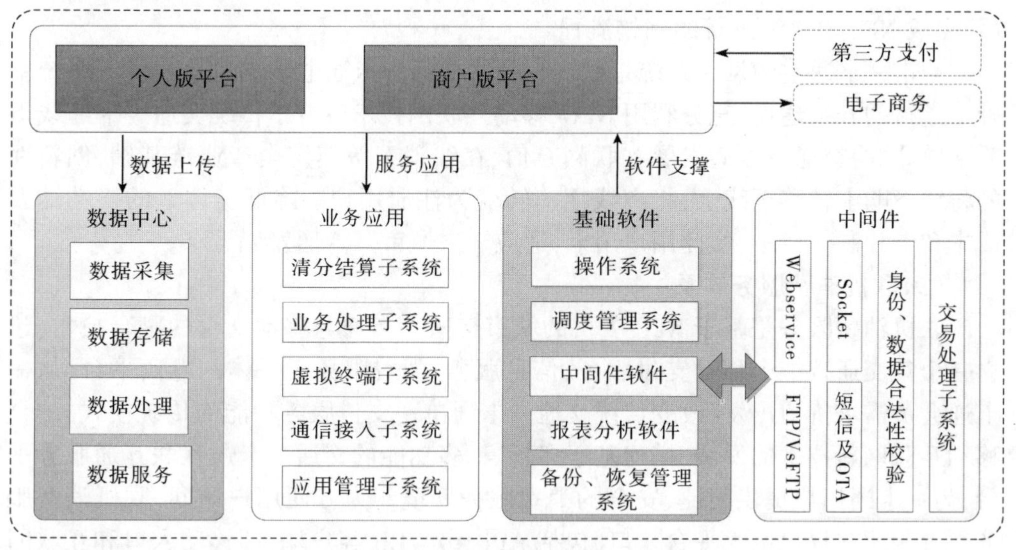

图3-4 互联网在线充付系统架构图

网上充付系统主要由安全系统、数据中心、中间件服务、业务应用、基础软件等构成。支付业务平台外部系统有WEB浏览器、资金渠道和其他卡商,外部系统通过网络,向网上充付系统发起查询、支付等清分结算等业务请求。

基础软件主要有操作系统、调度管理系统、中间件软件、报表分析软件及备份/恢复管理系统等,其主要负责网上充付系统日常的运行,为平台提供基础性的应用功能。

(2)空中发卡服务体系

交通一卡通空中发卡系统依托于TSM可信服务管理平台,实现跨城市交通一卡通的互联互通。基于移动手机终端,用户只需通过NCF手机终端即可下载不同城市的一卡通虚拟卡,只要加载到手机并生成卡片信息后就可以在当地使用,与普通的IC卡功能一样,未来将有可能实现跨区、甚至跨省无卡通行的转态,特别适合于往来于不同城市、省份的过境商旅群体。依托空中发卡服务,出行旅客无须再到网点购买实体IC卡,仅仅通过手机就完全实现自主出行支付,自主掌控虚拟城市一卡通生成、支付、退卡、退款等服务。

空中发卡系统包括TSM空中发卡系统和NFC-SIM发卡系统等。其中,TSM是实现“一卡多应用”的安全发卡管理服务平台，包括库存管理、空中发行和业务管理等模块，配合终端应用或插件即可实现一卡通空中发卡功能；NFC-SIM 发卡系统是在 SIM 卡中加载一卡通应用和完成账户个人化的系统，支持多种模式的票卡发行、卡号打印、计划数据管理和卡号段管理等功能，与发卡厂商、电信运营商联动后，完成 NFC-SIM 卡发行的完整流程。

城市一卡通空中发卡系统是在现有公共交通一卡通电子支付核心发卡系统基础上进行的升级建设，充分利用 NFC、移动互联网技术改变了传统交通一卡通线下购卡模式，为交通一卡通发展互联网充值、在线消费等奠定全产业链基础，创新性的将线下购卡转移至线上，将离线用户转变为注册用户。降低实体卡的终端铺设成本和卡片制作成本，便捷用户用卡，适应未来城市一卡通发展需求。

(3)联机消费服务体系

联机消费服务是基于 NFC 手机的城市交通一卡通与移动支付的融合技术，建立一个集交通智能卡移动支付服务、信息服务、消费服务于一体的电商平台，从一卡通会员需求价值出发，改变传统交通一卡通单一支付服务功能的传统模式，结合移动互联网新技术的发展，搭建基于多场景、多功能的交通一卡通互联互通服务平台，为一卡通用户提供便捷、安全的消费服务环境。为方便用户访问，联机消费服务平台为用户提供两大平台入口，包括 APP 和 WEB 客户端，即移动入口和互联网入口。用户可根据各自需求选择不同的访问入口进行支付消费服务。用户(商户)可通过移动终端下载和安装 APP 应用，并进入 APP 服务界面，利用 NFC 手机或充消一体化终端可实现即时消费；另一种是，用户可通过 PC 电脑登录消费平台，利用充消一体化终端连接线上系统和 IC 卡，在系统上可进行各种服务操作，包括充值、消费、查询等，如图 3-5 所示。

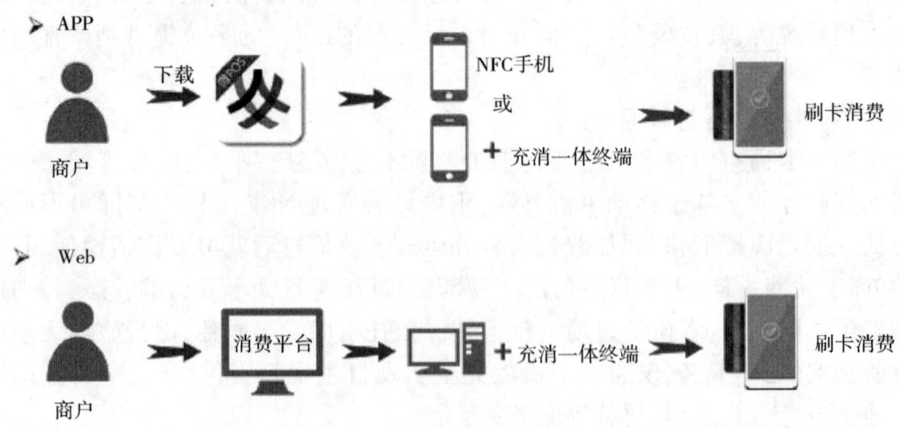

图 3-5　电子商务服务场景示意图

当前交通一卡通支付还局限于公共交通领域,应用范围还比较单一,缺乏多元化的应用场景,需要拓展交通一卡通多元化、多层次的支付环境,构建基于 NFC 手机的集交通智能卡移动支付服务、信息服务、功能服务于一体的电商平台,满足持卡人一卡通移动信息服务以及线上商品服务的交易。该平台的构建首先需在交易前端嵌入城市交通一卡通的充值、消费 SDK 包,通过 SDK 通信接口接入内置 PSAM 阵列的联机消费平台,联机消费平台预留接口接入清结算系统,完成数据清分结算。具体流程如图 3-6 所示。

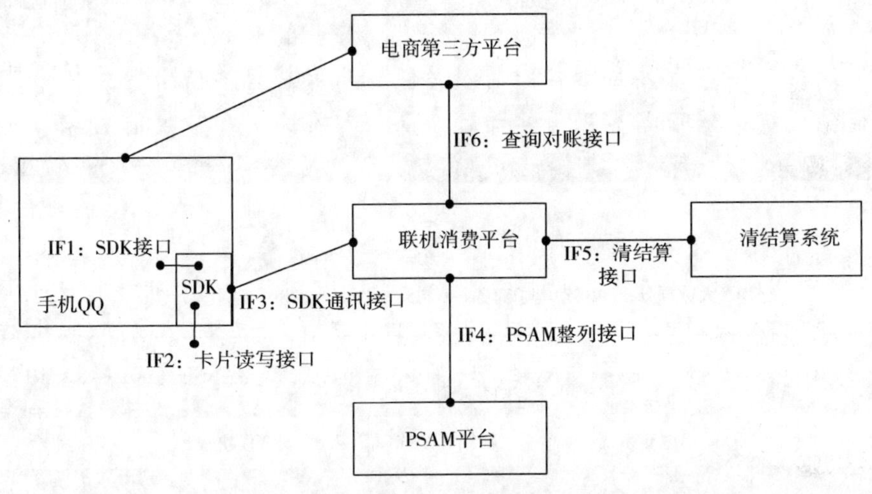

图 3-6 联机消费平台技术

(4)移动信息服务体系

为提升基于移动互联网的一卡通信息服务水平,提高持卡用户的出行效率,城市交通一卡通公司通过研发城市一卡通 APP、微信公众号等多个线上服务,为用户提供信息查询、客服管理等服务功能,并作为移动互联网充付、消费的重要接入口,推进一卡通服务的线上化、远程化、虚拟化转型。

交通一卡通移动信息服务系统,包括前端服务和后台管理两子系统。其中,前端服务系统(即交通一卡通移动信息服务平台)包括手机 APP、微信公众号平台等,实现一卡通网点查询、在线充值、余额查询、在线客服、账户管理及信息发布等功能,并作为一卡通移动充值服务入口;后台管理系统提供客服交互管理、订阅用户管理、网点信息管理、运营分析等功能。

交通一卡通移动信息服务平台主要包括网点查询、在线充值、余额查询、在线客服、账户管理及信息发布等丰富功能(图 3-7)。

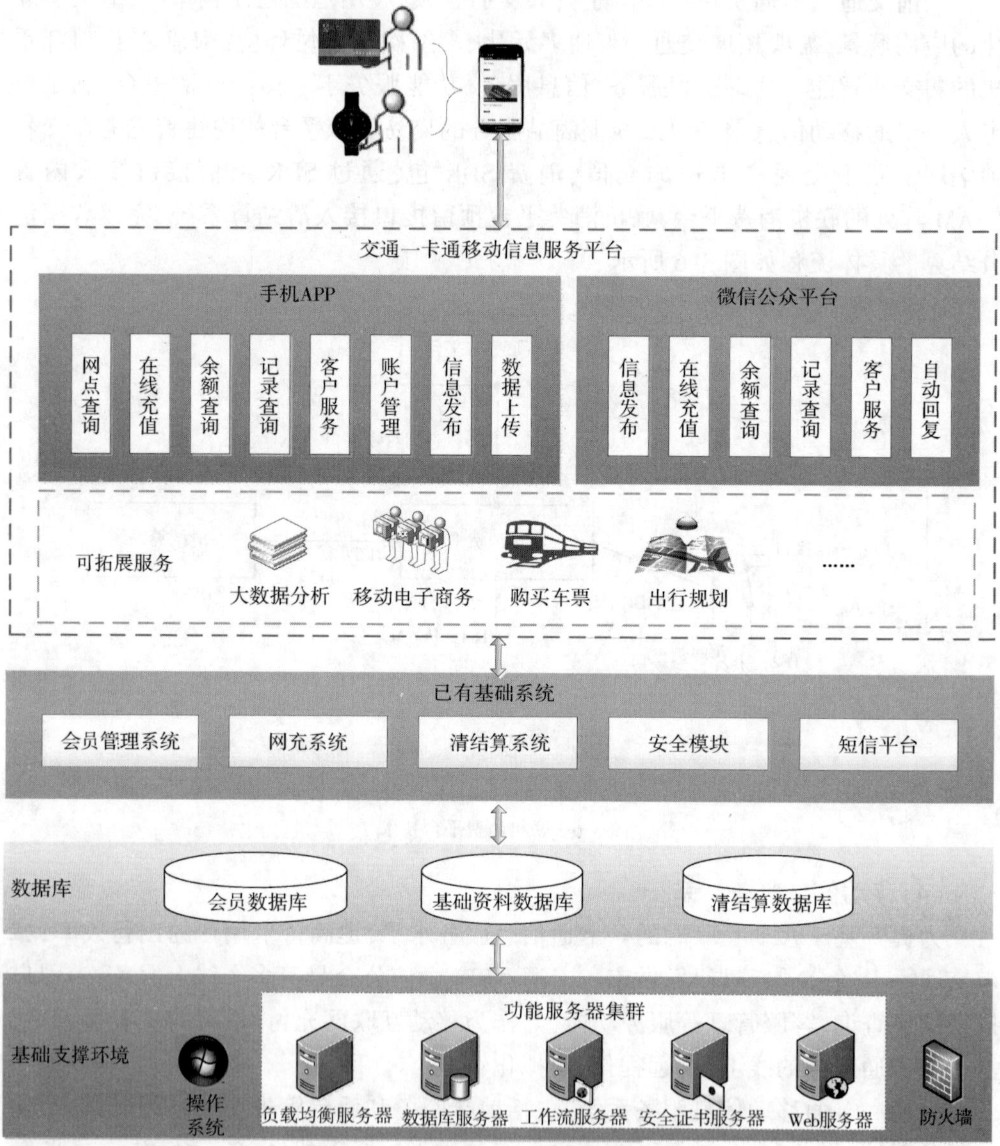

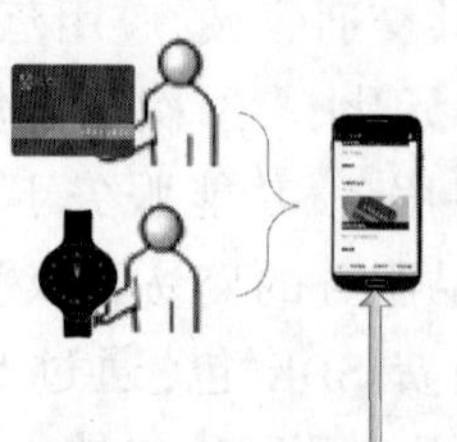

交通一卡通移动信息服务平台

手机APP
网点查询
在线充值
余额查询
记录查询
客户服务
账户管理
信息发布
数据上传

微信公众平台
信息发布
在线充值
余额查询
记录查询
客户服务
自动回复

可拓展服务
大数据分析
移动电子商务
购买车票
出行规划
……

已有基础系统
会员管理系统
网充系统
清结算系统
安全模块
短信平台

数据库
会员数据库
基础资料数据库
清结算数据库

基础支撑环境
操作系统
功能服务器集群
负载均衡服务器
数据库服务器
工作流服务器
安全证书服务器
Web服务器
防火墙

图 3-7　交通一卡通移动信息服务平台框架图

①网点查询

网点查询内容涵盖了充值、售卡、服务、消费等网点查询，通过 APP 应用，用户可方便快捷地完成以上信息的查询和更新。另外，APP 中的网点查询功能还可以根据该手机用户所在地自动搜索附近的服务网点信息并且在地图上显示，同时用户也可以根据个人需要设置搜索条件，包括地区、网点名称、类型等，有效解决了客户对周围地区不熟悉而无法找到服务网点的问题，对于过境旅客尤其重要。

②余额查询、记录查询

该功能将查询服务延伸至互联网，可以确保用户及时掌握一卡通的相关信息，为用户及时充值、查询消费记录提供便捷的途径，避免用户频繁到客服网点咨询，简化服务流程。

③客户服务

根据用户提出的关于业务的各种疑问或产品服务建议，通过线上客服的方式与用户进行互动和反馈，解决用户在使用过程中的各种问题，提升用户服务质量的一个重要措施。

④账户管理

所谓账户，就是用户基于手机平台完成的会员注册而得到一个随机分配的代码，是各种在线服务的基础，账户管理主要是为会员解决资金流通、第三方渠道接入管理等功能，方便会员进行各种相关线上操作，允许会员设置访问权限和资金转移额度，保障会员资金安全。

⑤信息发布

通过分析用户相关购买和点击信息，记录用户的使用习惯，系将自动精准推动相关信息，包括感兴趣的商品和服务信息，并通过 APP 平台发布相关产品信息、充值消费优惠信息、政策公告等，让用户及时掌握最新资讯，制定行程和服务。

⑥数据上传

对充值点、消费点、售卡点以及客服点进行数据采集和上传，系统上传数据主要包括名称、联系人、联系电话、类型、详细地址及所在地经纬度等，上传数据必须经过审核后才能发布。

⑦可拓展服务

平台具有可扩展接口，未来根据业务需求将接入更多商家及服务，完善和丰富平台的移动电商领域的应用。通过利用平台的数据分析能力，为市民大众提供有价值的出行服务指引和行程决策服务，提升市民出行体验和公共交通服务水平。

⑧微信公众平台服务

通过扫描一卡通二维码，进入微信公众服务平台。微信公众平台以公众账号为平台，主动向关注者(粉丝)提供简洁、有效的公共交通信息。

⑨自动回复服务

用户通过关注公众账号，发送指定关键字，向公号提取自动回复的常规消息，包括各地市消费优惠、客服网点等信息。

(5)大数据应用体系

公共交通出行支付是一个小额高频的应用,覆盖人群广泛,每天产生海量的数据,且每条数据包含至少20项属性,包括持卡人交易时间、交易地点、交易类型、交易频率等数据信息,蕴含着大众公共交通出行、消费的基础信息数据,具有极高分析与应用价值。随着交通一卡通业务覆盖和应用领域的扩展,可以预见,基于一卡通系统所采集到的数据将越来越多。交通一卡通交易数据背后蕴含着丰富的信息,通过相关性的大数据分析,可推出很多有价值的内容,为交通一卡通增值业务创新提供重要的依据。所以,通过构建基于一卡通应用与分析的大数据云平台系统,可以从多角度、多层次构建交通一卡通大数据业务模型。通过构建基于一卡通应用与分析的大数据应用体系,从多角度、多层次构建交通一卡通大数据业务模型,充分运用云计算、分布式存储等先进技术,整合了现有基础公共交通数据,实现公共交通大数据的融合与共享,优化交通资源配置。

(6)联运联乘服务

在交通部大力推进全国城市交通一卡通互联互通背景下,城市交通一卡通互联互通已成为一卡通发展的大势所趋,在交通部的指导下,全国多个省市逐步完成全国一卡通互联互通改造,一卡通所承载的交通出行支付服务功能不断完善,其服务体系及应用领域逐步拓展,不断整合城市公共交通、社会公共服务、小额消费、电子商务等多个行业的应用,实现跨城市、跨区域的联运联乘融合支付服务。随着移动互联网时代的发展,云计算、物联网等新技术的深入应用,通过统一的跨区域、跨平台的支付服务,将不同交通方式进行整合和功能集成,为旅客提供全方位、联程客票服务;例如与客运站场、火车、航空和长途等运输企业以及票务服务商等开展广泛合作,为旅客提供公共交通、长途客运的电子支付服务、票务票证、快速安检、公共信息服务、交通+旅游融合产品等一站式、一票制服务,推进旅客联程运输发展,提升旅客服务体验。

3.3 "互联网+"交通一卡通业务模式设计

3.3.1 跨域清算服务模式

清结算服务是交通一卡通企业的核心业务,是企业发展的基本动力和营收来源。在"互联网+"时代,不同城市或区域之间、不同行业及业务主体之间都对一卡通的清结算业务提出了更高的要求。

随着跨区域交通一卡通互联互通系统的上线、跨行业应用的拓展,通过省部级平台将不同城市和省份的交通一卡通服务实现无缝链接,使通卡企业原有的清结算服务进一步扩展和深化。在新的技术背景下，通卡企业要不断提升跨域清结算技术和交易安全，创新清结算服务模式，以更好地服务于合作伙伴和产业链上的企业。

3.3.2 移动信息增值服务模式

所谓移动信息增值服务模式是以先进、可靠的互联网通信技术为手段，建立"全面、实用、互动"的信息服务体系，实现对多种信息资源的统一组织、管理整合和开发利用，满足用户对综合信息的需求。随着移动互联网的发展，交通一卡通用户对在线信息服务需求日益增加，如何更好地满足这种需求是当前通卡企业亟待思考的问题。"互联网+"技术和业务的加速融合，为推动构建面向用户的交通一卡通信息价值增值服务模式提供了充足的发展空间。

为更好地赢取用户信用，提升交通一卡通互联网业务的服务水平，交通一卡通公司纷纷通过各种形式构建基于当地特色业务的互联网信息服务平台，其中一卡通 APP 和微信公众服务平台就是典型的服务产品。这些线上服务平台不仅为用户提供诸如充值、消费、客服及查询等基础服务，而且通过接入和整合各种交通资源，依靠大数据分析和挖掘，为用户展示其他各种有价值的信息服务，包括公交运行信息、充值网点信息、一卡通优惠信息、业务变更公告、客服流程信息、新产品信息及各种新应用服务信息等。通过各种移动线上平台推动移动信息服务模式的实施，消除用户与企业之间的隔离感，增强双方的互动交流，使得通卡企业更容易捕捉用户的使用需求，进而推动产品的进一步更新迭代，更有针对性地解决用户的核心需求。

3.3.3 大数据增值服务模式

城市交通一卡通系统在我国经过十多年的建设和发展，取得了巨大的成就。据统计，全国已超过 460 多个城市建立了不同规模的交通 IC 系统，280 多个地级市以上城市发行交通一卡通。业务应用范围从基础的公共交通领域，逐步拓展至小额消费支付领域，并不断延伸至公共服务领域，实现了跨行业、跨领域、多应用服务覆盖。城市交通一卡通属于高频次的应用产品，覆盖人群广泛，每天产生海量刷卡数据，而这些数据呈现出多种类型、属性、结和表现形态，与一卡通用户的出行、消费习惯存在高度的内在相关性，数据的背后隐藏着巨大的应用价值。

交通一卡通作为市民大众日常生活出行的重要支付工具，支付领域覆盖市内各种交通工具，记录了不同人群、不同时间、不同地点的公共交通出行的消费数据，是分析各公共交通工具运营情况、市民出行需求与规律、区域客流变化等应用的数据来源。因此，发展交通一卡通交易数据的大数据分析应用是"互联网+交通一卡通"应用的一项重要服务功能。

通过大数据的分析,从海量的刷卡数据中提取城市公共交通的客流信息,如上下班通勤客流、高峰客流、换乘频次、出行规律等,可为交通管理部门的公共决策提供重要的参考依据;此外,基于交通一卡通数据对公交发车与客流的匹配分析,利用刷卡时间信息与公交运营的到站时间进行匹配,能够优化调整公交的运力资源。结合与交通行为相关数据进行综合分析,重点围绕用户出行消费、交通运营管理及政府决策服务等需求,为服务对象提供个性化的定制内容。例如,基于出行数据分析预测交通运行状态,根据用户出行规划向用户推荐优先次序的线路方案,并通过无线网络以可视化方式呈现在用户的智能终端上;通过对交通运营数据分析,为交通运输企业提供线路规划、班次调度及交通流疏导等优化运营服务的方案;通过采集各类型交通大数据,定期为政府部门提供交通舆情分析报告、交通结构治理和优化研究报告,提升管理部门决策的精准性和科学性。

3.3.4 信用支付服务模式

交通一卡通行业与银行业相比,具有刷卡次数频繁、单笔交易额较小、更适合小额消费、不取现等特点。可依此特点,突破关键问题,从而创新一卡通行业的信用支付模式。下面根据一卡通的存在形态和与第三方机构(如银行)的合作方式探索交通一卡通行业的信用支付模式。

1)模式一:一卡通实名卡关联银行卡支付模式

该模式在商业银行领域的应用已经非常成熟。交通一卡通运营商通过与银行进行合作,将实名卡与银行卡信息进行绑定,借助银行自有的征信体系迅速开展基于一卡通用户的信用支付服务,无须自建信用体系;这是最方便、最快捷、最省时的实现方式。国内外的交通后付卡都是以银行信用为基础的,比如韩国 T-money 卡中的后付卡和工银深圳通欢享卡。

从工银深圳通欢享卡来看,该模式有以下特点:发行专有的银行信用类的一卡通卡;持卡人的一卡通与银行信用卡相互关联,使用其信用卡的授信额度;所有消费款项通过信用卡账户实现笔笔扣收,使用的信用额度按月还款;单笔 300 元以下的消费可实现免密免签。同时具有以下功能:先刷卡再充值;电子现金和小额支付;刷卡可乘高铁。该模式所涉及的合作关系如图 3-8 所示。

2)模式二:一卡通企业独立开展信用模式

本模式主要特点是一卡通的实名制,一人对应一张卡或多张卡;根据实名卡片的消费记录逐步建立基于消费者个人的信用体系,授信额度可以尝试突破实体卡片重置价值。例如,按目前的 20 元一张的卡片来算,授信额度可以根据消费频率和水平、消费信用等在 20 元之上建立多个跨度,比如 20~30 元,30~40 元;使用场景可以增加长途客运、铁路和电子票证等需要身份识别的方面。对一卡通企业而言,模式一与模式二相比有许多问题:资金来源可能会面临瓶颈;准入标准除了使用频率外,要增加个人消费水平等标准;信用体系构建过程耗时长且缺乏用户真实信息的支撑,难以达到银行级别的精准额度评价,容易产生后续经营风险这一点尤为重要。

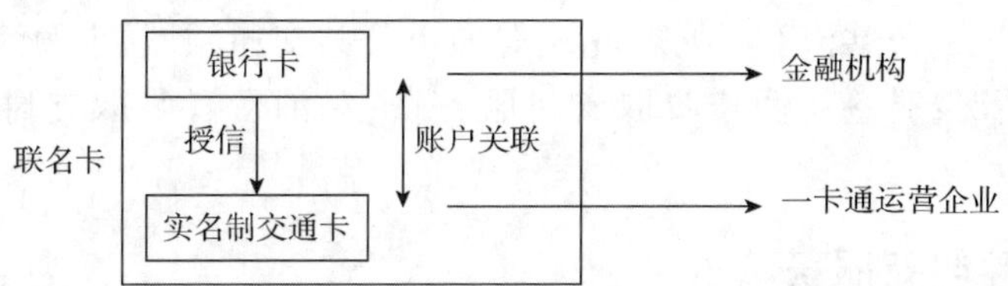

图 3-8 基于运营商内部合作授信的交通卡信用模式

在决定独立开展信用支付模式后,可发行一卡通信用卡,或者在原来符合准入条件的一卡通基础上添加信用支付功能。应用领域主要是公交刷卡、小额信用,方式是允许一卡通透支一定额度。以下是独立开展信用支付模式的相关要素及说明(图 3-9)。

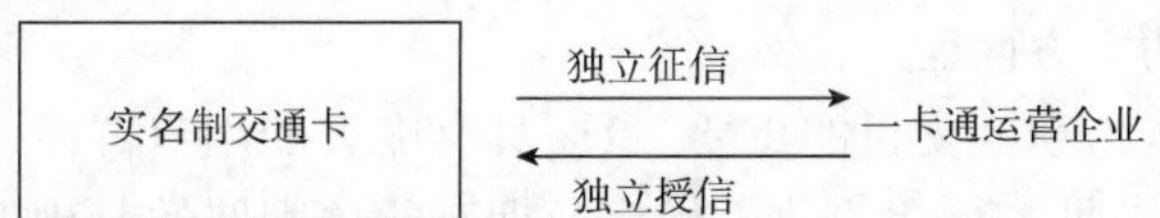

图 3-9 基于运营商独立征信的交通卡信用模式

(1)支付流程:一卡通公交信用刷卡流程如图 3-10 所示。在通卡企业独立开展小额消费信用业务中,通过与合作商户采取谈判协商的方式延期(短期,比如 7 天)收款,由一卡通企业作信用担保,等用户还款再由一卡通交易支付处理中心将收到的款项转结商户账款。

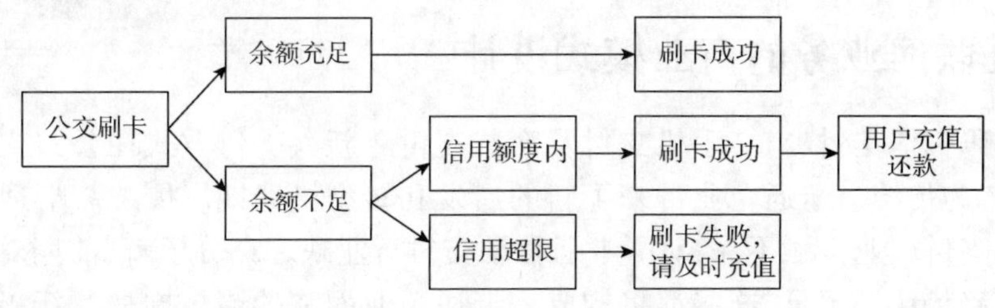

图 3-10 实体公交信用卡应用流程

(2)资金来源:公交刷卡信用类似于赊销,可于用户的延期收费中满足,所需资金极少;小额消费中的信用可由一卡通企业暂时垫付,然后用户再充值还款,其保障是一卡通中的沉淀资金或者自有资金或者银行资金平台。

(3)准入标准:根据一卡通大数据确定用户的使用频率,并据此确定准入标准,如最近3个月内月平均使用次数不少于10次,且最近1个月使用次数不少于8次。在使用以后,可以根据卡片的消费记录和还款记录建立基于卡片的信用体系。

(4)授信额度:理论上应不超过实质卡片的重置价值,但是为慎重起见,在当前20元卡片重置价值的情况下,可以确定授信额度为15元及以下,以控制风险。

(5)使用场景:公共汽车、地铁、轮渡等城市公共交通领域、小额消费等。

(6)收费情况:对签约商户收取支付服务费;对消费者收取支付服务费、综合费用,年费等。

3.3.5 类金融创新服务模式

移动互联网的快速发展及大数据、云计算技术的应用,为金融创新的发展带来了重要的契机,大数据分析技术为金融创新提供了良好的风控基础,云计算技术为普惠性金融的发展提供关键的平台支撑,移动互联技术的普及为金融支付服务创新培育了庞大的市场,从而孕育出了移动互联网金融的新模式。随着移动互联网金融(例如互联网支付、P2P网贷、众筹融资等)的兴起,金融增值服务已经渗透到人们生活和工作的方方面面。

交通一卡通作为小额支付的重要工具,具有庞大的用户群体、卡账户及预存消费金额的特点,在满足央行相关政策规定及拥有相关牌照的基础上,一卡通企业可以根据当地的产品服务特点推出类金融服务,为用户的账户余额和预存资金提供相关的增值服务,为用户创造更多的价值。早在2014年,天津城市一卡通公司与渤海银行联合推出一款集"添金宝"智能理财和城市卡功能于一身的"添金通·城市卡"。该卡在传统银行卡功能的基础上,增加了"添金宝"自动投资理财功能和电子钱包支付功能。

3.4 互联网业务的商业模式设计

二维码扫描支付、NFC手机支付及穿戴支付等新兴支付方式在公共交通领域崭露头角,为传统一卡通企业带来了新的启发和转型机遇期。传统一卡通企业对新兴移动支付产业接触不深,对一卡通移动支付行业缺乏充分了解,前期对移动互联网发展趋势认识不足,这些都将构成一卡通企业面临的诸多挑战。新兴支付方式在商品支付领域,尤其是小额支付领域已占领了很大的市场份额,并拥有大量的目标受众。一旦新兴支付企业采用补贴方式推出大量优惠,吸引并培育了用户的使用习惯,传统一卡通企业很可能面临大量用户流失的境况,对其业务的持续开展和市场开拓构成重大威胁。

技术上，由于传统交通一卡通系统的建设目标主要是为了解决公众公共交通出行支付便捷问题，离线的技术处理方式成为当时最主要的支付形态，因此，尚未研究一卡通在线化、支付多元化、大数据处理能力等技术应用；使得传统交通一卡通企业所部署和应用的系统存在性能不高、架构落后、技术储备不足等通病。在移动互联网新的发展趋势下，新兴的第三方支付或银行金融支付与传统交通一卡通支付相比，具有资金、技术、人才、市场等比较优势，特别在支付技术的先进性、安全性、兼容性方面优势更突出，对传统一卡通行业技术形成强大的挑战。

业务上，交通一卡通的营业收入主要来自公交、地铁等公共交通领域的交易结算，很少一部分来自商业收益，导致业务营收结构不均衡。与之相反的是，目前很多新兴支付企业的主流收入来自商业领域，而且开始进军公共交通支付领域；即使新兴支付方式最终未能占领公共交通支付领域，也还拥有大量的其他商业领域的业务支撑。以公共交通支付为主要盈利来源的一卡通运营商而言，一旦公共交通支付领域被新兴的支付方式占领，必会给交通一卡通行业带来重大影响。

场景上，传统一卡通业务应用覆盖范围从基础的公共交通领域逐步拓展至小额消费支付领域，并不断延伸至公共服务领域。但与新兴的支付方式（如支付宝、微信等第三方支付）相比，一卡通应用场景显得十分狭窄，场景对用户黏度的提升存在瓶颈限制，阻碍了业务的纵深开发。而且随着互联网支付技术的发展，很多新兴的支付方式积极抢占小额支付市场，公共交通支付领域未来将可能成为第三方支付的重要应用场景和流量入口。交通支付场景极有可能成为第三支付和交通一卡通争夺的焦点。面对移动支付的强势入侵，传统交通一卡通行业将面临十分严峻的挑战。

进入移动互联时代，交通一卡通商业模式必然围绕着满足“用户随时随地需求”而产生和发展，推动商业模式变革的过程既要结合移动互联网的技术和资源，也要与行业本身特点相关联，以创造出新的商业模式。

3.4.1 平台商业模式

在移动互联时代，在新技术充分发展和获取方式多样化的背景下，任何一个企业都不可能摆脱其他企业而独立发展，合作和资源共享将成为新时代发展的趋势。因此，企业要适应新时代的发展，必须改变传统的敌对思维的心态，通过建立平台发展模式，采用与产业链上的各环节企业进行广泛合作的基础上，充分发挥不同企业的专业优势，实现资源互补，共同提升产业规模，最终推动产业链上各企业的互利共赢。

随着移动互联时代新支付技术和智能硬件的发展，交通出行市场迎来了新一波的发展机遇，使得与一卡通产业相关的企业纷纷调整业务策略，加大进入交通出行场景的力度,包括了手机厂商、通信运营商、POS 终端厂商、芯片厂商、可穿戴设备厂商、银行及第三方支付机构等,这些产业链合作伙伴的进入既为一卡通行业的发展带来了更多的合作机会,但同时也为通卡行业的资源整合造成了更大的难度。

通过开发各种应用接口,接入多种支付方式、资金渠道和终端商户等,聚集相关交通一卡通资源,将一卡通支付功能下沉成为一种对外统一的支付渠道,打通不同支付方式间的融合,形成极具兼容性的开放式支付平台模式。移动互联网发展到今天,平台开放的商业模式已经成为产业发展的主流,不同行业的垂直领域纷纷涌现了各种平台型服务商,作为一卡通支付平台也迎合这种时代发展趋势,建设一卡通领域的平台型服务体系(图 3-11)。

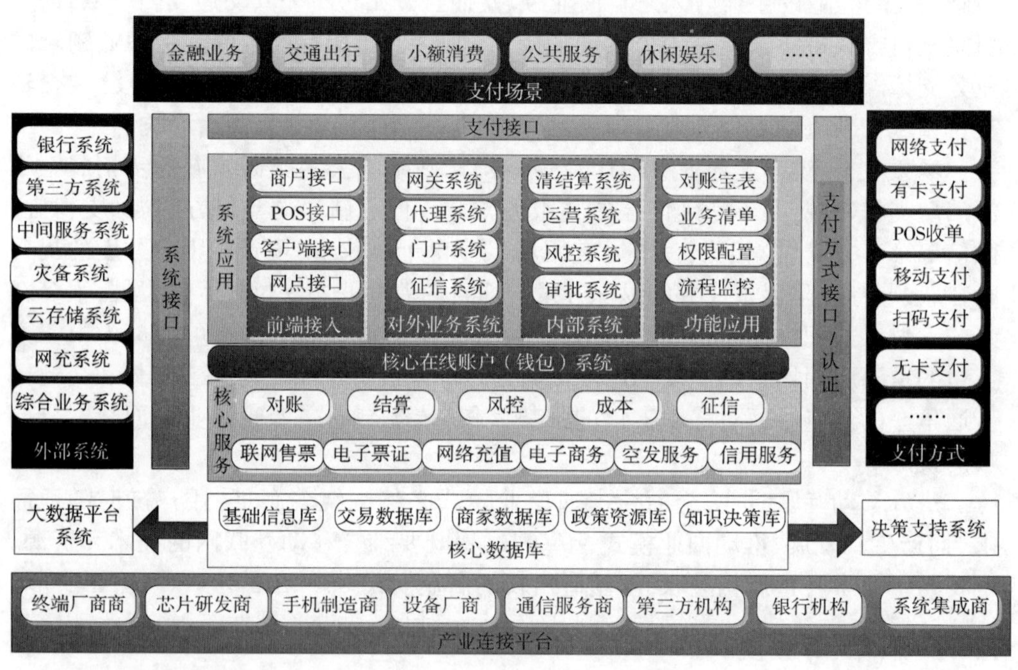

图 3-11 一卡通支付平台

3.4.2 跨界商业模式

随着新经济、新技术的崛起,人们的沟通成本和创新成本出现大幅度的下降,使得不同行业间的差异不再成为一种壁垒,跨界成为一种潮流;如网易丁磊养猪,联想柳传志种桃这种典型的例子不断涌现,人们还在用一种娱乐的心态来看待。特别是在移动互联时代,面对外界的竞争者,开放合作才是未来发展的正确的战略决策。敢于打破行业的封闭性,积极与产业链各企业合作,甚至是与非传统竞争者合作,构建利益共同体;这样既能巩固自身的业务市场,提升服务水平,又能借助外力推动行业升级发展。随着移动互联网发展,行业边界变得越来越模糊,跨界融合将成为未来发展的趋势。

随着交通一卡通企业移动互联战略的提出,行业内形成共识一股潮流,即主动拥抱互联网,改变传统通卡行业封闭式的经营管理,以开放式的态度与跨产业链企业进行广泛合作;如主动与穿戴设备、手机厂商、系统集成商等相关企业合作推出的产品服务正是开放合作的重要成果。对于传统交通一卡通产业来说,跨界是为了迎合市场,推动产业升级,实现新经济形势下新旧转型以及企业的多元化发展战略。随着通卡行业向移动互联时代方向转型升级,一卡通企业与产业链各方也积极进行跨界合作,不断推出创新产品和服务,为用户创造更良好的环境体验。

交通一卡通与信用支付方合作,推出的跨界“公交信用卡”。这种跨界合作模式能达到双赢的局面:一方面引入用户的信用体系,为通卡企业开展更多增值业务提供必要的信用资源,更方便拓展其他领域业务;另一方面通过这种合作能为信用方导入更多的用户资源和场景应用,特别对于公共交通出行需求如此高频刚性的领域,更有利于提升信用方用户的活跃度和使用黏性。

3.4.3 粉丝商业模式

在移动互联时代,“用户”已经成为企业的一种核心资源,任何企业若拥有庞大的用户群体就意味着无限的可能性,很多商业模式都可以围绕丰富的用户资源来构建和实现。随着基于社区互联网产品的广泛应用,特别是微信、QQ、微博等现代化社交媒体的盛行,为一卡通用户社群的构建提供了良好的产品工具和服务基础。一卡通企业通过开发基于社交媒体的产品,如微信公众号、企业微博、行业交流平台和企业自媒体等形式,或通过与行业媒体、行业组织进行广泛合作,逐步形成以用户需求特征和共同兴趣为核心的一卡通社区,通过产品发布、组织活动、需求回访、热点讨论以及行业研讨等形式开展一卡通社群活动,逐步凝聚一群一卡通的忠实粉丝和产品追随者,继而依托企业自媒体推出的优质内容不断吸引用户关注和加入,造就社群经济的媒体属性并作为商业营销的重要流量入口。

3.4.4 大数据商业模式

随着移动互联网、云计算、大数据技术的迅速发展,大数据思维观念和巨大的应用价值已成为了企业的共识,国家也将大数据的发展提升到了战略层面高度,可预见大数据将是未来经济发展的重要引擎。交通一卡通行业作为与广大出行市民接触最为密切的一种支付方式,应用交易大数据具有天然的优势。经过多年的发展和推广应用,交通一卡通行业企业积累了海量的交易数据,这些数据一直沉积在企业数据库中却没有被开发和利用,大数据技术的发展和应用普及唤醒了交通一卡通行业企业对数据的认识,很多企业相继将大数据发展列为本企业的重要战略之一。交通一卡通大数据具有多方面的应用价值,社会对交通一卡通大数据的应用也存在强烈的需求。

交通一卡通大数据应用将面向政府、行业、合作伙伴和公众,提供多种形式的交通大数据服务,开展在当今大数据时代下的交通出行、交通规划、决策支持、企业经营及其他数据增值业务。

第4章 “互联网+”交通一卡通技术体系发展

4.1 交通一卡通技术的演进

从交通一卡通支付技术的发展历程、支付载体的变化、产业链变化、场景应用等角度来看,可将一卡通技术划分为三个阶段,如图4-1所示。第一阶段是实体卡技术,称之为一卡通技术1.0,主要特征是依托实体IC卡为载体实现电子支付过程,该支付过程是在离线状态下完成的,是传统一卡通最基础的支付方式,是一卡通系统启动以来使用最为广泛的技术方式。随着互联网支付技术的发展,一卡通系统进入第二阶段:在线支付技术,将原来实体卡的交易由线下向线上延伸,实现一卡通在线账户充值、支付、查询等服务,这个阶段是线上与线下支付共存,应用场景不断延伸至互联网领域,进入“支付+”时代。互联网一卡通支付阶段,作为传统一卡通应用的重要补充,这将一卡通技术体系的升级打下重要的基础;随着移动支付的成熟应用和物联网技术的广泛应用,一卡通技术进入第三阶段:智慧支付,我们定义为一卡通技术的3.0,随着与“互联网+”技术的融合与升级,特别是物联网技术的广泛应用,一卡通技术将与各种智能终端相结合,实现移动互联、智慧支付、动态感知。

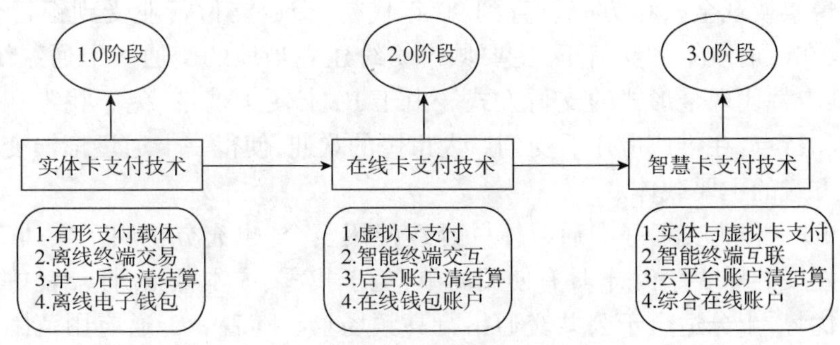

图4-1 一卡通支付的技术升级与演进阶段

从交通一卡通技术体系变化的轨迹来看,无论是因外界技术或竞争对手的被动改变,还是自身主动寻求变革的结果,都将十分有利于促进传统一卡通企业的转型和服务创新。技术体系的升级对一卡通企业的技术研发能力提出了更高的要求:从离线到在线、从单一的服务到多样化服务、从单一系统到集群云系统。传统一卡通是依托于单一的卡片载体,无法发挥和承载更多的支付服务,业务发展能力非常有限,也无法突破传统的业务运营模式,这些都阻碍了一卡通行业的发展壮大。

"互联网+"交通一卡通技术体系的建立不仅有利于推动行业的转型升级,提升移动支付时代的市场竞争力,也有利于促进一卡通业务的拓展,利用互联网技术构建丰富的应用场景。

4.2 交通一卡通 1.0 版本技术体系

随着改革开放的深入和人们生活水平的提高,跨区域的经济和文化交流变得日益频繁,长距离的跨区域往来使人们不得不依赖各种交通工具,尤其是大城市的这种资源相对集中的区域更吸引来自各地的人大量涌入,交通工具的使用为这种人口流动提供了便捷的途径。然而现代化的交通工具和交通设施在为人们提供享受现代生活的条件的同时,也给人带了不少交通出行的烦恼。迅速推进的城市化以及大城市人口的急剧膨胀使得城市交通需求与交通供给的矛盾日益突出,加上不少人选择私家车出行,这使得道路交通运输压力愈来愈大,"城市病"问题日益严重。为缓解城市交通难的问题,从世界各大城市治理交通拥堵的经验教训来看,各大城市纷纷形成了一种共识,就是通过大力发展城市公共交通提升城市居民的出行效率,让公共交通承担市民大部分的出行需求。

随着城市公共交通的发展,特别是在大部分市民选择公共交通出行的情况下,交通支付却成了公共交通发展的瓶颈。众所周知,公共交通发展的初期普遍采用的是人工售票或现金投币方式。直到 90 年代初,交通支付行业受到银行金融 IC 卡的启发,在政府政策的支持下,主要城市纷纷建立当地的交通一卡通系统,以实体 IC 卡逐步替代现金形式的支付方式。由于 IC 卡便于携带、免于找零和成本较低的优势和特点,在推广应用后受到广大市民的欢迎,使得一卡通逐渐演变成公共交通支付方式的主要载体。

实体 IC 卡作为交通一卡通载体并延续使用至今,也充分说明了实体 IC 卡适应了市场发展的需要。IC 卡具有使用简单、免于找零、成本低廉、性能良好以及感应快速等优势,十分适合于公共交通出行高频场景。随着一卡通应用范围的扩展及形态的多样化,一卡通逐步演变成了成熟的产业链,支撑着公共交通出行、生活消费、休闲娱乐以及学校管理等多种场景应用,成为人们必不可少的生活助手。

4.2.1 体系特点

交通一卡通 1.0 版本技术体系是在建设初期确立的,适应了当时技术的发展和市场需求,为人们出行提供便捷、可靠的支付服务;经过长期的发展和应用,逐步

形成了1.0技术体系。该技术体系主要是通过实体卡、刷卡终端及后台系统等关键部分构成,并呈现以下主要特点:

1)封闭的技术体系

交通电子支付行业在发展过程中,由于长期在公共交通这个较为封闭的领域开展业务,同时得到相关主管部门的政策支撑,加之一卡通系统建设的初衷只是为了解决当地交通的支付问题,所以造成了一卡通企业在相当长的一段时期内处于一个相对稳定、市场相对封闭、具有明显行政区域特征的环境下成长和发展,使得不同城市的一卡通系统形成了各自的技术体系并独立运行。

2)所承载的服务单一

长期在封闭的环境中发展的城市交通一卡通体系,对技术、设备和服务水平的升级缺乏足够的动力,相比于其他行业的技术发展,一卡通支付技术进步缓慢,表现为支付设备及手段落后,支付载体、系统服务形态较少,所承载的业务形式单一;通常只有充值和刷卡消费两类基础业务,且充值及消费渠道和方式一般集中在线下,不利于用户的使用体验。

3)终端系统离线,无法实现数据共享

交通一卡通技术体系1.0中,终端系统都是离线的,该设计的初衷是为了更好地提升交易速度,适用于高频次的公共交通出行场景。

由于传统一卡通系统的交易数据是脱机采集,交易数据只能暂存于车载终端上,等到规定时间再去采集机器上的数据。但是如果在采集前后因机器故障等各种原因造成了数据丢失,就会造成乘客手中的卡与数据库中的数据出现“账不平”现象。这种现象多年来一直未能得到解决,因为这种现象的根源就是传统一卡通架构本身存在问题,不能做到实时性,可说是传统一卡通系统的“先天不足”。

随着技术的进步和网络环境的完善,这种离线的终端由于不能与后台保持联系,无法实时上传数据,也不能与其他系统实现数据共享,将不适应未来“互联网+”一卡通的发展趋势。

4)支付技术模式单一

在一卡通技术体系1.0阶段,支付载体以实体IC卡为主,“人手一卡”是传统交通一卡通刷卡交易的常态。由于支付技术仍未大规模渗透到公共交通支付领域,其他的支付方式在交通一卡通中的使用仍不流行。同时,人们对于IC卡仍存在一定的使用惯性,对刷卡交易有一定的场景依赖,对其他支付方式的也需要一个接受和学习过程。因此,单一的支付方式成为1.0阶段的主要特征,并延续了相当一段时间。

5)标准不统一,兼容性较差

由于交通一卡通系统最初是依据当地的交通出行情况而独立建设的一套电子支

付系统,不同的城市在建设初期并没有遵循统一的规划和布局,更没有采取统一的标准,最终导致了各个城市的一卡通系统各地独立运行,无法实现兼容互通。在跨区出行需求不太的背景下,这种互不兼容的城市一卡通系统不会造成太大的问题。

4.2.2 应用的技术

在交通一卡通 1.0 版本技术体系中,IC 卡作为主要的支付载体,与一卡通终端之间的交互完成一卡通的交易过程,然后通过离线数据采集和后台处理完成对运输服务企业的清分和结算资金转移。因此,IC 卡技术和终端交互技术是 1.0 阶段的主要应用技术特征。

交通一卡通 1.0 版本技术体系的基本应用逻辑是:以 IC 卡为支付载体,遵循着网点充值—刷卡交易—后台清结算,即可用这样三个阶段描述交通一卡通业务结构。

1)IC 卡技术

所谓 IC 卡,是集成电路卡(Integrated Circuit Card)的简称,是镶嵌集成电路芯片的塑料卡片,其外形和尺寸都遵循国际标准(ISO)。芯片一般采用不易挥发性的存储器(ROM、EEPROM)、保护逻辑电路、甚至带微处理器 CPU。带有 CPU 的 IC 卡才是真正的智能卡。

IC 卡是把具有存储、加密和数据处理能力的芯片镶嵌于塑料基片之中。这种既具有智能性,又便于携带的卡片,为现代社会信息的处理和传递提供了一种全新的手段。

(1)实体 IC 卡的特点

IC 卡的性能随型号不同而有差别,但基本涵盖以下特点:

①存储容量大,其存储器类型有 ROM、RAM、EPROM、EEPROM 等,容量从几字节到几兆字节不等。容量大、体积小、重量轻、携带方便以及抗干扰能力强等特点成为 IC 卡的突出优势。

②安全性高、存储器本身具有控制密码,三次输入错码,则卡片会自毁,不能再进行读写,另外从应用软件上还可以加设安全措施,所以软、硬两方面的措施,使 IC 卡有很高的安全性。

③能以脱机方式使用,对网络要求不高,尤其是对网络实时性和敏感性要求不高,故网络投资较小。

④寿命长,一般循环读写寿命大于 10 万次。

(2)实体 IC 的分类

①存储卡:卡内芯片为电可擦除可编程只读存储器 EEPROM(Electrically Erasable Programmable Read-only Memory),以及地址译码电路和指令译码电路。为了

能把它封装在0.76mm的塑料卡基中,特制成0.3mm的薄型结构。存储卡属于被动型卡,通常采用同步通信方式。这种卡片存储方便、使用简单、价格便宜,在很多场合可以替代磁卡。但该类IC卡不具备保密功能,因而一般用于存放不需要保密的信息。例如医疗上用的急救卡、餐饮业用的客户菜单卡。常见的存储卡有ATMEL公司的AT24C16、AT24C64等。

②逻辑加密卡:该类卡片除了具有存储卡的EEPROM外,还带有加密逻辑,每次读/写卡之前要先进行密码验证。如果连续几次密码验证错误,卡片将会自锁,成为死卡。从数据管理、密码校验和识别方面来说,逻辑加密卡也是一种被动型卡,采用同步方式进行通信。该类卡片存储量相对较小,价格相对便宜,适用于有一定保密要求的场合,如食堂就餐卡、电话卡和公共事业收费卡。常见的逻辑加密卡有SIEMENS公司的SLE4442、SLE4428和ATMEL公司的AT88SC1608等。

③CPU卡:该类芯片内部包含微处理器单元(CPU)、存储单元(RAM、ROM和EEPROM)和输入/输出接口单元。其中,RAM用于存放运算过程中的中间数据,ROM中固化有片内操作系统COS(Card Operating System),而EEPROM用于存放持卡人的个人信息以及发行单位的有关信息。CPU管理信息的加/解密和传输,严格防范非法访问卡内信息,发现数次非法访问,将锁死相应的信息区(需用高一级命令解锁)。CPU卡的容量一般较大,价格比逻辑加密卡要高。但CPU卡的良好的处理能力和上佳的保密性能,使其成为IC卡发展的主要方向。CPU卡适用于保密性要求特别高的场合,如金融卡、军事密令传递卡等。国际上比较著名的CPU卡提供商有Gemplus、G&D和Schlumberger等。

④超级智能卡:在CPU卡的基础上增加键盘、液晶显示器和电源,即成为一超级智能卡,有的卡上还具有指纹识别装置。VISA国际信用卡组织试验的一种超级卡即带有20个键,可显示16个字符,除有计时、计算机汇率换算功能外,还存储有个人信息、医疗、旅行用数据和电话号码等。

各类IC卡的特征如表4-1所示。

各类IC卡特征对比表 表4-1

卡类别	容量	保密性	价格	应用场合
存储卡	几千字节到几万字节	无安全逻辑	价格低廉	电话IC卡、急救卡等
逻辑加密卡	几KB	安全性能较好,有一定安全保证	价格一般	保险卡、加油卡、驾驶卡、借书卡、公交卡
CPU卡	几KB到几十KB	极强的安全防卫能力	价格较贵	公交卡、手机卡、金融信用卡等
超级智能卡	存储空间大,可扩展	提供多种加密保密措施	价格较高	目前应用在安全性有特殊要求的场合

在早期的交通一卡通系统应用中,通卡企业考虑到公交 IC 卡发行量大和卡片制造成本(其中 IC 卡芯片是整体卡片成本的核心要素)等因素,通常选择满足当时应用需要且具有一定的安全机制的芯片作为核心元件;由于 Mifare1 芯片技术整体成本较低,具有可读可写等多功能,因此,在大部分城市交通一卡通建设初期均采用这类 M1 芯片,主要是 NXP Mifare1 系列,常用的有 S50 及 S70 两种型号。但在 2008 年,德国研究员亨里克·普洛茨(Henryk Plotz)和美国博士卡尔斯滕·诺尔(Karsten Nohl)成功地破解了 NXP 的 Mifare 经典芯片的安全算法。M1 卡被破解一事在全球掀起轩然大波,这意味着全球多达 10 亿张卡中所使用的一项技术可轻易破解。在我国,今年来也有不少城市传出公交 IC 卡被破解的消息,引起了当地管理部门及各城市交通一卡通企业的高度关注。实体 IC 卡安全机制被破解使得城市交通一卡通系统存在较大的安全风险,尤其是那些发行量较大的城市。因此,自 2012 年起,具备一定技术储备和资源能力的通卡企业逐步启动了 M1 标准卡向 CPU 卡升级的工作。

2)终端交互技术:

(1)终端(读写器)交互原理

城市公共交通一卡通系统是基于非接触式 IC 卡的射频技术系统,该系统除了应用于公共交通领域外还广泛应用于电子商务和信用卡移动电话、电子钱包个人信息管理等方面。其中标签(Tag,即射频卡)即为非接触式 IC 卡(线一般为 CPU 卡),阅读器即为 IC 卡读写器,并且一般联机交易状态下读写器通过其 RS232/RS485 接口与外部计算机连接,或者直接嵌入微机系统组成功能更全的一卡通终端。

通常读写器是通过射频天线向外发送一定频率的射频信号,当 IC 卡片进入规定区域后,如果接收到读写器发出的特殊射频信号,就能凭借感应电流所获得的能量发送出存储在芯片中的产品信息(即 Passive Tag,无源标签或被动标签),或者主动发送某一频率的信号(即 Active Tag,有源标签或主动标签),读写器读取信息并解码后,送至中央信息系统进行有关数据处理或者存储在终端的硬盘上。

读写器和 IC 卡之间的数据传输包括两个方面:一是读写器到卡的数据传输;二是卡到读写器的数据传输。读卡器到卡的数据传输根据 ISO 14443 协议对需要发送的数据信号进行编码,编码后经过调制由天线把载有数据的载波信号发送出去;卡接收到载波信号后对信号进行解调、译码得到原始传输数据。在射频识别系统中,卡发送回读写器的数据传输采用负载波负载调方式,即通过改变卡中负载电阻的大小到达改变信号幅度的调制方式。

读写器和 IC 卡之间的工作流程如下:①读写器发射激励信号(一组固定频率的电磁波)。②IC 卡进入读写器工作区内,被读写器信号激励。在电磁波的激励下,卡内的 LC 串联谐振电路产生共振,从而使电容内有了电荷;在这个电容的另一端,接有一个单向导通的电子泵,将电容内的电荷送到另一个电容内储存。当所积累的电荷达到 2V 时,此电容可以作为电源为其他电路提供工作电压,供卡内集成电路工作所需。③同时卡内的电路对接收到的信息进行分析,判断发自读写器的命令,如需在 EEPROM 中写入或修改内容,还需将 2V 电压提升到 15V 左右,以满足写入 EEPROM 的电压要求。④IC 卡对读写器的命令进行处理后,发射应答信息给读写器。⑤读写器接收 IC 卡的应答信息。

(2)终端(读写器)核心技术

射频识别(Radio Frequency Identification,RFID)技术是 20 世纪 90 年代开始兴起的一种自动识别技术,是一项利用射频信号通过空间耦合(交变磁场或电磁场)实现无接触信息传递并通过所传递的信息达到识别目的的技术。最基本的 RFID 系统由三部分组成:

①标签(Tag,即射频卡):由耦合元件及芯片组成,标签含有内置天线,用于和射频天线间进行通讯。②阅读器:读取(在读写器中还可以写入)标签信息的设备。③天线:在标签和读取器间传递射频信号。

部分系统还通过阅读器的 RS232 或者 RS485 接口与外部计算机(上位机系统)连接,进行数据交换。

FRID 技术的应用具备很多突出的优点:①防水、耐高温、不受环境影响、具有防冲突功能,体积小型化和多样化。②读取效率高,每分钟可达数千次。③可反复修改,循环利用。④保密性高,性能稳定。基于以上的种种优点,射频识别技术的应用将会给人们的生活带来更方便的使用环境。例如,基于射频识别技术的非接触式 IC 卡被广泛应用于电子商务、信用卡、移动电话、电子钱包和个人信息管理等方面。

4.2.3 运营模式与应用场景

在交通一卡通技术体系 1.0 版本阶段,相对于技术更新和升级,通卡行业更专注于运营,这种“运营”概念是指企业的战略重心和工作重点主要集中在业务运营、系统维护和客服处理等方面,主要目的是为出行市民提供稳定、便捷的一卡通支付服务。在充值便捷性、数据实时性、场景多样性及服务人性化等方面投入和关注度不高。这种以系统运营为主,以技术导向为主的传统交通一卡通在 1.0 版本时代发展比较平稳,创新机制不足,相对于其他行业企业来看,逐渐落后了时代的发展。

服务思维仍然停留在卡片上,这就是我们常说的“卡片思维”,即所有服务形态都基于实体卡片所衍生与发展起来的,无论从卡片产品、卡片发行、卡片销售、卡片充值、卡片消费及卡片资金等环节都必须以卡片为载体。在服务领域上,还是主要集中在城市公共交通领域,例如地铁、公交、轮渡、公共自行车、路边咪表及出租车等,领域应用十分狭窄。

4.2.4 行业产业链特色

从交通一卡通整体产业格局来看,一卡通运营主体表现得较为分散,存在一系列问题:行政区域分割、缺乏行业凝聚力;各地运营规则标准不一,缺乏统一、标准化的行业规范;缺乏区域性、全国性的统筹与规划,存在各自独立发展的状态;产业链各方整合力度不足,业务耦合度低。产业整体表现较弱,具体体现在产业竞争力弱、技术能力弱、创新能力弱、业务拓展能力弱、资源整合力度不足等,产业发展缺乏一个全面合理的规划布局,尚未形成良好的交通一卡通产业生态。

4.2.5 传统体系架构

城市公共交通一卡通系统综合了计算机技术、现代通信技术、网络技术、自动控制技术、非接触式 IC 卡技术、机电一体化技术、大型数据库技术、传感技术、模式识别技术以及精密机械技术等多项高新技术,已经在全国各城市有不同程度的应用。城市公共交通一卡通系统实现了购票、检票、计费、收费、统计的全过程自动化,如图 4-2 所示。

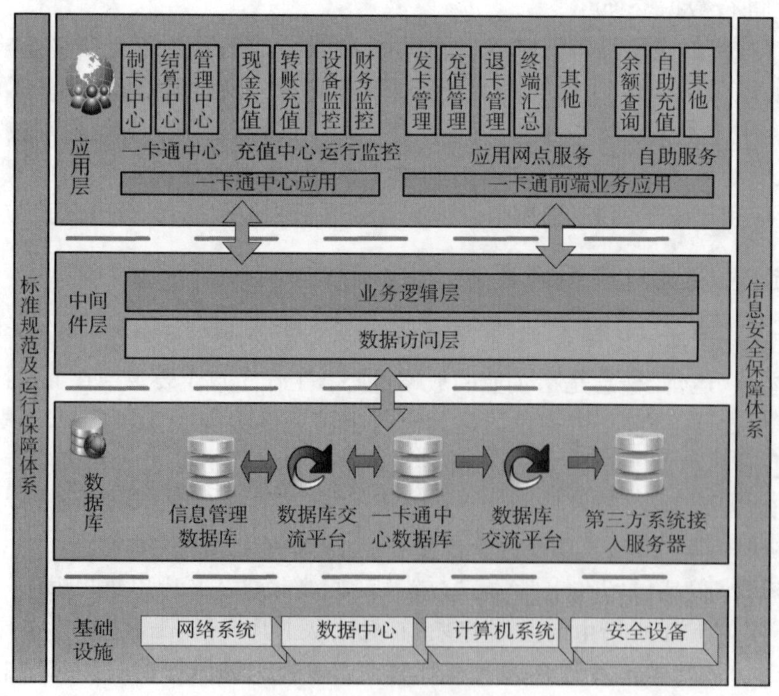

图 4-2 交通一卡通系统架构

在公共交通一卡通系统的总体设计上应充分考虑城市共交通一卡通发展的现状以及未来系统扩展的需求,采用多接口、开放式框架设计。根据公共交通一卡通的实际应用情况,从可靠性、可管理性、可扩充性、开发性和安全性等角度出发,再结合系统实现过程中可能会涉及的各种配套系统,整体设计架构多采用客户/服务器的体系结构,用以满足界面复杂、保密性好、安全性高以及数据库修改操作易行(还可以根据用户要求定义数据库)等需求。

一般来说,城市公共交通一卡通后台系统是由清算系统、结算系统、密钥管理系统、发卡系统、充值系统、消费系统和客服系统等部分组成,各个部分的功能简单介绍如下:

(1)发卡系统:对空白票卡进行初始化,使空白卡变为可用的公交 IC 卡。

(2)充值系统:联机模式,负责对公交票卡进行充值。

(3)消费系统:消费终端及子系统管理平台。

(4)客服系统:提供票卡充值、退卡和故障卡换新卡等客户服务功能。

(5)清算系统:对客服、充值、消费和票卡发行等各类公交卡数据进行检查,对有效数据按区域进行清分。

(6)结算系统:提供各合作单位各类业务的结算、对账业务及报表。

(7)密钥管理系统:进行 PSAM 卡、ISAM 卡及其他密钥相关的管理卡的发行及管理。

(8)测试维护:包含各个系统及设备的监控、测试。

4.2.6 优势与不足

经过十几年的发展,传统交通一卡通行业已形成了较为成熟的产业链,从芯片研发、卡片封装、终端测试、卡片发行、卡片销售、交易结算、客户服务等环节形成了稳定的技术体系和产品服务供应体系,确保了交通一卡通行业实现了长期稳定、快速的发展。

由于交通一卡通主要集中应用在交通出行支付领域,产品和业务的广度和深度都较浅,对技术和系统的要求并不高,导致传统通卡企业的系统部署和业务应用普遍存在技术性能不高、架构落后等行业通病。在移动互联网发展的背景下,第三方支付把握了新时代的支付技术并广泛应用于消费支付领域,与传统交通一卡通支付相比,第三方支付机构具有资金、技术、人才、市场等比较优势,特别在技术的先进性、安全性、兼容性方面更是具有突出的先天优势,对传统一卡通行业技术形成强大的挑战。

4.3 交通一卡通 2.0 版本技术体系

交通一卡通 2.0 版本技术体系是 1.0 技术体系的延续与升级,是传统一卡通技术的优化与发展。2.0 版本技术体系以互联网智能终端为主要支付载体,突出线上线下相结合的业务模式,重点延伸和完善一卡通线上业务体系。与 1.0 版本技术体系的技术和功能驱动模式不同的是,2.0 版本技术体系更多的是场景化驱动和核心需求驱动,更注重产品服务体验和用户需求的满足。

移动互联时代,支付与场景结合更加紧密。场景是多样的,这就使得支付行为变得越来越"短平快",更加碎片化。用户的行为融入具体的场景里,场景的变化对于人们使用的支付方式起到关键的影响,场景驱动支付的时代已经来临。人们不会为了使用支付而去购物,而是在某个具体的消费场景里自然而然地使用各种支付工具,支付最终都是为了满足消费者生活场景中的某个需求。

移动支付等创新支付服务加速突破时空限制,与消费场景深度融合,通过构建碎片化的场景化金融生态,让金融服务触手可及。一方面,支付行业通过多年的内部信息化沉淀以及外部合作,积累了海量交易数据,结合海量数据的处理和人工智能,丰富了移动支付的应用场景;另一方面,基于可信执行环境技术构建的一体化安全服务,确保了移动支付的安全性,并由此衍生出新的应用场景和服务。

4.3.1 体系特点

1)场景化特征

交通一卡通 2.0 版本技术体系有多种鲜明的特征,其中场景化便是其中之一。

移动互联时代,支付与场景的结合变得更加紧密。场景的多样性使得支付行为变得越来越"短平快"、碎片化,因此支付方式和业务设计要相应做出调整。在移动互联网时代,用户的所有行为,包括支付在内的金融服务与社交互动,都将融入具体的场景里。人们并不会因为支付变得便捷而去购物,而是由于某个具体的消费场景驱动而引申出各种支付工具,支付最终都是为了满足消费者生活场景中的某个需求。场景化成为移动互联时代一卡通支付的关键驱动核心因素。

移动支付等创新支付服务加速突破时空限制,与消费场景深度融合,通过构建碎片化的场景化金融生态,让金融服务触手可及。一方面,支付行业通过多年的内部信息化沉淀以及外部合作,积累了海量交易数据,结合海量数据的处理和人工智能,丰富了移动支付的应用场景;另一方面,基于可信执行环境 TEE 技术构建的一体化安全服务,确保了移动支付的安全性,并由此衍生出新的应用场景和服务。

2)移动化特征

与传统互联网不同的一个重要方面,就是移动互联网时代具有移动化的显著特征。在移动互联网时代成长和发展起来的交通一卡通 2.0 版本技术体系内继承了这一特征。2.0 技术体系的移动化特征主要表现基于移动智能终端的一卡通充值、消费、客服、信息等移动化服务,较之于传统的一卡通服务,移动化服务已经摆脱了时空限制,更注重服务的实时化、便捷化,为用户提供一个全新的一卡通消费体验。基于 NFC 手机的一卡通移动充值、基于 TSM 平台的空中发卡、基于个人信用的一卡通支付及基于一卡通电子钱包的移动消费等都是一卡通 2.0 技术体系中的典型应用场景。未来,一卡通 2.0 技术的移动化将进一步延伸,在提供一卡通核心服务的基础上与位置信息进行有机结合,形成基于 LBS 的一卡通移动化服务体系。

3)数据化特征

在传统的交通一卡通技术体系(1.0)中,由于普遍缺乏多样化的、有效的数据收集方式、数据存储和处理技术不成熟以及数据应用领域少等种种原因,加之离线化的交易和采集模式的特征,使得传统一卡通只能做一些简单的运营数据分析,大部分的数据处于离散化、孤立的状态,卡与数据并没有建立一种紧密的联系。而在一卡通 2.0 技术体系中,依托大数据技术及智能终端入口采集技术,打通通卡企业内外的数据共享通道,构建基于一卡通交易信息的数据体系。基于一卡通大数据分析,不断拓展大数据应用方向和领域,包括刷卡群体分析、客流 OD 分析、线路运力分析及交通换乘分析等,为一卡通数据应用开辟了广泛的应用前景。另外,随着一卡通空中发卡业务的发展,由实体卡向基于移动终端的虚拟卡转换,进一步推动一卡通载体的数据化。

4)安全与便捷特征

随着移动互联网新技术的应用,一卡通 2.0 技术体系中可实现支付安全和便捷的统一发展。传统的观点认为,安全与便捷是事务的一体两面,二者不可兼得。要想获得良好的用户体验,必须以牺牲一定的安全为代价,同样要想确保支付过程的安全性,则必须放弃部分便捷。支付介质从实体卡到在线电子支付再到手机虚拟卡的变化,经历了一系列新技术的应用和新模式的创新,使得一卡通 2.0 技术体系的发展朝着安全和便捷相统一的方向推进。移动终端的移动化服务能够使用户在一卡通支付可随时随地收集其位置信息、交易信息、指压感应、敲击时间间隔等行为数据,以及历史交易数据,并通过大数据技术分析出用户的交易偏好。当用户使用移动支付时,如果与现有的习惯偏好不一致,用户则会及时地发现风险和提示风险,从而使得用户能够在使用便捷的移动支付服务的同时还能够确保安全。

5)竞争性特征(差异化)

因政策门槛、行业特性、服务性质、区域划分等原因使得一卡通1.0技术体系形成了相对封闭的领域,并依此发展了十多年,渐渐形成了固有的城市一卡通市场格局,外部企业很难进入这个领域。因此,传统交通一卡通行业不存在任何竞争。随着移动支付技术的发展,特别是政策开放和思维创新,支付消费市场格局出现了颠覆性的变化,第三方支付巨头纷纷抢滩线上线下支付消费市场,支付市场呈现白热化的竞争态势。为寻求扩大应用场景、提升用户黏性,第三方支付开始从消费支付进入交通支付领域,从而与传统的交通一卡通支付形成一定的竞争格局。因此,在一卡通2.0版本技术体系中,竞争性成为其中一个显著的特点。

交通电子支付领域的竞争一方面给传统一卡通业务带来了一定的冲击,打破了原有的一卡独大的优势,对通卡企业的发展形成了不良的影响。但另一方面,竞争也促进一卡通企业服务效率提升和技术创新发展,为企业转型升级战略奠定基础。

在交通一卡通2.0体系中充满着多维度的竞争,包括第三方支付机构与传统交通一卡通企业之间的竞争、支付产品和技术之间的竞争及商业模式之间的竞争等。

4.3.2 技术升级

1)发卡技术的升级

由传统的线下实体发卡向空中发卡技术转变。空中发卡是基于一卡通TSM平台而生成的一种虚拟卡发行技术。这种技术允许用户通过智能手机在线申请开通一卡通功能的虚拟卡,经一卡通后台审核通过后即下发相关信息到用户手机并生成一张虚拟的一卡通,这种一卡通具备一般实体卡的所有功能。这种通过空中发卡技术所生成的虚拟卡不仅能完全替代实体卡,而且与在线账户进行有效关联,可对用户信息进行在线管理,未来将与用户消费、积分、理财等业务进行关联;可见,基于虚拟卡的业务将有巨大的市场空间。

基于TSM的空中发卡技术应用与传统实体卡发行比较,具有以下重要意义:

(1)增加发卡渠道,减少发卡成本。一卡通行业TSM平台为城市一卡通运营单位提供了统一的业务接入,为各地市通卡公司增加空中发卡和充值渠道。用户通过操作客户端、自助终端等移动设备,动态下载城市一卡通应用,实现公交卡的空中发卡,使得用户办卡更方便快捷,也减少发卡成本。

(2)规范行业市场,增加各通卡公司收益。一卡通行业TSM平台有利于规范整个城市一卡通行业移动支付业务模式,代表整个行业与通信运营商、银行、手机厂商和第三方支付机构等单位开展合作,为通卡公司带来新的增值业务收益。

(3)统一平台接入,保障可持续发展。一卡通行业 TSM 平台与各通信运营商、金融机构等第三方平台对接,未来可扩展小额支付、智慧社区管理、公用事业缴费、互联网金融以及大数据等业务,为各通卡公司未来业务拓展提供资源。

城市交通一卡通是便民应用的重要领域。建设和运营交通一卡通 TSM 平台,整合资源、一卡多用,将是城市一卡通移动支付未来的发展方向。需从技术和业务的顶层设计考虑,占领行业制高点,助力智慧城市建设,实现城市一卡通行业的产业升级和跨越式发展。

2)充值技术的升级

(1)一卡通在线充值技术

一卡通在线充值服务平台是面向实体卡持卡用户提供的自助的充值技术服务。持卡用户通过登录平台网站、注册会员和接入网充终端等步骤实现对实体卡充值和查询余额,并完成对账户、终端及发卡机构的资金清分结算。在线充值平台负责建立安全、稳定的服务平台,支持网银支付、第三方支付等宽资金渠道,支持多卡充值,提供交易差错处理,可提供对发卡公司及第三服务方的资金、费用进行清分结算。

一卡通在线充值技术的应用顺应了互联网业务的发展趋势,有效解决人工充值和自助充值存在的不足,满足用户的多样化充值需求,提升一卡通用户体验,有利于激活一卡通市场潜能,推动一卡通市场发展。同时为进一步拓展至一卡通在线消费、用户积分管理、在线商城等互联网业务领域奠定了关键的技术基础如图 4-3 所示。

(2)移动充值技术

一卡通移动充值技术的应用是对在线充值方式的一种升级版本,摆脱了卡片充值依赖不便于携带的电脑平台,真正实现了随时随地充值服务。一卡通移动充值服务采用的是智能终端的 NFC 支付模块技术,通过 NFC 支付芯片实现后台系统与卡片之间的双向连接和交互读取信息,可在较短时间内完成卡片的实时充值。

一卡通移动充值技术一般有两种实现方式:一种是基于手机 NFC 模块对手机内的 SIM 卡进行充值,NFC-SIM 模式就是属于这种情况。这种方式是将支付模块与手机结合在一起,手机即一卡通。另一种是基于手机 APP 通过 NFC 模块进行读写操作对独立的实体卡进行外置式充值方式,实体卡片与移动手机是相互分离的,手机充当的是移动式充值终端,实体卡依然是和普通卡一样使用。

3)消费技术的升级

(1)离线消费向在线消费技术升级

传统的一卡通依托实体卡只能支持线下网点消费,消费的地点和商品种类往往受到一定的限制。随着电子商务的发展,在线支付方式为网上消费提供便捷的支付。传统一卡通线下业务向线上业务转移过程中,一卡通支付方式相应做出技术升级,通过结合在线支付技术实现一卡通在线消费。

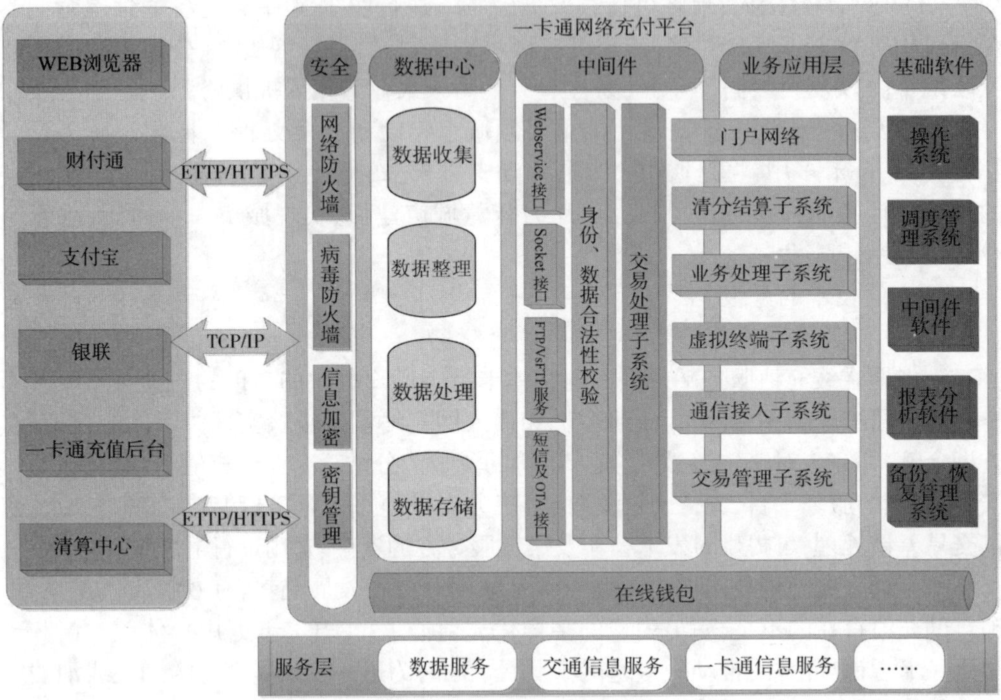

图4-3　一卡通网络充付平台

(2)离线消费向信用消费技术升级

传统一卡通支付是一种"先充值、后消费"的应用模式,采用的是预付款方式实现的消费交易,这种方式在持卡用户余额不足的情况下就无法使用。随着移动支付技术的发展,特别是TSM技术的应用,一卡通行业推出了交通信用卡,实现了公共交通消费技术的升级,如图4-4所示。

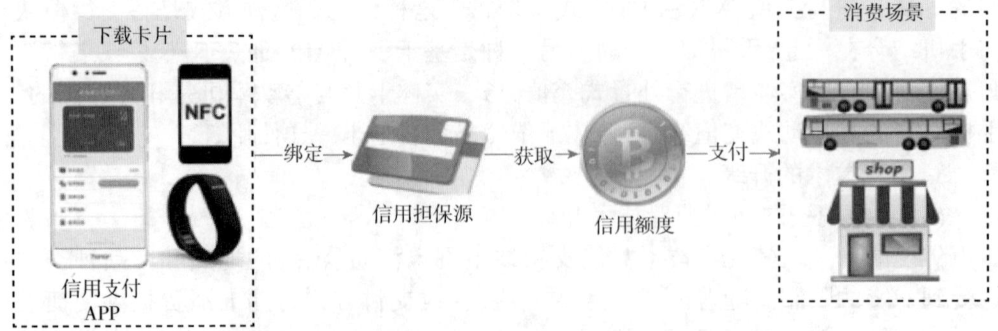

图4-4　一卡通信用支付模式

基于移动支付的技术,通卡行业创新性地将信用消费模式与交通一卡通支付融合,通过与信用提供方紧密合作,打造交通一卡通信用支付平台,建立交通一卡通信用体系,推出"交通信用卡"产品,为交通一卡通用户提供"先消费、后还款"的信用支付服务。

交通一卡通信用支付平台是基于交通一卡通支付系统、会员系统、空中发卡平台及清结算平台而打造的技术平台,其核心是建立交通一卡通信用体系。该平台具有信用方接入、信用记录统计和信用额度控制等功能。通过向银行及第三方支付机构提供信用方接入接口,将银行及第三方支付机构的信用产品及用户信用数据接入平台,获取用户信用记录,并根据信用记录授予相应的信用额度。在交通信用卡的基础上,对用户的使用记录进行大数据分析、统计,从而建立起交通一卡通信用体系,延伸拓展交通一卡通金融服务,陆续推出一系列信用产品,包括交通小额贷款、交通理财产品等。

4)支付技术升级

从实体 IC 卡到移动支付技术的升级,是从有卡到无卡的支付形态发生变化的过程。随着手机终端的广泛普及,基于无卡化的一卡通移动支付的应用有利于避免用户的持卡麻烦,也免去了用户频繁充值的烦琐过程,同时有利于一卡通企业为用户构建更丰富和完善的一卡通服务体系,提升用户的使用黏性。

通卡企业通过合作的方式引入基于一卡通的移动支付服务,目前出现了三种的合作模式,第一,与手机厂商合作,研发推出依托手机 NFC 模块技术的一卡通移动支付服务,实现公交出行可刷手机,如同实体卡一样。第二,与通信运营商合作,在手机 SIM 卡加载公交卡功能,依托 SIM 卡体系激活公交刷卡功能。第三,与互联网企业合作,研发推出交通二维码,利用终端扫码技术完成出行支付过程。第三种模式目前正在各大城市纷纷上线,引起了业内普遍关注其未来的发展和应用情况如图 4-5 所示。

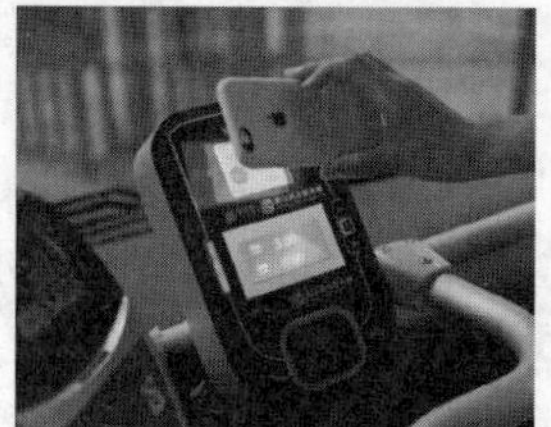
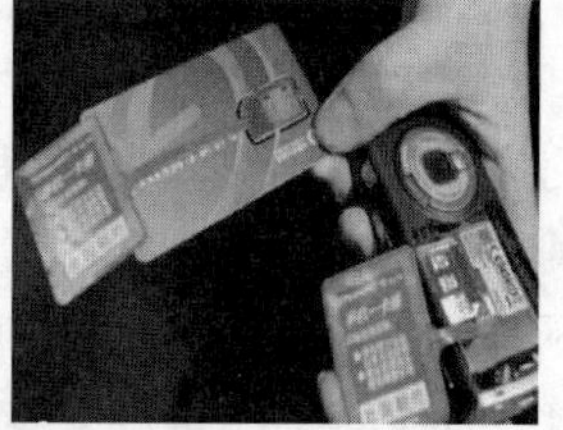

图 4-5 一卡通移动支付三种形态

4.3.3 应用场景与特点

交通一卡通 2.0 版本技术体系是在 1.0 的基础上发展的,仍然是以基础公共交通出行支付服务为核心,涵盖了公交、地铁、出租车、轮渡及公共自行车等出行服务,但提供的支付形式和服务产品与1.0技术时代相比更丰富、更便捷。2.0版本技术时代,支付产品形式除了传统的实体外,还延伸至NFC手机支付、可穿戴设备支付、在线虚拟卡支付以及信用支付等形式,满足用户多样化场景的支付需求。交通一卡通2.0版本技术体系所构建的场景具有移动化、数据化和智能化的特点。

随着2.0版本技术体系的深入应用,基于移动支付技术的交通一卡通依托移动终端、在线账户及在线支付系统应用衍生出更多的增值业务场景,满足用户的各种个性化需求。

1)大数据服务应用场景

通过构建一卡通大数据应用场景,挖掘大数据内在价值,利用2.0版本技术构建一卡通大数据分析云平台。大数据云平台以海量的、复杂多样的交通大数据为基础,充分运用云计算、分布式存储等先进技术,构建面向公共交通服务的大数据开放式公共服务平台。大数据应用平台将整合现有基础公共交通数据,逐步接入道路客运和城际轨道等领域业务系统数据,实现公共交通大数据的融合与共享,优化交通资源配置。大数据应用场景主要面向政府、行业和公众提供交通大数据服务,为交通管理和决策提供智力支撑,提升公共交通一体化的服务内涵。

(1)公众交通出行需求

随着城市交通的发展与人们对交通出行要求的提高,传统的出行方式已经无法满足公众的出行需求。随着智慧城市理念的深入推广和大数据技术的发展,通过对一卡通大数据的分析,为出行民众提供交通信息、实时路况信息、换乘信息、停车场信息以及相关的其他信息,辅助出行者灵活安排、调整自己的出行规划,实现出行线路的个性化定制。借助城市交通一卡通大数据平台可以建立一个智慧出行服务平台,满足大数据量、大用户量的系统应用,为用户交通信息服务提供持续、有效、动态的交通信息服务,提升公众的出行体验。

(2)政府决策管理需求

城市交通一卡通大数据为政府部门对交通的规划、调控、决策提供了大量准确有效的数据支持。这些数据可以协助城市综合交通规划,明确公共交通优先发展原则,统筹重大交通基础设施建设,合理配置和利用各种交通资源,实现线网布局的科学规划,优化重要交通节点和换乘衔接的设置,落实各种公共交通方式的功能分工,加强与个体机动化交通以及步行、自行车出行的协调,促进城市内外交通便利衔接和城乡公共交通一体化发展。

(3)行业经营发展需求

城市交通一卡通大数据作为城市交通一卡通领域的重要资源,通过对数据进行分析促进行业结构的优化调整,辅助企业挖掘和识别潜在的客户,用户通过一卡通支付将产生交易消费数据,基于这些数据的分析可辅助商户进行营销,扩大销售渠道并打开传播渠道。城市交通一卡通在用户消费时产生的数据记录有助于商户进行营销需求分析、制定相应的营销需求解决方案,大数据时代已经降临,在商业、经济及其他领域中,营销决策也将逐渐基于数据和分析而作出,传统的基于经验和直觉渐渐不再适用,利用海量数据和先进的数据挖掘技术研究顾客的行为特征,进行精准营销是大数据时代企业和商户的必然需求之一。

(4)数据增值业务需求

交通一卡通企业为城市公共交通出行搭建了便捷的支付系统,拥有海量的刷卡交易数据,但仅仅依靠交易数据的分析来提升公共交通服务仍然是不够的,必须通过与交通相关的运营数据相融合,如定位数据、站点数据、线路数据等,通过拓展数据分析维度来提升交通一卡通数据服务的精准性。随着出行环境的改善,市民大众对于出行质量的需求越来越高,人们出行的期望不仅仅是到达目的地,而是非常注重出行前后之间的服务内容。通卡企业除做好基本的支付服务外,还应通过基于交易数据的分析拓展更多的增值业务来满足用户需求,例如,与保险公司的合作,通过分析乘客的出行习惯和区域,推出相应的出行保险产品;还可以与不同的运输企业合作,推出适应不同人群的交通电子套票,优化不同交通方式之间的无缝接驳和联程联运,实现"一站式"的交通服务;与旅客机构进行合作,推出"交通+"旅游服务,开展旅游交通特征分析,开发特色交通旅游增值服务产品,创新运用大数据分析等技术,实现精准服务。积极推动政府部门与互联网企业间信息双向开放,提供更加丰富、便捷的旅游要素综合信息服务等。

2)电子票证服务应用场景

基于空中发卡技术,结合交通一卡通信用支付平台,为用户提供电子支付票证服务。基于电子票证系统,打造一卡通在线电商平台,构建电子票证服务应用场景。

电子票证产品,是以 NFC 手机或可穿戴设备等可联机设备为载体,借助空中发卡技术将虚拟卡片下载至可联机设备,用户根据需求购买相应套餐的电子票证,即可完成电子票证激活,在套餐条件内乘坐公交。电子票证适用于过境旅客、临时驻地等非固定通勤人员。场景设计可从时间、次数两个维度出发,科学定价,发行日票(如 1 日票、3 日票等)和次票(如 1 天内可以乘坐 10 次)等。

在积累了一定的电子票证用户后,可对电子票证用户的出行进行大数据分析,从购票人群、地点、乘坐时间及套餐数量等分析,找出出具有相同出行需求的目标人群,发展定制交通服务,开展增值服务。

电子票证服务丰富了现有的交通一卡通支付模式。现有的支付模式是按次付费,单一且不适用于拥有不同出行需求的用户。增加电子票证产品,发行日票、次票,可以满足不同出行需求的用户选择适合自己的产品;对电子票证用户需求进行大数据分析,挖掘用户出行需求,再整合不同交通运输资源,开展定制交通服务。

3)类金融服务应用场景

通过分析一卡通用户在线充值及消费交易数据,了解用户的账户资金使用需求,针对性地为用户提供符合需求的类金融服务,构建基于在线应用的增值服务。

(1)理财增值服务

为用户余额资金提供多种渠道的投资理财增值服务,包括基金投资、债券投资等,为用户闲置资金增值。

(2)小额信贷服务

互联网平台在赢得了客户量、积累了客户信息和设计应用场景之后,通过分析用户消费数据,建立用户的信用评级机制,构建一套靠谱的商业模式和风控模型,根据用户的资金使用需求及信用记录,为用户提供小额贷款服务,满足用户短期小额的用款需求。

(3)积分优惠服务

基于互联网平台,实时记录用户的消费交易信息,为用户建立消费积分场景,引导用户积分兑换,增加用户消费频次,增加顾客重复消费欲望,促进销售,增加商家利润,也有利于提升用户使用黏性。

(4)精准营销服务

通过一卡通大数据系统,分析用户的消费习惯,给用户精准画像,为一卡通在线商家提供精准的营销服务,让商家可以快速锁定目标消费人群,扩大销售额,同时满足用户的消费需求。

4.3.4 产业链特征

移动互联网新技术的应用及智能终端的广泛普及,推动了"互联网+"交通一卡通新业态的加速完成,直接催生了交通一卡通新业务模式、新产品服务方式及合作模式,整体推动了一卡通产业的转型升级。传统交通一卡通上下游企业受制于技术及政策环境的影响,整体产业形态表现较为单一,从芯片研发、卡片封装与测试、卡片发行及销售到应用服务等各个环节呈现单一的产业垂直分布,缺乏产业服务的丰富度和深度,使得传统一卡通产业发展形成了不少的瓶颈。交通一卡通2.0版本技术体系的形成、一卡通支付技术升级以及市场环境的变化,不断推动了一卡通产业的转型,并形成了升级版的一卡通产业2.0(图4-6)。从产业技术角度来看,由实体卡支付技术到NFC移动支付和二维码支付;从业务形态上看,由传统的网点充值到在线及移动充值,由离线消费到在线购物;从产品形态上看,由实体卡到智能手机、可穿戴设备及网充终端;从运营模式上看,由单一的卡片发行到综合的一卡通应用服务;从合作模式上看,由单一垂直链合作到纵横向合作,通过开放方式与手机厂商、通信运营商、空发服务商、金融服务商、第三方支付机构等开展广泛合作,推动构建开放"互联网+"产业生态。

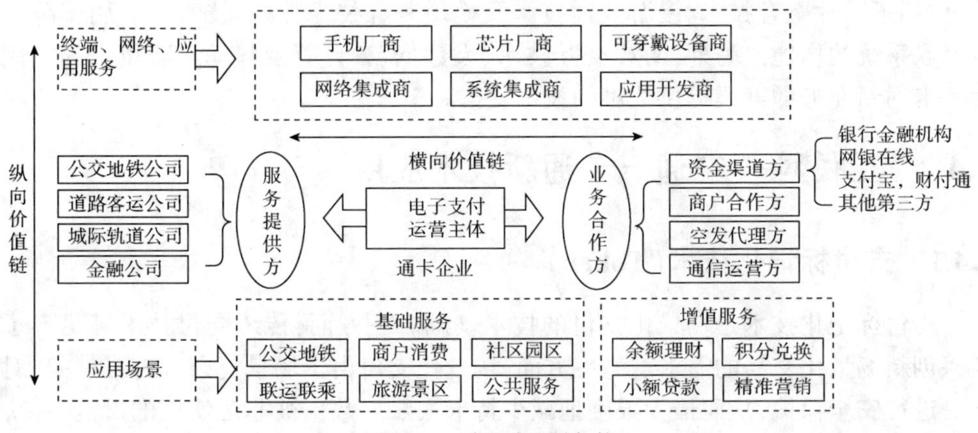

图 4-6　一卡通产业链架构

4.3.5 体系架构

相对于1.0版本技术体系,在交通一卡通2.0版本技术体系下,交通一卡通综合体系架构更完善、更丰富(图4-7)。除传统的一卡通充值系统、消费系统外,在

图 4-7　一卡通 2.0 体系架构

系统架构的不同层次上拓展了各种技术、平台及产品服务内容。在支撑技术体系上,包括了卡片融合技术、漫游互通技术及模块兼容技术,这些技术主要用于跨区域互联系统的构建。另外,NFC 交互技术、大数据、云计算及移动互联技术的应用为一卡通新业务的开展提供关键的技术支撑。

4.4 "互联网+"交通一卡通新技术应用

4.4.1 支付标记化技术(Token)

支付标记化技术是场景化支付的技术基础。一方面,传统支付技术满足不了新兴创新场景化交易的需求。另一方面,场景化支付由于场景复杂,需要进一步对交易进行安全保护,从而最大限度地减少持卡人账户数据被非法使用的可能,并防止跨渠道的交易欺诈行为,从而避免卡号信息泄露带来的风险。

支付标记化技术是从场景应用的层面来解决银行卡在网络空间应用的安全问题,能够在不影响正常业务处理的前提下,避免卡号等敏感数据在交易过程中的泄露,实现对交易场景的验证,从而能够有效保障个性化场景的支付安全,满足支付场景的创新和用户的个性化需求。

支付标记化技术在前端表现出来的是用户银行卡信息的有效替代,而后台则有一套完整、成熟的风险服务实现对用户的身份认证和交易欺诈风险的识别。即使是同一个卡号,针对不同的应用场景和支付渠道,支付标记也不尽相同,通过支付标记可有效地对交易渠道、交易次数、交易金额、应用场景以及用户使用习惯等进行验证,能够细粒度和个性化地对交易风险进行识别,对交易安全进行控制。即使某个渠道发生风险,支付标记的沙盒机制也能够将风险进行隔离,有效防止风险的扩大和转移。

支付标记作为一项既全面创新又与现有支付产业很好融合的技术,具有开放性和互操作性的特点,不仅能够保障整个支付交易的安全,而且还能够促进整个支付技术和支付场景的创新,有机地整合线下、线上等各种支付方式,为用户提供一体化、个性化的支付体验。

4.4.2 智能终端技术

智能终端是推动线上线下场景融合、提升支付服务水平和服务能力的基本保障。

智能终端推进了支付的线上线下融合。首先,智能终端对接了用户移动支付的需求,能够提供便利的移动支付方式。其次,智能终端以移动支付为基础入口,连接了商户和消费者,让商户能够得到记录消费者行为的精准消费信息,进行精准营销。这能够帮助实体店通过互联网触摸到消费者,并与之建立全渠道、深层次的线上互动,增强体验功能,发展智慧消费。

受理终端的智能化支持个性化和场景化的商业服务。传统的POS终端在过去十几年一直保持形式和内容不变,存在升级麻烦、功能单一、扩展性差以及缺乏互动性等一系列问题,已经不能满足场景化和个性化支付的需求。就像诺基亚手机被苹果等智能手机取代一样,功能化的传统终端也将被智能化的受理终端所取代。受理终端作为一个智能化的平台,不同商业模式参与方都可以基于这一智能化平台提供个性化的应用,从传统的收银、小票打印,到刷卡、二维码等多种支付解决方案的集成,从会员管理到营销管理等。基于这一智能化平台,可以创造出更多的特定场景的特定应用,从而满足商户和用户的个性化需求,可作为行业联动、拓展支付场景化的重要工具和手段。

智能化的受理终端将提升用户的支付体验,确保用户的支付安全。智能终端带来交互场景的智能化,通过用户的移动设备与智能受理终端的简单交互就能识别出当前用户是谁以及其历史消费习惯、偏好等,根据这些信息提供的个性化服务,不仅能够让整个交易更加安全,而且还能够让用户有更好的体验。

4.4.3 生物特征识别技术

生物特征识别技术是场景化支付安全便捷、人机合一的基础。首先,相较于传统的用户身份验证手段,生物特征识别技术更加安全便捷。对于支付来说,对发起支付行为的用户进行身份认证是非常关键的环节,是账户管理机构判断是否对交易进行授权的重要依据。可用作用户身份认证要素的信息分为三类:用户所知道的、用户所持有的和用户所拥有的信息。目前,在银行卡支付业务中,较常用的身份认证信息主要为密码和卡片等前两类信息,而生物特征属于用户所拥有的信息,相比于前两类信息,其具有不易复制、不会被遗忘或丢失、使用方便等特点,而正是这些特点可以使得场景支付更安全、更便捷。

其次,智能设备的发展使我们能够更有效地利用生物特征技术,从而使得人和设备能够完美融合。早在20世纪,随着计算机技术的发展,已经开始指纹、人脸等比对的技术研究工作,但由于采集设备和计算能力的限制,生物特征技术只能应用于特定的安保等场所。随着移动设备的发展和各种采集技术的进步,各种采集、存储和运算操作都能够用一颗很小的芯片实现,这种芯片又能够与现在的移动设备完美集成;这样,智能设备不但能够采集生物特征,还能够运算和比对,使得移动设备具有生物特征认证的能力。

同时,生物特征技术使得人和设备能够完美融合。以前用户在刷卡时需要单独输入密码来进行认证,卡片与用户是分隔的,既要验证卡片又要单独验证人;在场景化支付的时代,用户在手机上按下指纹就可以完成交易,人和设备高度融合,这不仅能够带来安全便捷的体验,还能够创造更多富有想象力的应用场景。

4.4.4 人工智能技术

人工智能技术是实现移动支付场景化智能化的核心技术。

一方面,从用户获取服务的角度来看,场景化强调的是服务的个性化和差异化,如何能够分析出某个用户的特定需求和偏好,只有利用人工智能技术收集用户的场景、历史交易、个人偏好等信息,再通过大数据等技术预测出用户的需求和偏好才能更好地满足用户的需求。

另一方面,从服务提供的角度来看,只有收集绝大多数用户的场景信息和状态信息,通过人工智能技术对这些信息进行计算和分析才能够完成全局服务的调度和优化。以打车软件为例,通过人工智能技术计算出当前某个区域打车需求比较旺盛,而相邻区域则比较宽松,打车平台可以通过调度完成全局资源的优化配置。

人工智能在促进移动支付场景化的过程中起到重要作用。使用人工智能技术进行创新支付服务的设计或原有支付服务的改进,结合图像处理、数据分析等技术,产生新的支付相关服务,促进支付服务使用率的提升。运用人工智能技术,对移动支付应用场景进行优化升级,不断优化移动支付服务的场景化运营策略。基于语音识别、自然语言处理、图像处理等技术,实现对客户的智能服务,优化用户体验,提升整体服务质量。利用机器学习等人工智能技术,从支付数据及情景分析等要素出发,建立自我学习能力的深度学习模型,在提升用户支付体验的同时,降低支付风险发生的可能性。

第5章 “互联网+”交通一卡通服务系统设计

随着移动互联网的发展,移动支付、大数据及云计算等新兴技术不断融合各行各业,极大地推动了各产业的更新换代,催生了一大批新业态。移动支付技术在大众商超、餐饮娱乐和旅游住宿等日常生活化的场景中得到广泛的应用,各种新支付方式不断涌现,迅速构成了庞大的移动支付产业,对传统的商业交易产生积极变化。2017年以来,在阿里巴巴和腾讯的大力推动和补贴政策背景下,支付宝、微信与多个城市合作建设“无现金城市”。中国支付清算协会移动支付和网络支付应用工作委员会发布的《2017年移动支付用户调研报告》显示,2017年,我国每天使用移动支付的用户达78.7%,一周使用2~3次移动支付的用户占比为17%,有1.8%的用户每周使用1次移动支付,三者合计为97.4%。报告中还提到,2017年,98.1%的用户表示最常在生活类场景使用移动支付,如购买吃穿用方面的生活所需品等;其次为票务类,如购买电影票、演出票等,占比为80.6%;酒店、机票等商旅方面的支出排名第三,占比为68.9%;公共事业类缴费排名第四,占比为61.5%;通过移动支付在娱乐业务下载场景和投资理财场景进行支付的用户较少,分别占比为55.2%和40.2%。以上应用场景下的移动支付使用多数较2016年有显著提升,可以说移动支付已广泛应用于日常生活的方方面面,并在便民支付领域发挥越来越重要的作用。

随着移动支付的深入应用,随之带来的是交易的数据化;利用大数据技术与各种数据源的结合,催生了各种的数据增值应用和产业。目前大数据分析在商业活动、医疗卫生、生产制造、交通出行、食品安全和金融证券等领域有着广泛应用,并形成以大数据为核心资源的互联网产品。在交通领域应用的有交通大数据云出行平台、政务大数据平台、金融大数据分析平台等。这些平台的应用,一方面为多源数据的共享提供了重要的平台,另一方面大数据分析极大提升了交通治理、政府管理、金融服务的能力和效率。

移动互联网的快速发展,特别是智能终端的广泛普及,催生了一系列的创新支付方式和新应用模式,电子支付产业也正处于十余年来最深刻的一次创新变革期。云支付终端、MPOS、手机刷卡以及二维码支付等创新支付产品不断涌现,逐步构成了丰富的智慧支付新业态,极大地推动了电子支付技术的发展,并不断影响和改变着用户的支付习惯和消费方式。由移动互联网时代发展带来的移动支付应用和大数据技术的普及,为传统交通一卡通产品和服务转型提供了难得的技术机遇和外部环境,通过通卡企业近三年来的转型探索,逐步形成了具有互联网特色的产品和服务,并不断取得积极的效果。早在2011年,交通一卡通行业逐步开展互联网业务,开启了探索一卡通服务转型的征程。2011年5月,上海公共交通卡股份有限公司推出了交通卡与沪通卡的网上充资等服务,持卡人只需购买"网上充"交易终端与电脑相连,即可享受在线充值服务。2013年9月,北京市政交通一卡通为定制公交平台提供网上支付服务。随着移动终端的普及,2015年11月,广州羊城通宣布开通基于手机NFC的充值功能,同时启动微信充值服务,推动交通一卡通服务进入移动互联网时代。2016年7月,作为广东省公交一卡通的岭南通公司推出了"信用支付公交卡",开启了交通一卡通的信用支付的序幕。随着手机二维码支付在多种消费场景中占据主流地位后,逐渐延伸到了公共交通出行领域。2016年8月,浙江杭州、金华等城市的公交上引入手机二维码支付方式,这个全新的支付模式经过不断复制和扩散,目前我国主要城市如广州、深圳、北京、上海等地纷纷开通公交二维码服务,上演了新一轮交通支付模式的创新潮。随着产业环境及技术服务的升级迭代,交通一卡通行业的产业发展正经历着一次自我革命。

5.1 "互联网+"交通一卡通服务设计原则与方法

5.1.1 服务设计原则

1)改变单一服务业态,加快行业拓展升级

互联网+交通一卡通公共服务平台充分发挥交通传统行业的刚性支付优势,转变传统消费方式,为出行人们及平台用户打造基于互联网的一卡通网上充值及支付服务产品,打造线上、线下融合服务的新模式,利用庞大的出行链条拓宽交通互联互通支付业务的广度与深度。平台借助NFC手机、可穿戴设备和智能终端作为一卡通支付载体,通过手机APP、微信和网充终端等新媒介实现多功能、跨领域的支付服务,融合上下游供应商、互联网服务商等产业资源,以调动一卡通行业积极性,创新电子支付商业模式,催生新的经济增长点,促进消费升级和产业转型。通过建立示范案例,并借助交通一卡通平台统一技术标准的优势,可以通过快速的技术复制和市场推广,拓展到其他城市或地区。

2)完善用户服务体验,提升支付服务水平

将现有交通支付服务拓展至移动互联网领域,打破实体网点服务积存已久的时空局限,将有效缩短服务周期、提升服务便捷度;平台承载大量的线上信息和服务,通过与线下消费活动互动,实现线上线下服务协同,有效优化服务体验,更好地践行交通领域"便民利民"的公共服务要求。有利于推动交通信息化服务业的跨越式发展;推动互联网行业与社会公共服务的优化整合,促进传统公共服务事业的优化升级;大幅提升现代交通行业的服务水平,让人们充分享受互联网带来的高效、便捷和创新体验;推动跨行业、跨领域的资源整合和经济融合;提升政府对社会资源的管理水平。

3)优化整合信息资源,促进行业协同管理

扩展跨域交通互联互通线上服务渠道,延伸至互联网充值、电子商务、移动信息服务等,承载大量的信息和服务,如换乘、充值、查询、移动支付等,实现信息互通,业务互动,打破各交通领域线下支付的“信息孤岛”局面,同时实现交通支付线上线下交易数据协同。通过多种方式接入业务平台实现信息的交换与消费,优化整合多种信息源,降低交通行业的管理成本、企业的运营成本和群众的出行成本,促进政府、行业主管部门等基于交通一卡通交易和出行数据的协同管理。

5.1.2 服务设计方法

1)基于用户的心智模式,而非工程实现模型

在互联网时代,一切产品的出发点必须围绕用户来设计,否则难以得到用户和市场的认可。用户主权时代要求产品或服务应基于用户的核心需求而非产品实现过程,产品的工程实现围绕解决用户核心问题来展开。传统产品的设计思路,是依据功能模型来构建产品应用,开发过程没有用户参与,按照固有的模式和标准来研发,产品出厂后才提交市场验证,往往不符合用户的真实需求,造成产品的设计失败。

最终为产品买单的是用户,只有用户满意愿用,产品才具备价值和意义。不论是前期调研,中期的用户测试,以及产品上线后的用户反馈,都需要倾听用户的声音。

2)设计流程简化、透明,易操作

让产品更简单高效,让用户的使用成本更低,是产品设计优化和迭代的常用方法之一。每增加用户一步操作,就增加流失的风险。我们可以通过技术和数据预测用户的行为,替用户做准备或帮用户操作。互联网业务从表单项目的精简,到表单展现的时机,到表单的响应式交互,以及表单内容的预激活等,都是为了让表单提交流程更简化。前面提到用户是懒惰的,优秀的产品流程都应该更简化。

3)开放接口,跨界接入

我们在研究产品,分析需求时,更需要透过现象,看到事物的本质,看看需求背后更本质的诉求是什么。不要只问我想要一匹更快的马,而忘了本质是想更快到达目的地。对事物本质的认识,需要经过简单、复杂、简单的升华三个阶段。对业务本质的掌握,是理解最核心的业务流程和机制;对需求本质的理解是用户背后真正的诉求和目的。

以交通一卡通充值过程为例说明。交通一卡通的应用是为了解决人们日常公共交通出行支付的问题,但按照传统的一卡通使用环节是这样的:购卡、充值、支付,每次卡内金额完成后必须再充值才能使用,如此循环。从这个过程中就可以明显看出,这个产品的设计并没有直击核心需求——支付,随着技术的进步和人们支付习惯的改变,这种烦琐的使用过程将给人们带来不好的体验。聚焦"支付"核心环节的产品设计,应去掉购卡和充值环节,令用户在消费支付过程中感觉不到任何额外的操作,这是产品设计回归本质的做法。

最近在公共交通行业内发展较快的手机公交二维码支付就是典型的例子。公交二维码产品在使用时可直接从手机应用中调出,无须单独购买,与用户在线账户实现绑定,无须额外增加充值步骤,直接实现单纯的支付功能。

4)重视数据驱动模式,挖掘数据价值

大数据时代,人类从 IT 进入 DT 时代,产品设计更加注重数据驱动。数据不光可以检验产品设计的效果,更能探究潜在的需求和趋势,为产品改进提供参考依据。

简单来说,数据可以发现问题和验证问题,可以预测趋势和发掘需求。这里所提到的数据,包括用户行为数据和业务成交数据。在大数据的支撑下,用户的行为轨迹更加全量和全面,更加精准。从之前单维度的抽样,变成了多维度的全量综合,从之前各种假设条件既定下的理想化分析,变成了社会环境下的全面考虑。

5.2 交通一卡通互联网空中发卡系统设计

交通一卡通空中发卡系统依托于一卡通 TSM 可信服务管理平台,目的是优化目前的发卡流程,实现虚拟发卡,适应移动互联背景下的移动支付趋势,以虚拟卡的形式实现跨区、跨省一卡通的互联互通。基于智能终端或穿戴设备。用户可根据自身的需求下载不同城市的虚拟卡,实现跨区、跨行无"卡"通行的应用状态,十分适用于多省市往返的出差人群,为公众解决了线上实体网点购卡、充值、客服的麻烦,简化了一卡通的发行流程,根据自身需求在手机上实现虚拟城市一卡通的下发、应用、取消等服务,解决多卡并存不通的局面。

交通一卡通空发系统,以广东省岭南通空中发卡平台为例,包括了 TSM 空中发卡系统和 NFC-SIM 发卡系统。其中,TSM 是实现"一卡多用"的安全发卡管理服务平台,包括库存管理、空中发行和业务管理等模块,配合终端应用或插件即可实现一卡通空中发卡功能。NFC-SIM 发卡系统是实现在 SIM 卡中加载一卡通应用和完成账户个人化的系统,支持多种模式的票卡发行、卡号打印、计划数据管理及卡号段管理等功能,与发卡厂商和电信运营商联动后,完成 NFC-SIM 卡发行的完整流程。

5.2.1 系统架构建设

一卡通移动支付依托的可信服务管理平台是实现“一卡多应用”的安全发卡管理服务平台(图 5-1),包括库存管理、空中发行和业务管理等模块,配合终端应用或插件即可实现一卡通空中发卡功能。库存管理模块主要进行制卡数据包出入库管理和监控和统计。空中发行模块负责发行授权、终端认证、制卡数据选取、SSD 密钥替换、应用个人化与订购等。业务管理模块即实现合作方管理、应用方管理、额度管理和报表统计。

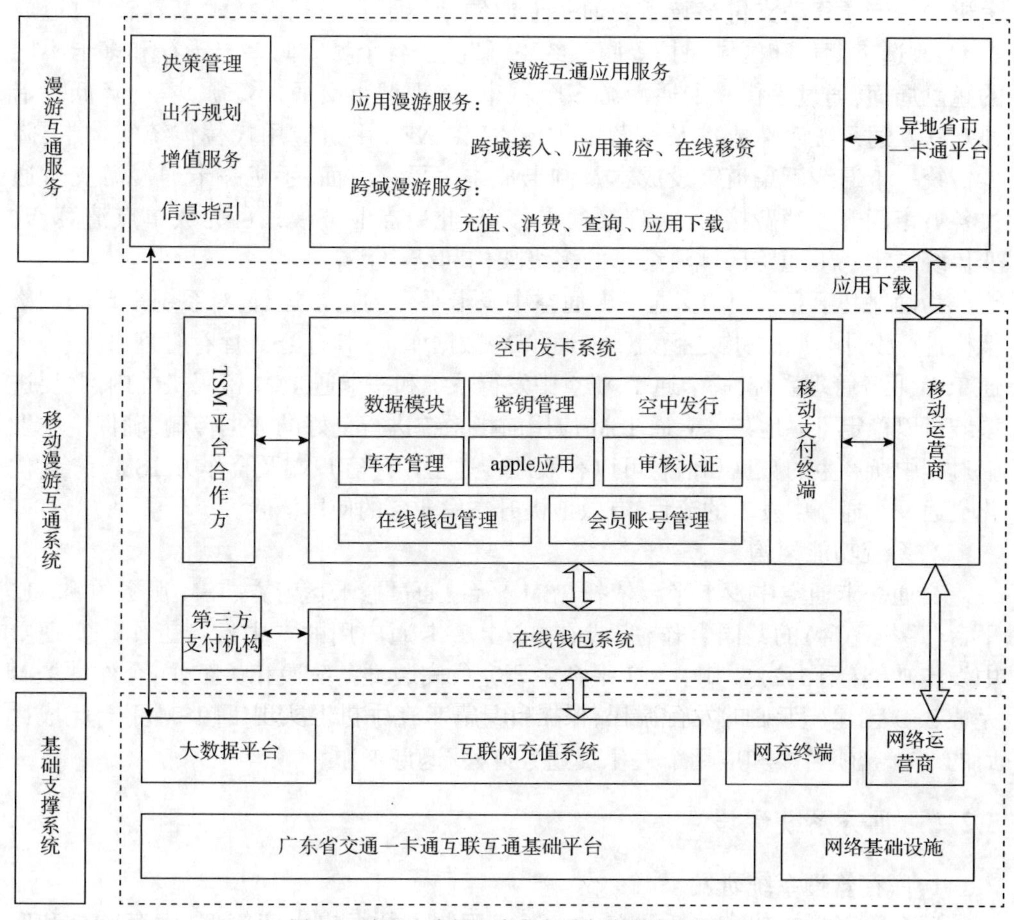

图 5-1 交通一卡通空中发卡平台的设计架构图

1) 总体架构

一卡通虚拟发卡通过生产系统生成一卡通制卡数据并导入到本系统。具体的应用层涉及平台的终端应用和终端插件。终端应用是智能手机上的钱包应用程序,实现虚拟一卡通的安装和个人化、应用管理。终端插件以本地/远程服务的形式存在,有一卡通插件和合作方插件两种形式,通过 AIDL 与应用程序通信,提供 TSM 平台访问 SE 的通道,完成一卡通发行准备、个人化及业务管理等工作。全终端手机内置 eSE 安全模块。NFC-SE 是一卡通 Applet 应用的物理载体。

单个城市的交通一卡通完成虚拟卡发行后,为满足手机一卡通跨区域漫游支付功能,需实现与其他城市一卡通公司的空中发卡平台对接。这就需要对方提供消费与充值接口,以完成异地一卡通系统间消费接口的调用,进一步实现一卡通钱包余额的移资,在不同城市一卡通钱包的充值、消费账户间进行切换。基于 NFC 手机的一卡通移动支付突破了交通一卡通领域线下互联互通技术兼容难、改造成本大、改造工期长和区域保护等瓶颈约束,解决了各个城市间多卡不存和多卡不同的尴尬局面,通过手机一卡通漫游多个城市,实现城市交通卡资源共享,降低一卡通互联互通系统改造成本及运营维护成本;以 NFC 手机应用代替传统实体卡,降低传统一卡通线下渠道铺设成本及制卡成本。另一方面,手机一卡通漫游支付通过各城市间开发消费接口,实现交通卡移资,此单点业务模式可完成单点清算,改变传统城市一卡通跨区域清结算的多级架构和结构冗余。

为确保基于互联网的交通一卡通空中发卡平台的正常运行,对系统平台的网络架构进行设计与调试,构建涵盖一卡通 TSM 数据库、一卡通 TSM 库存管理系统、一卡通 TSM 业务管理系统、一卡通 TSM 空中发行系统和一卡通 TSM 密码机的内网,促进系统可以稳定可靠地与一卡通 TSM 应用前指系统进行良好的数据传输,确保空中发卡过程中所产生的数据和信息可以有效地传送至用户客户端及合作方 TSM 平台,优化交通一卡通空中发卡的流程,有效地提升空发业务的使用体验。

2)系统功能架构

交通一卡通空中发卡平台依托 TSM 平台,通过通卡运营方、TSM 服务方和 SEI 平台(手机平台)的共同合作,完成在 SE 上一卡通应用的空中发行工作。实现空中发卡功能(图 5-2)。其中 SEI 平台主要完成安装准备阶段相关工作;合作方 TSM 完成 SSD 创建(及 SSD 初始密钥灌装)和应用下载与安装;岭南通 TSM 平台完成最后的 SSD 密钥替换和应用个人化及业务订购/退订工作。

5.2.2 业务系统建设

1)库存管理系统研发

库存管理系统功能包括公交一卡通应用制卡数据出入库管理、库存监控和库存统计(图 5-3)。其中,入库指制卡数据生产系统产生的制卡数据包导入广东省公交一卡通 TSM 平台侧数据库;出库指在应用发行阶段,空中发行系统向库存管理系统查询并申请可用制卡数据。库存监控是指达到库存警戒线时,系统将自动发出预警。库存管理业务流程主要涉及应用数据入库和出库。

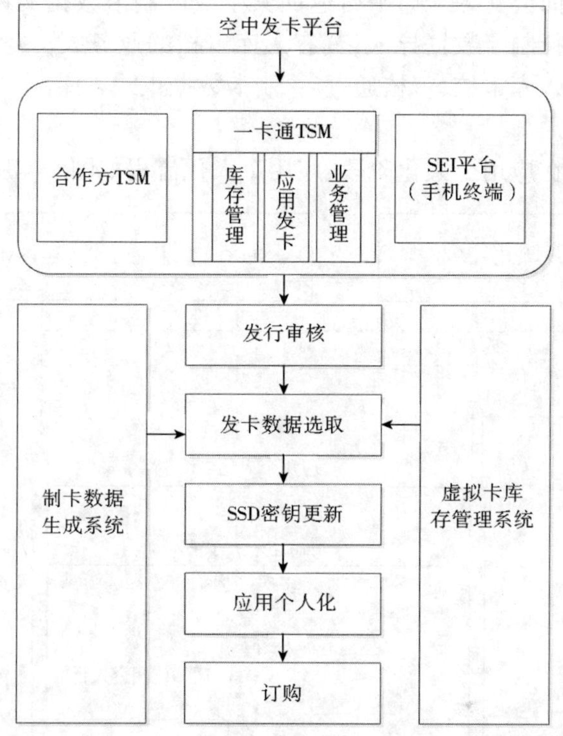

图 5-2　系统平台的功能模块

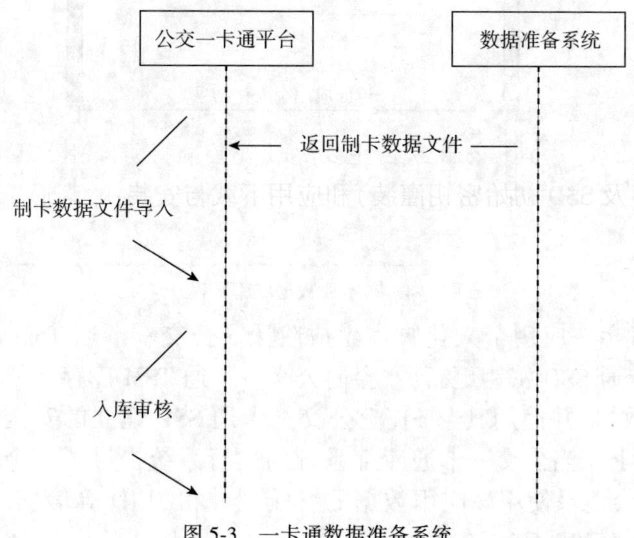

图 5-3　一卡通数据准备系统

(1)数据入库

数据准备系统向公交一卡通平台返回其生成的制卡数据文件,业务人员登录库存管理系统并进行制卡数据导入;具有入库审核的业务人员登录库存管理系统对待制卡数据进行入库审核,审核通过后,制卡数据正式入库。

(2)数据出库

数据出库发生在应用个人化阶段,应用个人化流程如图 5-4 所示。

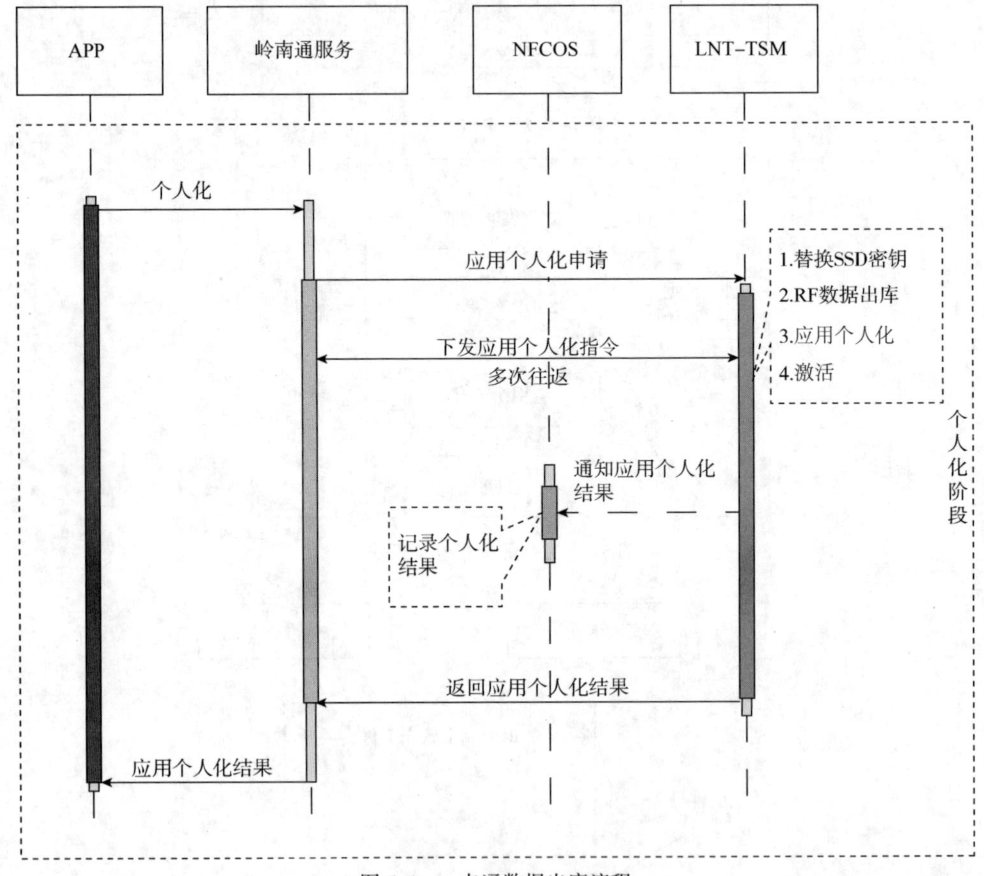

图 5-4 一卡通数据出库流程

数据出库发生在应用个人化脚本生成阶段。公交一卡通 TSM 应用发行系统在完成公交一卡通 SSD 密钥更新后,会向公交一卡通 TSM 库存系统申请可用的公交一卡通应用数据,并使用其与 SE 上公交一卡通 SSD 建立的安全通道将应用数据个人化到 SE 上。当公交一卡通库存系统向发行系统提供了一个可用的应用数据后,库存系统会记录使用该应用数据的终端型号和 SEID 等信息,并将该应用数据的状态配置为"已出库"。

2)应用发卡系统研发

应用空中发行流程如图 5-5 所示。

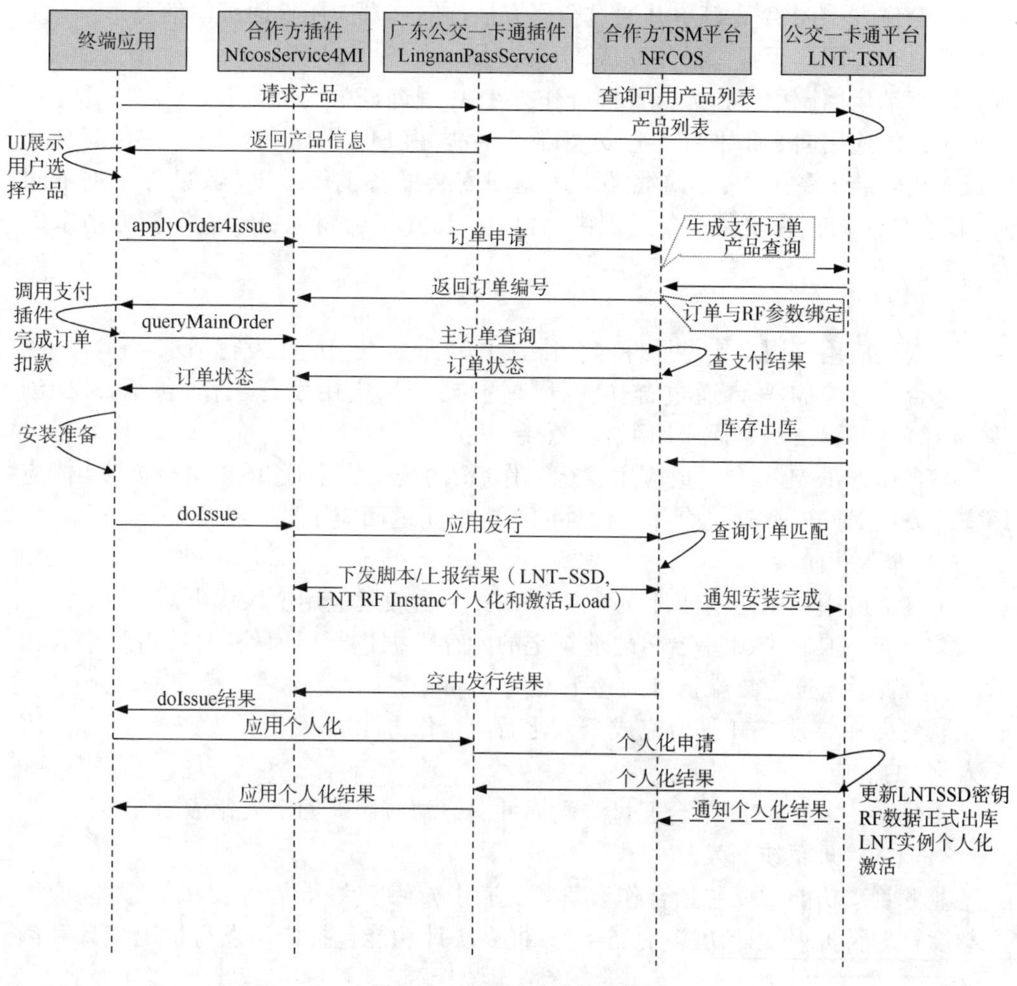

图 5-5 一卡通空中发行流程

(1)发行准备阶段

①终端应用调用相关插件向公交一卡通 TSM 平台请求可用产品列表,携带预充金额、用户当前所在地等相关信息。

②TSM 平台根据上送信息决策可用产品列表通过插件接口返回至终端应用。

③用户在终端应用界面上选择某一产品并发起开卡需求指令。

④终端应用调用合作方插件向合作方 TSM 发起订单申请。

⑤合作方 TSM 进行资格审查通过后向公交一卡通 TSM 平台发起库存申请。

⑥公交一卡通 TSM 平台检查与应用方合作状态、设备可装资格审查、库存可用检查产品信息查询并向合作方 TSM 返回产品信息详情。

⑦合作方 TSM 生成订单并通过合作方插件向终端应用返回订单信息。

⑧终端应用调用支付插件完成订单支付。

⑨终端应用调用合作方插件向合作方 TSM 查询订单支付结果。

⑩终端应用向 SEI 平台发起安装准备申请，由 SEI 平台和合作方平台间交互完成应用安装准备工作，并向终端应用返回安装准备工作结果（该过程根据不同 SEI 而有所不同）；在安装准备过程中，合作方 TSM 平台将向一卡通运营方请求库存出库。

(2)发行阶段

①终端应用调用合作方插件向合作方 TSM 平台发起应用发行请求；

②合作方 TSM 平台通过合作方插件透传，开始应用发行工作，包括：SSD 创建、初始密钥灌装、一卡通应用下载和安装等；

③合作方 TSM 平台完成应用发行工作后，向公交一卡通 TSM 平台方发出"应用安装完成"通知，并通过合作方插件向终端应用返回应用发行结果。

(3)个人化阶段

①终端应用调用终端插件向岭南通 TSM 平台发起应用个人化申请；

②公交一卡通 TSM 平台将之前锁定的库存数据进行出库处理，并组织个人化脚本、订购指令，通过终端插件通道下发至 Applet；

③公交一卡通 TSM 平台完成个人化后向合作方 TSM 发出异步请求"通知应用个人化"的响应；

④公交一卡通 TSM 平台通过终端插件向终端应用返回个人化成功。

3)业务管理系统研发

业务管理功能主要包括合作方管理、应用方管理、终端插件发布与管理、应用方额度管理及报表统计功能(图 5-6)。报表统计功能包括应用发行情况统计和额度情况统计等。

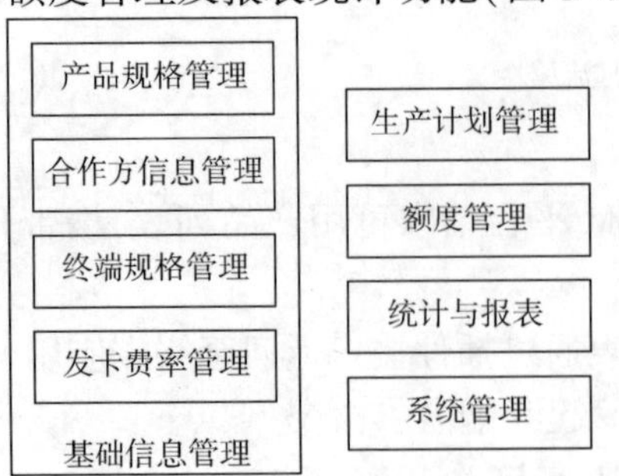

图 5-6 公交一卡通 TSM 业务管理功能

①基础信息管理：产品规格管理、合作方信息管理、终端规格管理和发卡费率管理；

②生产计划管理：生产计划管理的流程涉及岭南通下达生产计划单开始至生成的制卡数据文件；

③额度管理：具有相应权限的岭南通业务人员在应用方额度管理模块中管理各应用方购买额度的信息，主要包括额度购买、额度查

询、额度购买审核与额度汇总；

④统计与报表：目前提供两类报表产品规格发卡统计和应用方发卡统计。

5.2.3 数据库系统建设

1）库存管理系统数据库设计

库存管理功能的主要实体包括：产品、计划单、入库单、制卡数据库存、出库单和产品（图 5-7）。

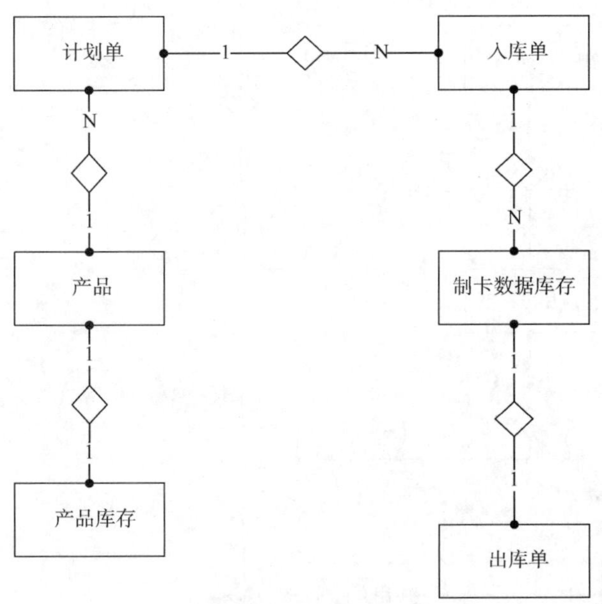

图 5-7 库存管理 ER 模型

（1）产品：同一城市代码和预充金额的制卡数据的定义。

（2）计划单：计划单代表广东省公交一卡通通过票卡发行平台下达计划任务，在下计划单时需要指定计划单的属性，主要包括：制卡数据数量、卡类型、状态和厂商代码。下达计划单时需要指定某一产品（产品标识）。

（3）入库单：计划单可以分成多批次进行入库操作，每一批次对应一张入库单。

入库单主要包括入库时间、入库数量及状态。一次入库关联一系列制卡数据库存集合。

（4）制卡数据库存：主要包括逻辑卡号、物理卡号、应用数据、状态、城市代码、预存金额及关联的入库单编号等属性。

（5）出库单：每出库一条制卡数据，即对应一张出库单，出库单主要属性包括关联的实例标识、出库时间、关联的制卡数据标识及状态。

(6)产品库存:产品库存记录某一产品的未使用库存数量以及库存警戒数量。

2)发行管理系统数据库设计

发行管理功能涉及的主要实体包括:产品、应用方额度、终端、岭南通应用实例、应用方、应用方订单和订单产品(图5-8)。

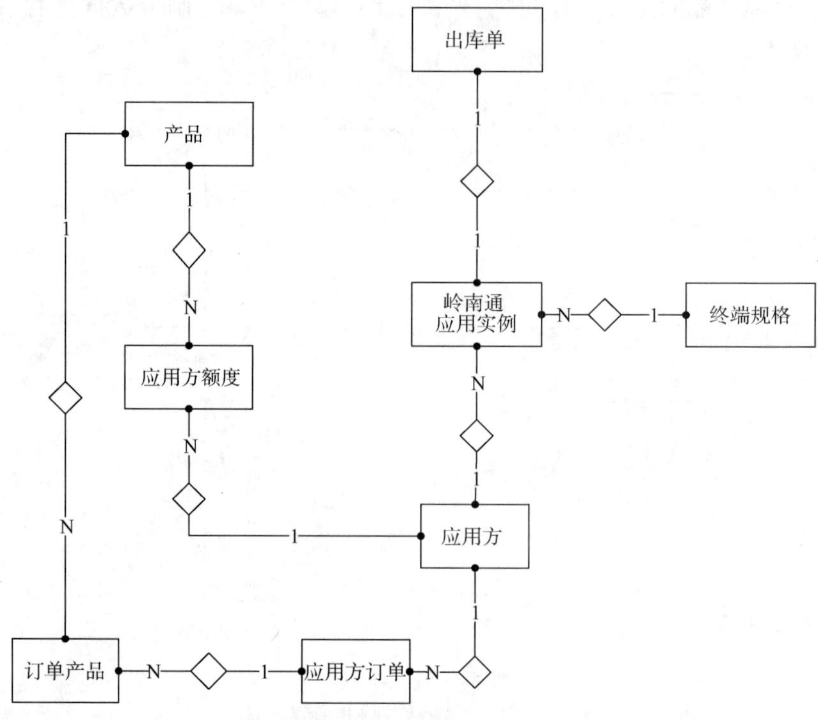

图5-8　发行管理ER模型

(1)应用方:包括应用方名称、联系信息和合作状态等信息。

(2)终端:主要包括终端型号、关联的合作方标识和终端商等信息。

(3)岭南通应用实例:代表在某一终端SE上某应用方的应用实例,主要包括SEID、状态、当前发行步骤、开通状态、所在终端标识以及对应的出库单编号等信息。

(4)应用方订单:主要包括订单时间、订单总金额、状态及应用方标识等信息。

(5)订单产品:应用方订单下的购物车中包含多个订单产品,每个订单产品包含产品标识和购买数量和价格。

(6)应用方额度:代表针对某一产品,某一应用方未使用的额度数量以及额度警戒。

3)业务管理系统数据库设计

业务管理主要涉及终端插件下载地址管理及岭南通终端插件发布管理(图5-9)。

(1)合作方:包括合作方名称、联系信息、合作状态和合作方插件下载链接等信息。

(2)终端:主要包括终端型号、关联的合作方标识和所属终端商标识等信息。

(3)岭南通终端插件:主要包括插件名称、发布日期、岭南通插件下载链接、状态、强制更新及版本号等信息。

(4)终端商:包括终端商名称、联系信息和合作状态等信息。

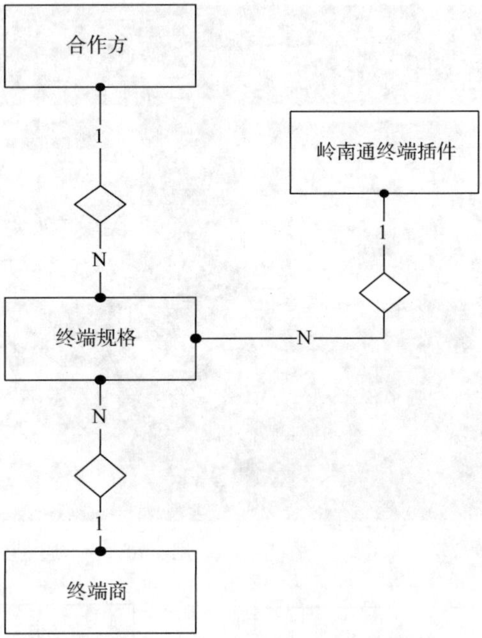

图5-9 业务管理ER模型

5.2.4 漫游互通功能

手机一卡通漫游支付利用NFC、移动互联网技术改变传统交通一卡通线下购卡模式,为交通一卡通发展互联网充值、在线消费等奠定全产业链基础,创新性地将线下购卡转移至线上,将离线用户转变为注册用户。降低实体卡的终端铺设成本和卡片制作成本,便捷用户用卡需求,适应未来城市一卡通发展。

项目实现的主要路径是在NFC智能手机在线钱包中接入一卡通SP TSM可信服务管理平台及手机eSE TSM可信服务管理平台,通过NFC手机对相关业务的管理及应用程序的下载,实现各个城市间虚拟一卡通的在线互联互通。基于移动手机终端,即可实现用户下载各个城市的虚拟一卡通,加载本地交通卡密钥并可在当地使用。未来,将形成跨区、跨行无"卡"通行的局面,如广东、北京、上海等地往来商旅出行,公众为支撑本地交通出行支付服务时,无须寻找线下实体网点购买传统交通卡,而是直接利用NFC手机及其TSM平台,根据自身需求在手机APP/钱包应用程序中同时实现多张一卡通的开卡/充值/消费/钱包移资,该应用客户端为客户提供应用管理、信息查询等功能,解决多卡并存不通的局面实现漫游互通(图5-10)。

5.2.5 空中发卡流程

从SE角度来看,整个业务流程如图5-11所示。

手机厂商KMS
HUAWEI
SAMSUNG
业务规划
岭南通SP TSM平台
空圈
空发平台
卡管
HSE
卡片个人化
岭南通钱包
厂商钱包
钱包服务API
eSE服务
打开手机API+ACE
NFC MW
卡片状态查询
安全域密钥管理
SEI_TSM平台
安装应用
NFC
控制器
安全芯片
岭南通Applet
PBOC Applets
…Applet

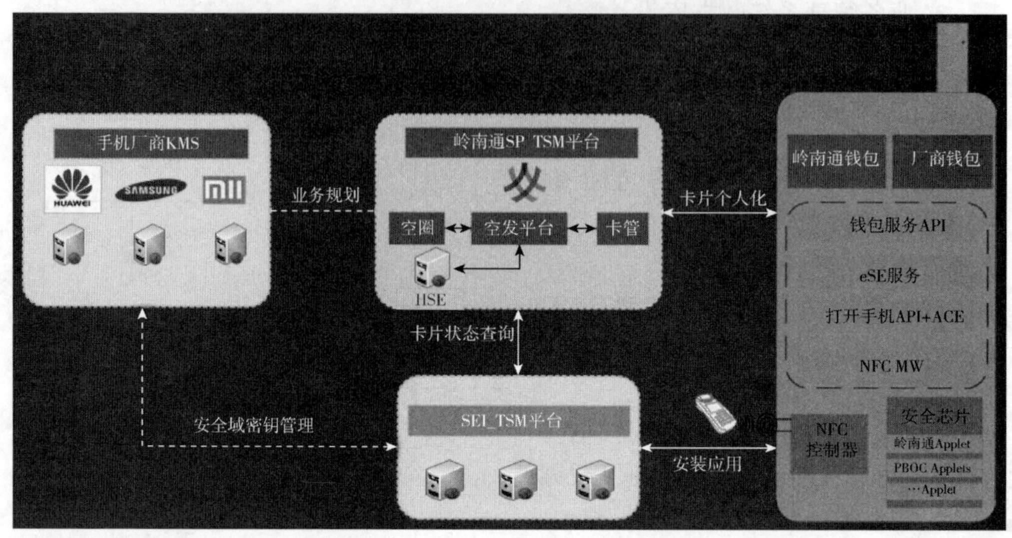

图 5-10 一卡通空中发卡应用的架构图

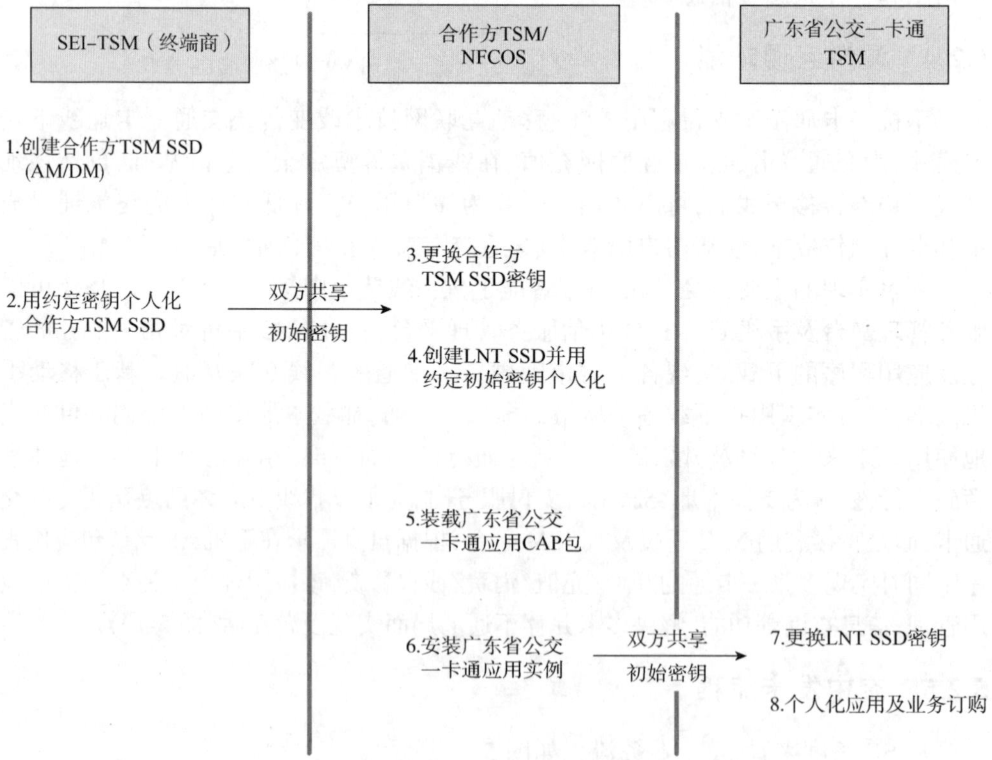

SEI-TSM（终端商）
合作方TSM/
NFCOS
广东省公交一卡通
TSM
1.创建合作方TSM SSD
(AM/DM)
2.用约定密钥个人化
合作方TSM SSD
双方共享
初始密钥
3.更换合作方
TSM SSD密钥
4.创建LNT SSD并用
约定初始密钥个人化
5.装载广东省公交
一卡通应用CAP包
6.安装广东省公交
一卡通应用实例
双方共享
初始密钥
7.更换LNT SSD密钥
8.个人化应用及业务订购

图 5-11 一卡通空中发卡业务流程

(1)SEI-TSM 创建合作方 TSM SSD,该合作方 TSM SSD 应至少具有 DM 或者拥有 AM 权限;

(2)SEI-TSM 用 SEI-TSM 与合作方共享的初始密钥个人化合作方 TSM SSD;

(3)合作方 TSM 使用共享初始密钥与合作方 TSM SSD 建立安全连接,从合作方密钥体系中获取一组新的 SSD 密钥,并用新密钥替换合作方 TSM SSD 初始密钥;

(4)合作方 TSM SSD 在新密钥的保护下,创建 LNT SSD,并用合作方与广东省公交一卡通共享的初始密钥个人化 LNT SSD;

(5)合作方 TSM SSD 安装部署广东省公交一卡通应用 CAP 安装文件;

(6)合作方 TSM SSD 创建应用实例并关联在 LNT SSD 下;

(7)广东省公交一卡通 TSM 使用共享初始密钥与 LNT SSD 建立安全连接,从广东省公交一卡通密钥体系中获取一组新的 SSD 密钥,并用新密钥替换 LNT SSD 的初始密钥;

(8)广东省公交一卡通 TSM 在新密钥的保护下,建立起安全通道,进行广东省公交一卡通应用实例的个人化与业务订购,完成广东省公交一卡通业务开通。

5.2.6 空发应用数据流程

应用数据包的流转如图 5-12 所示,可以分成以下步骤:

(1)通过票卡发行平台向发卡数据生成系统下达生产计划,提供批次生产数据,包括:数据包数量、城市代码、厂商代码和预充金额等,并在票卡发行平台导出逻辑卡号列表文件,填入相应的物理卡号列表后重新提交至票卡发行平台;

(2)发卡数据生成系统根据批次生产数据及文件,生产应用数据;

(3)发卡数据生成系统用 Kpde 对应用数据进行加密,并按约定格式打包;

(4)应用数据包从发卡数据生成系统出库,通过安全的方式提供到岭南通,广东省公交一卡通对从发卡数据生成系统收到的密文应用数据入库保存;

(5)当发行系统要对广东省公交一卡通应用实例进行个人化时,从数据库取出一条未使用的应用数据,并用 Kpde 进行解密成应用数据明文;

(6)TSM 平台将个人化数据明文进行分包,以符合 GP 规范指令长度限制要求;

(7)TSM 平台与 SE 上 LNT SSD 建立安全通道连接,从而得到会话密钥 S-DEK,并用 S-DEK 对分包的个人化数据进行敏感数据加密保护,并组成 Store Data 指令;

(8)TSM 平台发送 Store Data 到 LNT SSD 下的实例,实例进行应用数据解包、处理并完成个人化。

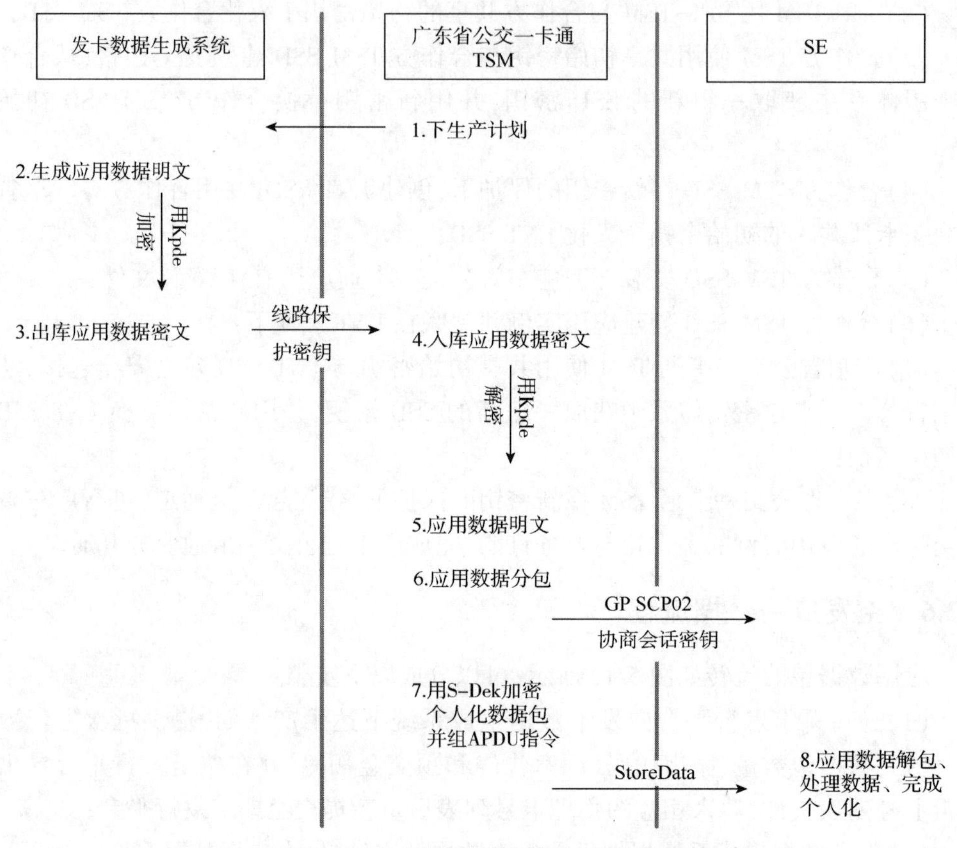

图 5-12　一卡通空中发卡数据包流转流程

5.2.7　典型应用案例

以岭南通空中发卡系统为例,岭南通空发系统在 2015 年 12 月完成研发,并投入上线使用,通过与多家手机品牌厂商合作,向市场推出适用于各种手机用户的空中发卡服务(图 5-13~图 5-15)。该系统业务已与小米、华为、魅族、三星、一加和锤子等手机达成紧密合作关系,推出超过适配 27 种机型的手机,覆盖全省人群超过 1 亿。

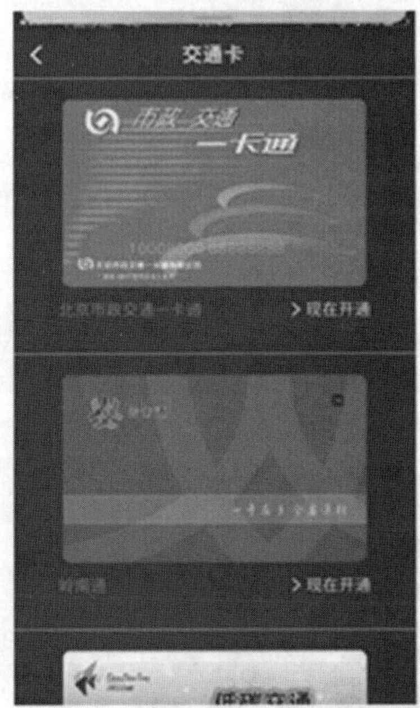

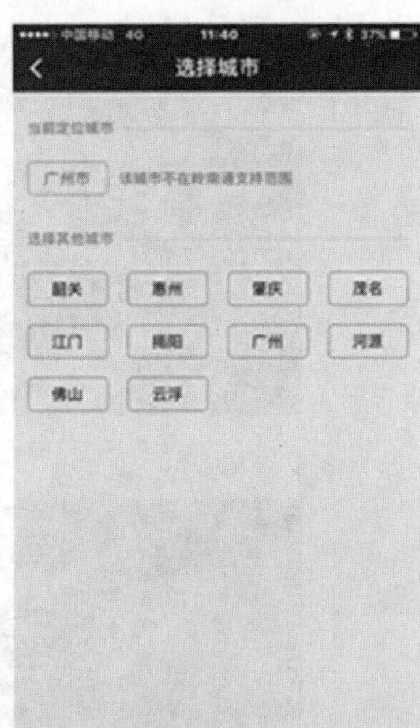

图 5-13 手机上的 NFC 空发卡片

图 5-14

图 5-14　岭南通小米空发卡的应用

图 5-15　岭南通-华为手机空发卡

5.3　交通一卡通互联网充值系统设计

为适应一卡通移动互联网充值与消费的服务需求,互联网充值系统的建设是基于移动端发行的虚拟一卡通与线下的传统一卡通相结合,研究其互联网充值功能,研发互联网充值终端设备、互联网充值系统和 NFC 移动充付系统,实现用户线上自助充值与消费,改变传统离线一卡通人工服务模式,充分适应一卡通 O2O 业务发展方向。实现由最初的单一人工线下充付服务逐步发展为互联网 PC 端门户网站、移动互联网终端及第三方支付平台等自助充付模式,多元化的充付渠道为持卡用户提供不受时间及地域限制的优越应用条件,提升了用户使用体验,创新了一卡通的"互联网+"应用模式,并取得卓越成效。

互联网充值系统,以广东省岭南通互联网充值系统为例,包括了 NFC 移动充付和网上充付等系统。其中,NFC 移动充付系统是基于 NFC 读写器模拟技术,通过终端控制程序将 NFC 智能手机变成一卡通充付终端,借助移动互联网和手机

NFC模块实现对其他一卡通的移动充付，持卡人可在任意时间、任意地点借助NFC手机完成充值与消费；网上充付系统，包括网付模块、会员模块、安全模块、短信平台及资金渠道等功能，通过专项研发的网充终端连接一卡通、电脑和网上充付系统，借助互联网完成对一卡通的充值与消费，使持卡人在家即可完成充值。

5.3.1 系统架构

基于互联网的广东省交通一卡通充付系统改变传统单一的线下充值与消费服务，大力发展移动互联网充值业务，推动线下服务与线上服务的融合，为市民提供更为多元化的一卡通充付服务应用体验，实现更为方便的、快捷的和不受时空限制的应用功能。网上充付系统的整体架构如图5-16所示。

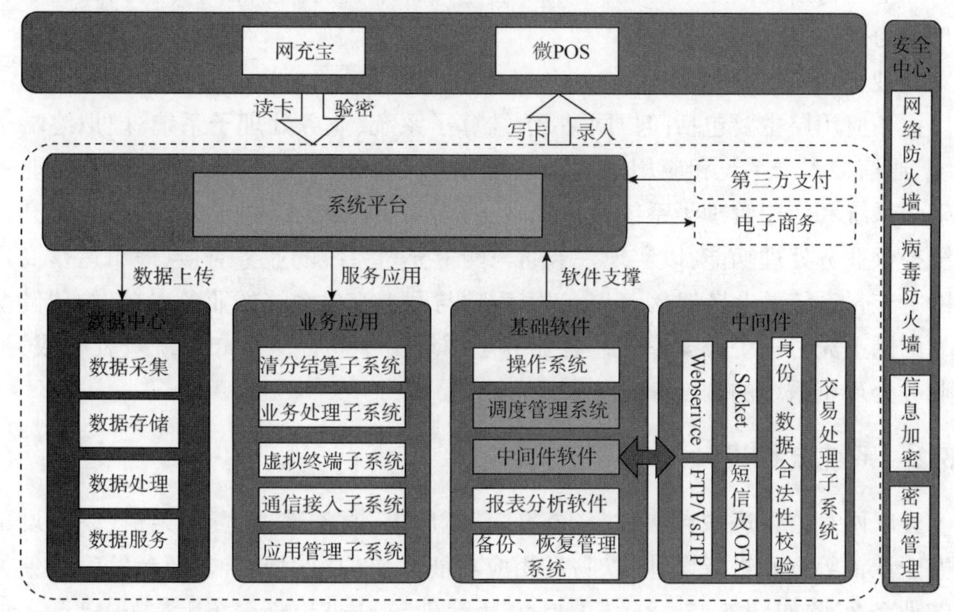

图5-16 网上充付系统架构图

1）网上充付系统

网上充付系统的设计主要由安全系统、数据中心、中间件服务、业务应用和基础软件等构成。支付业务平台外部系统有WEB浏览器、资金渠道和其他卡商，外部系统通过网络，向网上充付系统发起查询、支付和清分结算等业务请求数据。

2）安全系统

安全系统是支付业务平台对外的安全门户，部署网络防火墙及病毒防火墙，防止网络攻击及病毒入侵，其设计主要包括网络防火墙、病毒防火墙、信息加密和密钥管理。

3) 数据中心

数据中心是对基于一卡通的网上充值平台的交易数据进行采集、整理、处理和存储,发现与挖掘充值平台存在的问题,分析用户的使用习惯与使用需求,以及记录相应的会员信息,为平台不断提高其用户使用体验水平,并综合交通一卡通的出行数据,为交通信息服务提供数据支持与理论支撑。

4) 中间件平台

中间件平台主要完成通信接入、用户身份及数据合法性校验和业务服务管理的功能。中间件平台作为交易型中间件,管理着网上充付系统各业务子系统的交易处理、服务调用及并发处理。通过增加或调整中间件平台的服务,可快速修改、扩展网上充付系统的业务功能,增加部署中间件平台的服务器可方便的提高系统处理能力。

5) 业务应用层

业务应用层主要包括门户网站、清结算子系统、业务处理子系统、虚拟终端子系统、通信接入子系统和应用管理子系统等 6 大部分。其中,清结算子系统、业务处理子系统和应用管理子系统是作为业务应用层中 3 大重要子系统,为网上充付系统提供业务处理功能,以实现一卡通与网上充付系统的业务对接、地市运营商户与网上充付系统的业务对接,以及商家用户与网上充付系统的业务对接,构建健全可靠的网上充付系统业务模式。各业务子系统由中间件服务和系统进程构成,根据业务处理子系统的调度完成各项业务功能。

5.3.2 系统流程设计

互联网充值管理平台从后台、个人版、商户版、业务流程、资金渠道、终端设备和安全认证等方面进行设计,以满足相应功能模块的应用要求。平台发生业务关系的业务实体如图 5-17 所示,主要包括管理员、用户、资金方、清算中心、充付后台。

1) 主流程设计

管理员:作为平台业务管理人员,负责岭南通充值平台的日常管理和运营工作,保证平台正常对外提供服务,主要工作包括参数设定、交易监控、平台账务处理和平台数据查询统计等。

用户:用户可以通过配有充值终端的个人电脑对岭南通卡进行充值。用户通过个人电脑注册成为岭南通充值平台用户,即可通过充值终端对卡片进行充值。用户采用分级管理分级审核机制。

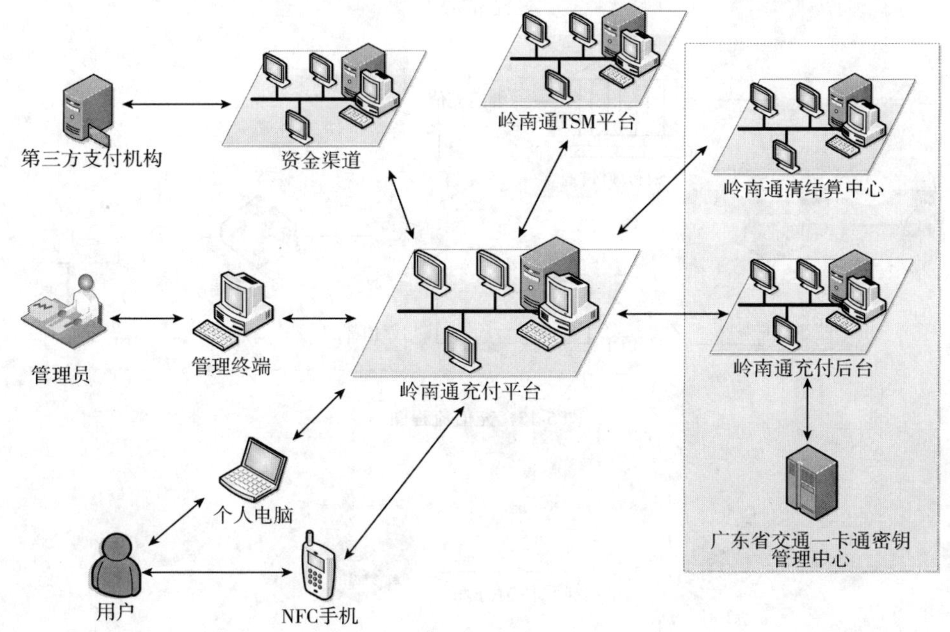

图 5-17 业务流程设计图

资金合作方:作为平台的资金合作方,提供用户空中充值的资金来源,按照设定的结算周期,将相应结算资金划拨给岭南通充付平台,并且可能会收取一定的手续费用。暂定资金合作方包括银联、支付宝和财付通等第三方支付渠道。

充付后台:提供充值与消费授权,以及充值和消费交易校验服务,确保资金安全。

充值流程:用户根据账户类型,登录网上充付系统;用户通过银行或财付通、充值卡等形式,为储值账户进行储值,并完成储值账户支付密码的设置、岭南通卡绑定、终端设置等功能,如图 5-18 所示。

消费流程:在商户版充付系统中可选择收银台应用,即可打开消费支付界面,并通过网充宝与一卡通进行数据交互,然后输入所需要支付的金额,经用户确认后即可实现从卡片里进行扣款,具体流程如图 5-19 所示。

清算中心:岭南通定期与各发卡方以及充值商户进行清算,包括资金划拨和服务费用的清分等。

客户服务:平台对外的客户服务渠道为门户网站以 WEB 网站方式,提供用户服务。用户通过门户网站,可实现平台注册、卡片充值、交易记录查询、账户信息查询、用户资料维护、密码维护以及外部账户绑定等功能。

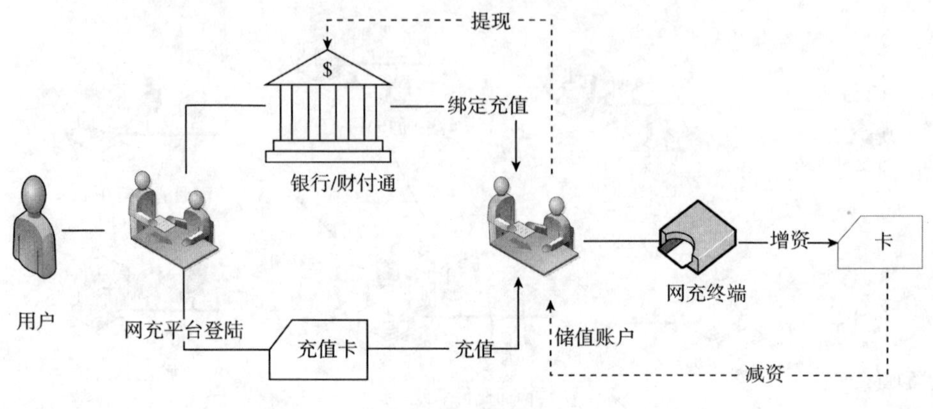

图 5-18　充值流程图

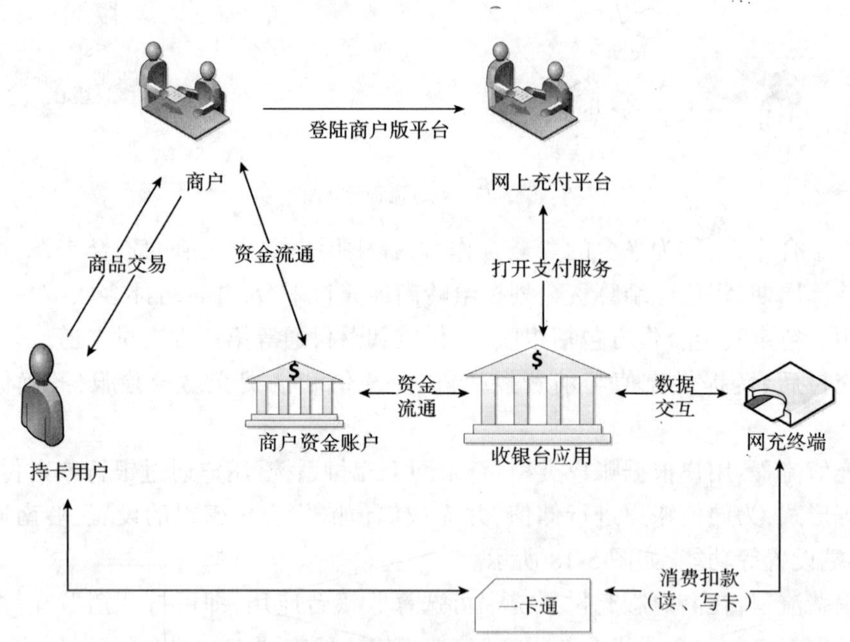

图 5-19　消费支付流程图

平台管理：平台管理功能主要面向于平台的管理人员，以桌面应用方式提供平台的参数管理、用户管理、账务处理和查询统计等功能。

网上充付系统具体的系统操作流程主要是通过网充终端连接 PC 机和一卡通登录网上充付系统，按提示从第三方支付渠道扣款；通过网充终端完成一卡通圈存；支持为多张卡充值、余额和交易查询。具体如下(图 5-20)。

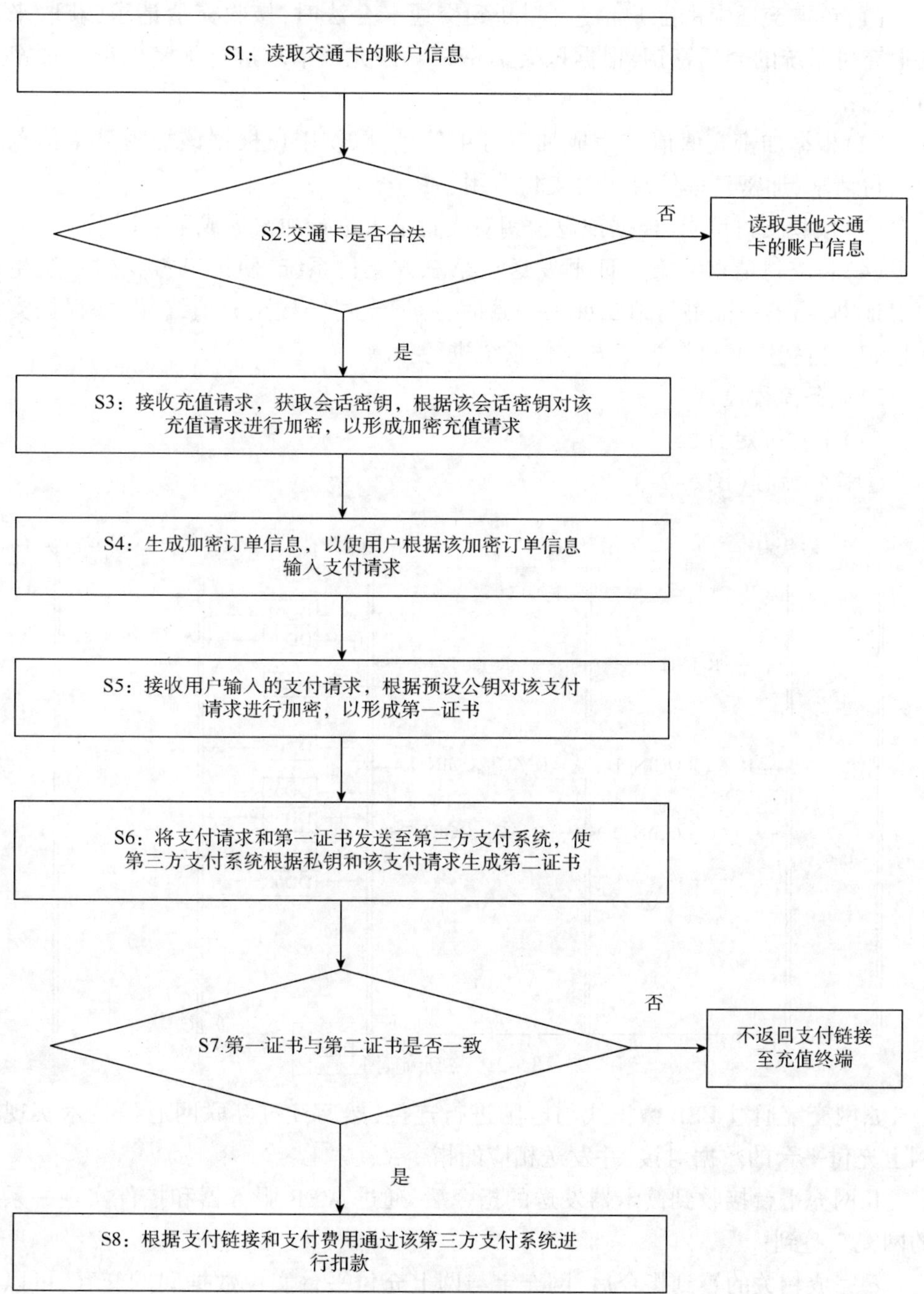

图 5-20 操作流程示意图

(1)读取交通卡的账户信息,判断到交通卡合法时,接收充值请求,获取来自网上充付系统的会话密钥,根据该会话密钥对该充值请求进行加密以形成加密充值请求;

(2)根据加密充值请求生成加密订单信息,以使用户根据该加密订单信息输入支付请求;加密订单信息包含支付费用;

(3)接收支付请求,根据预设公钥对支付请求进行加密形成第一证书;

(4)将支付请求和第一证书发送至第三方支付系统,使第三方支付系统生成第二证书,当第一证书与第二证书一致时,返回支付链接至充值终端,并根据支付链接和支付费用通过该第三方支付系统进行扣款。

2)业务流程设计

(1)卡片绑定流程

①签到流程(图 5-21)

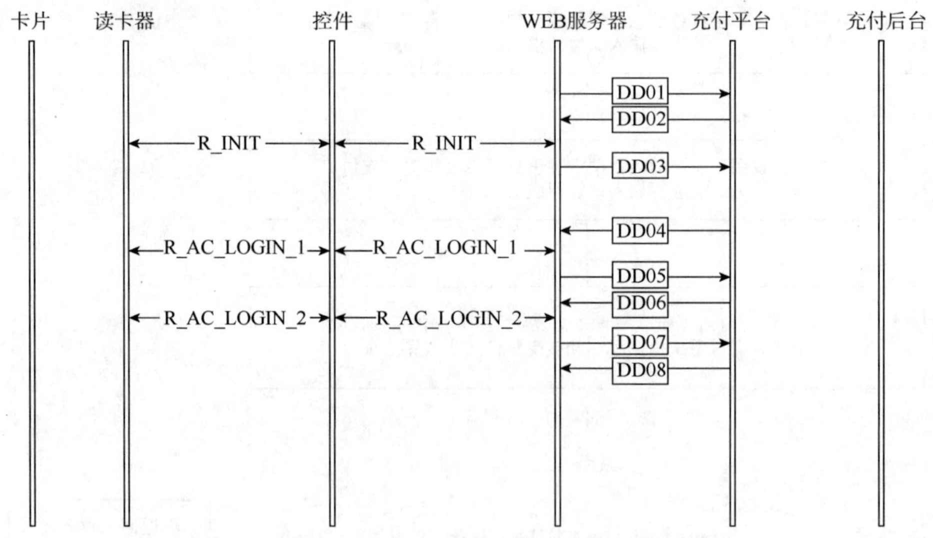

图 5-21　签到流程图

a.网充宝通过 USB 数据线与电脑进行连接,然后经过互联网通信技术实现与网上充付平台的数据对接,并发送相应的指令;

b.网充平台接收到读卡器发送的指令后,通过 WEB 服务器和控件实现一系列的网充宝签到;

c.完成相关的签到指令后,网充宝与网上充付平台实现数据间的交互,可以为用户提供相应的一卡通服务应用。

②绑定流程

绑定员工卡片,主要是为了能让商户快速和准确地录入卡号信息。同时,绑定卡片也是打卡功能所必需的一个步骤。管理者登录平台,以网充宝识别员工卡片,完成员工卡片的绑定。具体的流程如图5-22所示。

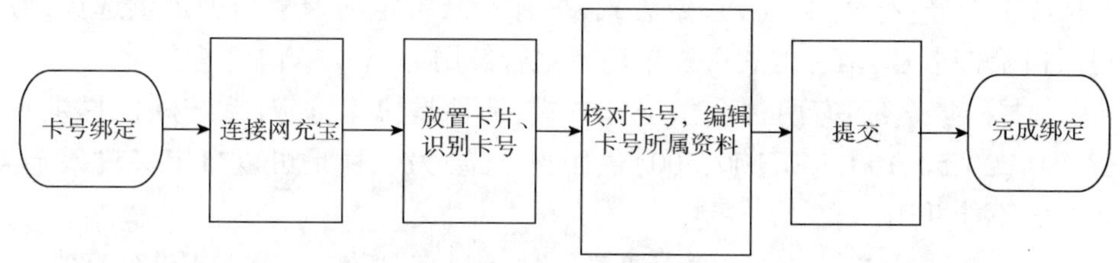

图5-22 卡片绑定流程图

卡片绑定的具体操作步骤如下:

a.进入卡片绑定页面,选择绑定卡片,弹出窗口,提示连接网充宝;

b.连接网充宝;将网充宝连接至电脑后,窗口页面更换为提示放置卡片;

c.放置卡片,识别卡号;放置卡片后,窗口页面更换为展示卡号,并提示核对、编辑卡号资料;

d.核对卡号,编辑卡号资料;核对卡号,并编辑卡号资料,如姓名、部门、联系方式等;

e.完成核对,提交。

(2)业务流程

①商户充值

管理员只需通过电脑,以账户登录平台,即可操作。在任何地方都可以操作,不限制电脑充值的IP。具体的流程如图5-23所示。

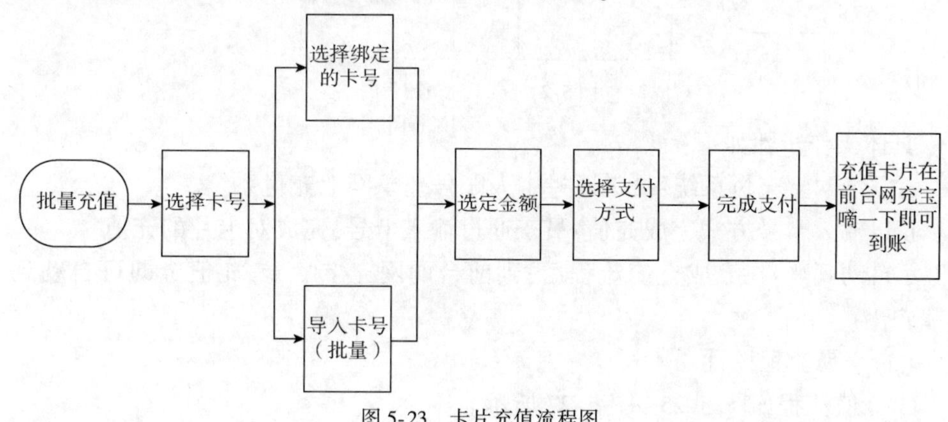

图5-23 卡片充值流程图

卡片充值过程中每次只能操作同一金额的批量卡号的充值,不能一次性完成不同金额的组合充值操作。员工只需用卡片到前台嘀卡,无须任何操作,充值金即可自动到账。具体操作步骤如下:

a.进入批量充值页面。

b.选定卡号:有两种卡号选定方式,一种是从绑定的卡号当中批量选择,另一种是可以上传卡号,两种方式可以单用或组合使用。

c.选择充值金额:有两种金额选择方式,一种是快速选定,系统默认提供 6 个金额选项(20,50,100,150,200,300)供用户单选;另一种是可以自定义输入金额;两种方式不能并用。

d.选择支付方式:可选择"岭南通钱包""支付宝""网银"等方式进行充值。

e.提交充值:页面底部会显示需要充值的卡品数量、充值单价、充值总额,点击"提交充值"后,弹出小窗口,再次提示卡号数量、充值单价、充值总额,确认是否充值;在小窗口点击"确认"后,完成充值提交。

f.充值金到账:在提交充值后,卡片只需在前台的网充宝嘀卡,充值金即到账,完成充值。

②员工充值

管理员只需通过电脑,以账户登录平台,即可操作。在任何地方都可以操作,不限制充值电脑的 IP。员工只需用卡片到前台嘀卡,无须任何操作,充值金即可自动到账。通过网上充付系统以卡号充值的。员工充值的卡片,不限制是否绑定公司的卡片,任何岭南通卡皆可。具体流程如图 5-24 所示。

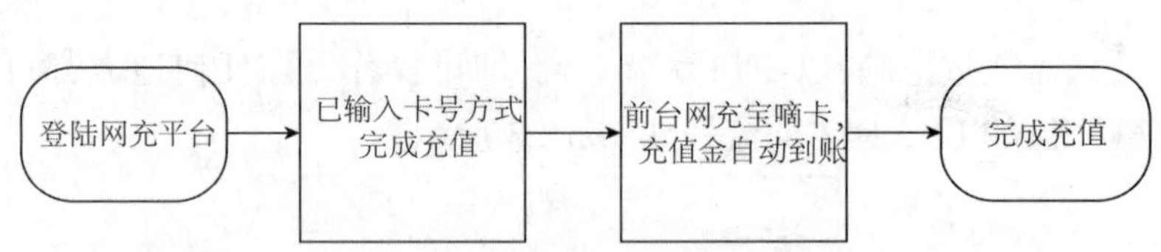

图 5-24　员工充值流程图

具体操作步骤如下:

a.登录网上充付系统:员工通过个人账号登录网上充付系统。

b.以输入卡号方式完成充值:员工通过输入卡号,完成对卡片的充值。

c.自动到账:在完成充值流程后,到前台的网充宝嘀卡,充值金即可自动到卡片账户上。

(3)交易流程设计

①充值流程如图 5-25~图 5-27 所示。

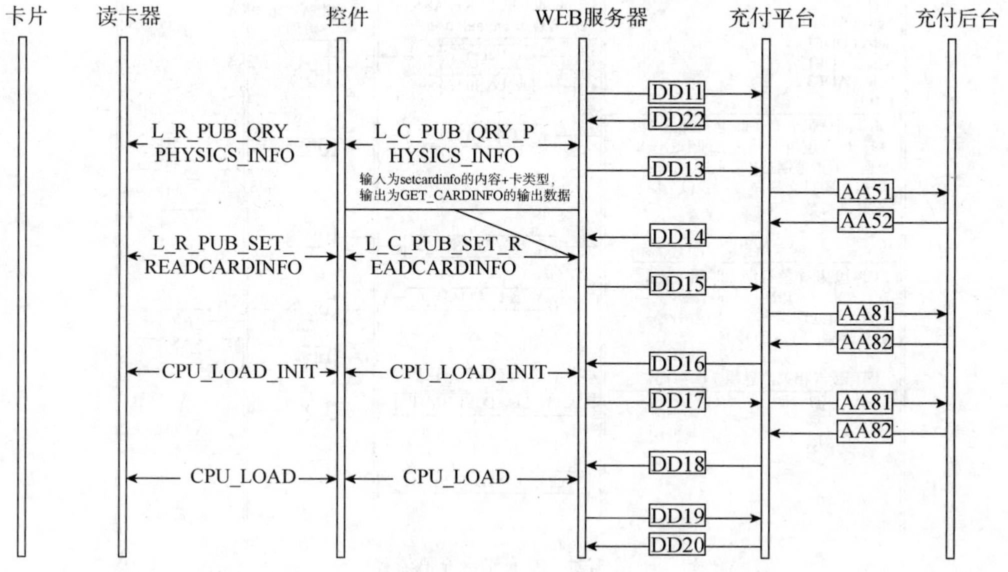

图 5-25 CPU 钱包充值流程

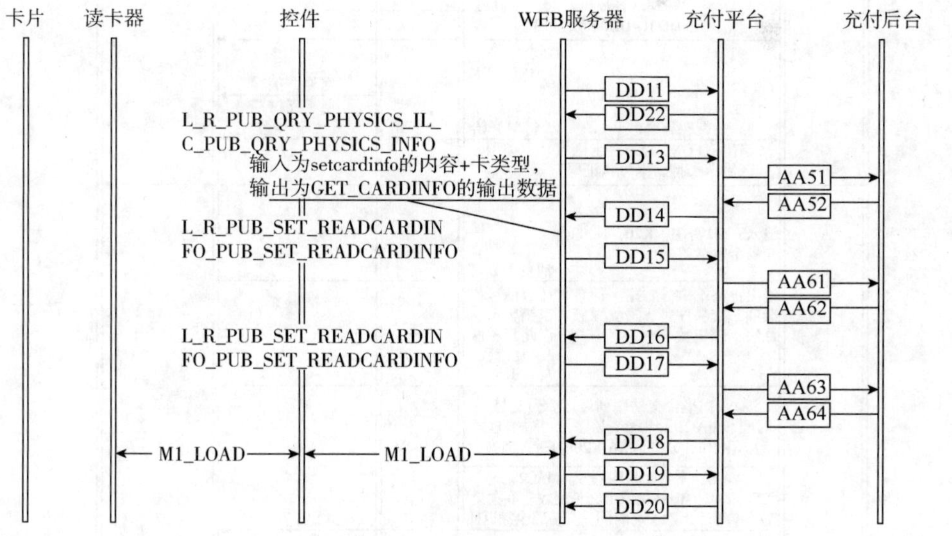

图 5-26 M1 卡充值流程

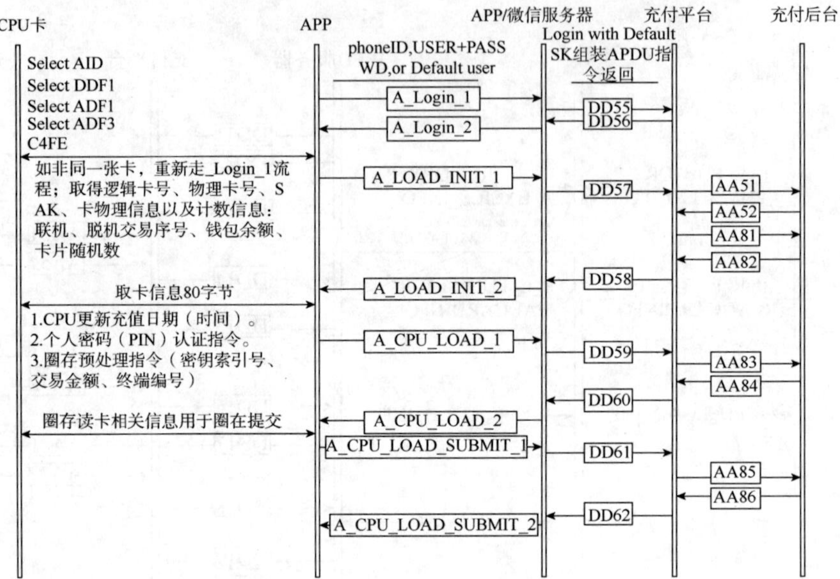

图 5-27　空充平台充值流程

②消费流程如图 5-28 所示。

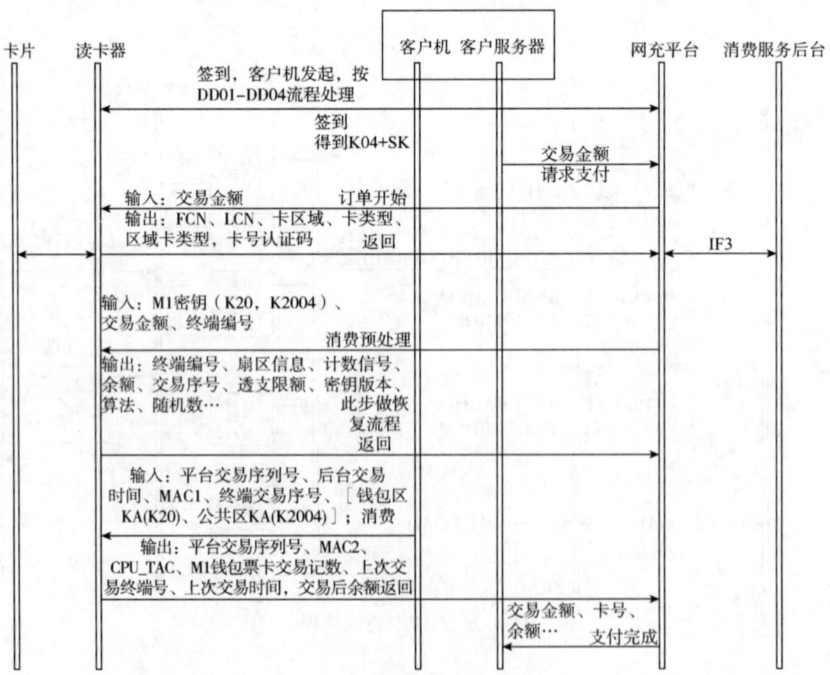

图 5-28　消费流程

③查询流程如图 5-29～图 5-32 所示。

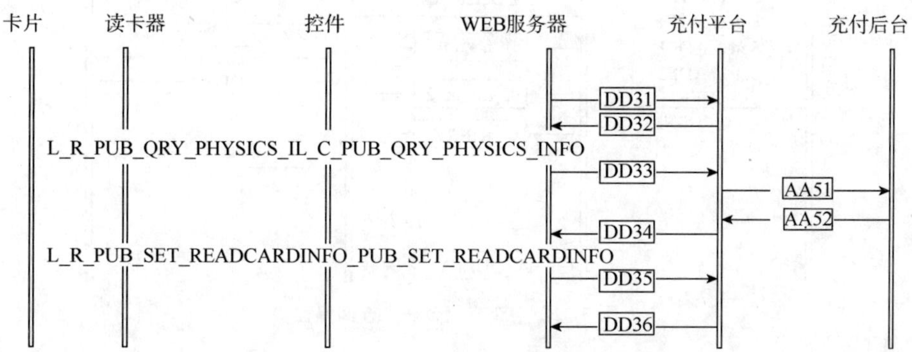

图 5-29 PC 端卡片信息查询流程

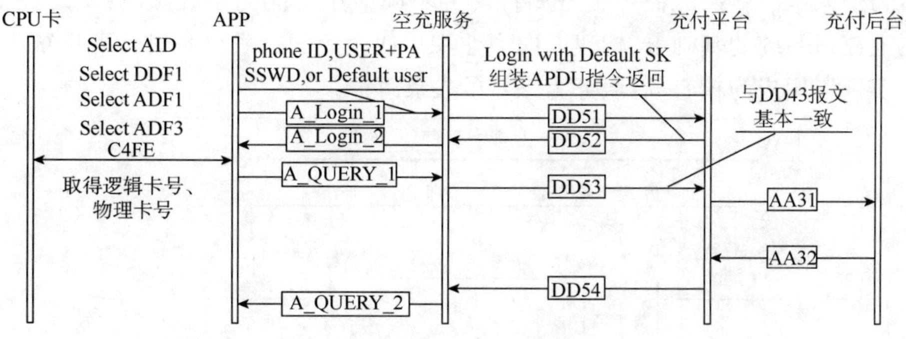

图 5-30 空充卡片信息查询流程

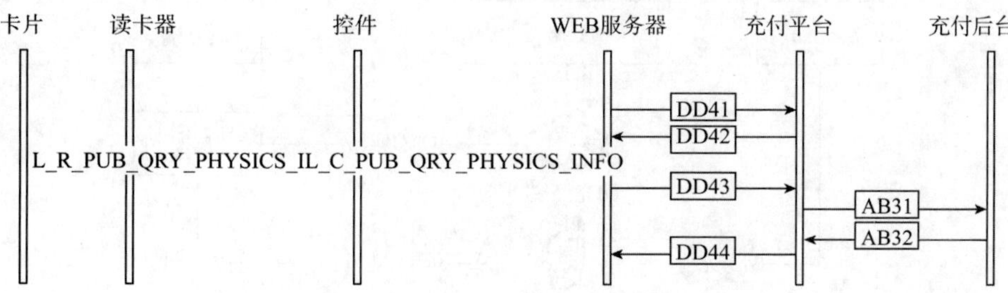

图 5-31 PC 端充值金账户查询流程

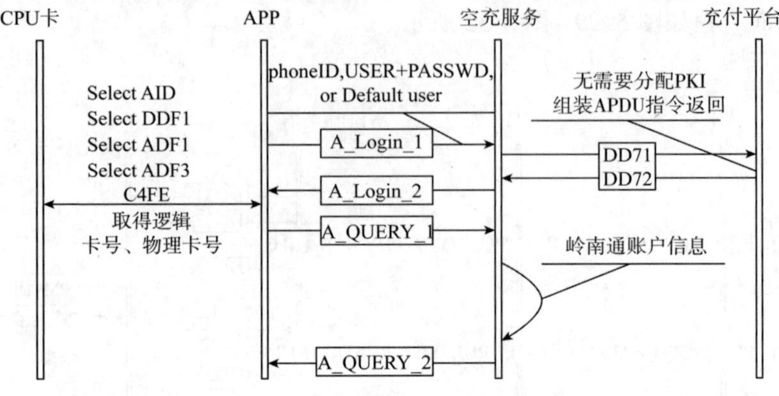

图 5-32　空充充值金账户查询流程

5.3.3　系统版本设计

基于互联网的交通一卡通充付系统,如图 5-33 所示,按服务群体及充值需求可分为个人版(C 端)和商户版(B 端)两种不同应用功能的系统版本;实现在个人版网上充付系统的基础上,构建面向商业用户或企业的批量化充付管理系统,进一步落实到以用户为核心,以服务为宗旨的发展理念。

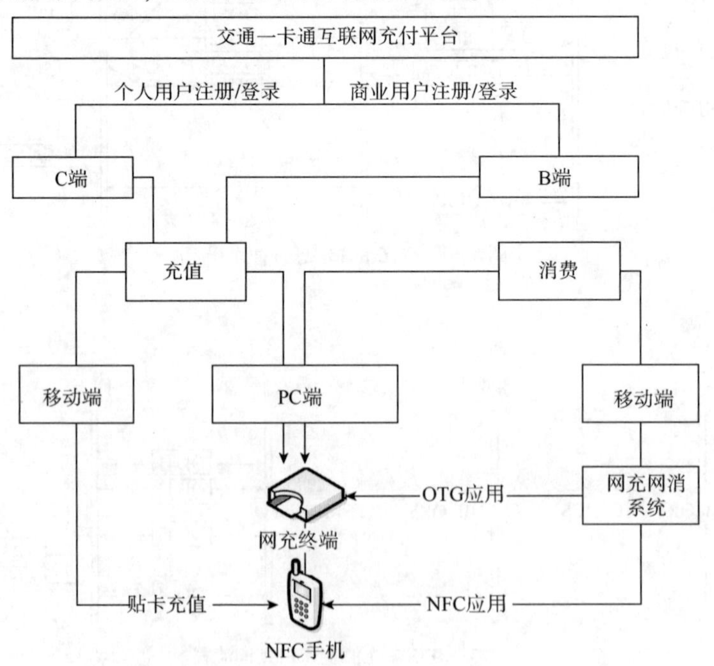

图 5-33　系统用户定位结构示意图

1）个人版充付版本设计

个人版网上充付系统的应用界面主要包括首页、充值服务、交易查询和异常处理等功能（图5-34）。其中，首页主要包括信息发布、功能介绍和产品推广等；充值服务包括金额选择、资金渠道选择和余额显示等；交易查询包括充值记录、消费记录、交易统计和卡片查询等；异常处理主要分为充值异常录入和历史异常记录等。

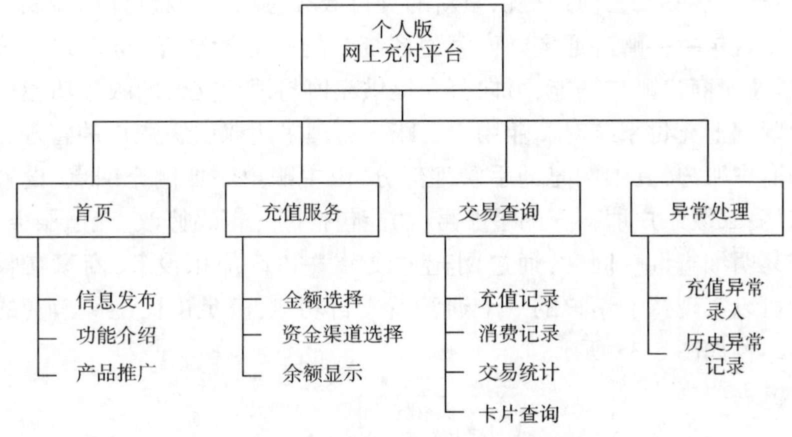

图5-34 个人版平台功能结构简图

（1）首页：主要包括交通一卡通的信息发布、功能介绍和产品推广等。

（2）充值服务：个人用户登录网上充付系统后，通过网充宝或微POS终端设备与一卡通进行数据交互，实现对一卡通充值服务的读写应用。

（3）交易查询：对一卡通充值与消费支付等交易流程进行记录与汇总，如交易时间、交易地点、支付方式、订单状态、查询报表及交易金额数量等。

①充值记录：为用户提供交通一卡通充值交易信息的记录与查询功能，对一卡通实现何时、何地、何种方式、充值金额等充值信息的记录，完成相应的充值查询。

②消费记录：为用户提供交通一卡通消费交易信息的记录与查询功能，对一卡通实现何时、何地和消费金额等消费交易信息的记录，从而完成相应的消费查询。

③交易统计：对交通一卡通的交易数据进行统计，记录该一卡通充值与消费的交易金额、交易笔数、交易成功笔数及失败笔数等，方便持卡用户对一卡通的交易信息进行查询。

（4）异常处理：是指对网上充付系统充付流程、交易流程和资金流通流程中所发生的系统操作异常进行处理，解决用户的困难，满足用户的服务要求。

①充值异常录入：为用户提供一卡通充值异常或充值失败的客诉反馈渠道，用户通过把相应的充值异常情况信息反馈给系统平台，后台人员收到信息后将做出

相应的客诉处理；

②历史异常记录：为用户提供交易处理过程中的历史异常记录，以便对一卡通交易异常客诉反馈的处理状态进行跟踪与查询。

2)商户版充付版本设计

岭南通商户版网上充付系统在原有网上充付系统应用功能的基础上提供更为丰富的商户管理功能，为商户提供全新的支付服务应用，以及设计出专属于交通一卡通的电子钱包——岭南通宝。商家遵照统一的服务标准，经审核并签署服务协议后，通过注册商户账户功能，可向公众提供充值与消费支付的服务功能。

商户版网上充付系统对商业用户的账户管理采用双层级账户的管理方式。主账户即为商户账户，其中网充助手管理部分，由主账户添加网充网点、设置网充助手初始密码；二级账户即网充助手账号，功能包括网充密码修改、充值服务、对应网充网点交易明细查询。同时，通过网充宝或者微 POS 应用设备，商家在收银台功能模块中可以实现持卡用户的一卡通消费支付功能，满足市民小额消费的服务需求。具体结构如图 5-35 所示。

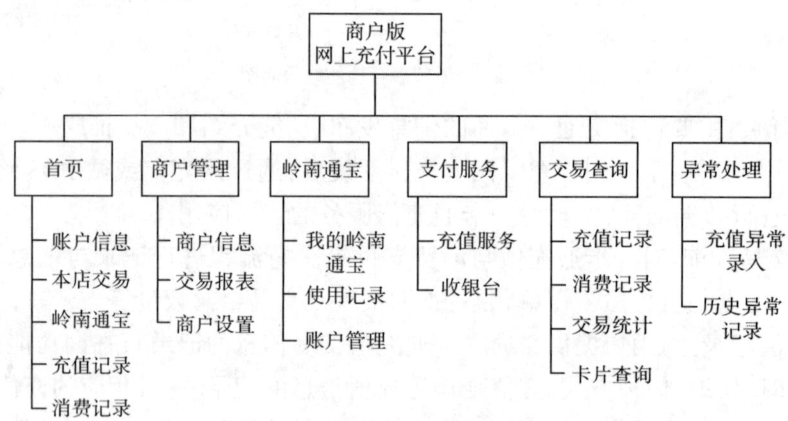

图 5-35　商户版网上充付系统的结构简图

商户版网上充付系统在个人版应用功能的基础上在首页、商户管理、岭南通宝和支付服务等 4 个模块上进行的技术创新与应用创新，为更好地满足商户的运营需求而设计出以下 4 个新增的功能模块：

(1)首页：商户版网上充付系统的首页主要包括账户信息、本店交易、岭南通宝信息、充值记录和消费记录等，记录了商户账户的当前交易信息与前天的交易数据。

(2)商户管理：主要分为商户信息、交易报表、商户设置与资金汇总等应用功能,实现对商户网上内部的管理,为商户提供有效的商户管理系统。

①商户信息:主要负责对商户类型、商户名称及连锁商户数量等信息进行记录与汇总。

②交易报表:主要负责对商户账户资金的流通信息进行收集与记录,其中包括额度使用、今日汇总和本月汇总等信息,并不断更新相应的充值与消费信息与数据。

③商户设置:主要为商户提供对连锁商户的管理功能,如绑定与新增连锁商户、设置连锁商户额度、连锁商户资金流通信息记录及汇总等。

(3)岭南通宝:主要实现对商户岭南通宝账号的管理,其中,包括我的岭南通宝、使用记录和账户管理等信息的记录与汇总,有利于商户对连锁分店的资金管理与充值额度分配管理。

(4)支付服务:支付服务主要包括充值服务和收银台两个应用功能,其中,充值服务是实现对一卡通的网上充值;收银台是实现对一卡通的消费扣款,从而满足商家对一卡通的充值与消费支付服务需求。

①充值服务:商家及连锁商店通过网上充付系统和网充宝等终端可以实现对一卡通线上充值的业务,其中可以读取卡片号码和余额信息,选定充值金额,通过商户确认后完成卡片充值;

②收银台:当持卡用户需要一卡通消费支付时,商户可以在网上充付系统中读取卡片信息,并输入相应的消费金额,然后实现对一卡通离线钱包的消费扣款。

5.3.4 系统功能设计

1)清结算系统建设

清分结算系统主要分为清算与结算两个部分,功能是对系统所产生的订单、支付、充值等交易进行清算与结算,具体模式如下:各种方式交易资金清算;各种方式交易资金结算;交易流程的查错处理;退货或订单取消处理。清算业务主要针对网上交易平台系统管理下的资金流动,实现资金清算周期的参数化设置。在清算批量处理时,需要完成对账、对支付机构等进行资金和手续费清分、生成清算报表、业务报表以及会计登账凭证等清分清算处理工作。总体来说,系统资金清算流程包括对账、清分、差错处理、争议解决、资金划拨和营业报表生成等阶段。

(1)对账

建立完善的对账管理系统,系统记录与存储交易流程中所产生的账目清单,为持卡用户或商户提供与供应商之间清晰、准确无误的订单账目或货款账目以及付款账目等,方便用户或商户进行账单核对工作。对账阶段即是核对清算场次业务各相关机构之间的交易数据的一致性。对账原则以交易发起方为准,发生差错时,按照交易发起方处理情况进行调整,保障系统与各周边系统交易数据一致。主要包括如下对账明细:①账户交易明细:账户充值、提现交易明细;②卡充付明细:账户对岭南通卡的充付明细;③网点明细:为网充助手账号提供其充付交易记录查询;④交易明细下载:按年/月/日提供各类交易明细下载。

(2)清分

按日对充值交易按所参与金融机构所规定的金融手续费比例和分润进行计算,记入相应文件。生成清算与业务量统计报表及转账凭证。资金清分包括交易本金、手续费和分润的计算。

(3)差错处理

在网上充值系统中,将由于网络或系统故障导致多方交易的各方账务不一致的情况的事后处理定义为差错处理。对于不一致交易的处理原则为以交易的发起方为准进行调账。采用这种原则,可以保证业务处理结果(交易的成功或失败)对网上充值系统用户的一致性,避免出现对于同一笔交易,用户先后得到两种不同的处理结果的情况。

(4)争议解决

网上充值系统通过网站/电话,向网上交易平台系统的商户和支付机构提供争议处理提交界面,收集争议处理请求。争议处理提交有关单位进行。网上充值系统对出现支付和充值争议的情况提供争议咨询及审核证明,为有关单位正确处理争议提供真实可靠的信息来源。网上充值系统可通过Email、SMS等方式向争议处理发起人发送处理结果。

(5)资金划拨

在清分数据基础上,生成系统相对各出支付机构、一卡通公司的应收/应付数据,并作借-贷平衡检查。资金清算采用委托清算银行进行资金划付的方式。系统采用参数化的设置方式,能够按照不同机构的要求灵活设置资金划付的周期。资金入账、出账可采用自动方式处理,也可以设置为由会计人员手工操作的方式划转。为了满足不同机构的要求,与机构管理相结合,资金清算系统也能支持对同一机构在清算银行开立多个清算账户的处理。

(6)营业报表生成

按业务种类、机构统计应收/应付数据,生成报表,生成并打印会计转账凭证。报表分为两类,日报和随机报表。日报是每日公司内部和对外业务数据核对是必须的统计汇总表。随机报表是根据实际需要可以按时间、机构或业务种类等灵活申请的业务报表。

2)业务处理系统

基于互联网的交通一卡通过充值系统,旨在实现交通一卡通的网上充值业务,这就需要发展多种合理可靠的资金渠道。因此,需要研究在线钱包与第三方支付等支付模式的技术融合,为用户提供多元化的资金渠道与充值方式。充值系统的主要业务是用户充值管理,包括主账户的充值和一卡通充值两部分。其中,充值方式主要采用银行网银或第三方支付机构的充值方式,充值资金由用户银行卡账户转入到在线账户上,也可以采用充值卡或代扣等方式。每日营业后账户收款参与清算处理。资金可从银行网银或者第三方机构处划转到网上交易平台系统上。

(1)在线钱包

为了进一步拓展交通一卡通的网上充付业务,推动一卡通离线钱包与在线电子钱包的融合,促进互联网充值系统中商户管理系统的发展,为商户提供更多元化的资金管理渠道,优化商户内部的资金流通,因此,研发与引入专属于交通一卡通的在线电子钱包(图 5-36)。

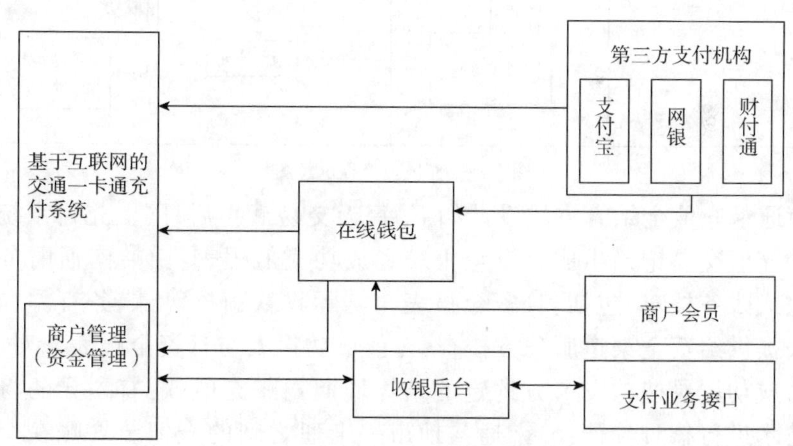

图 5-36 在线钱包功能示意图

设计交通一卡通专属在线电子钱包,构建以在线钱包为核心的资金流通系统,为 B 端商户提供商户内部资金管理功能。利用在线账户模式可有效改变原有的线下充售网点预先购买充值额度的模式,改为通过在线钱包购买充值额度。利用收银台应用服务,通过网充终端或充消 POS 终端为市民提供一卡通小额消费支付功能,满足商户轻量化、便利化的消费扣款应用。

(2)第三方支付系统接入

网上充付系统的第三方支付方式主要以支付宝、网银和微信钱包等支付方式为主,为交通一卡通的网上充值提供稳定可靠的第三方支付渠道。因此,需要构建可以兼容第三方支付模式的系统,实现一卡通多元化资金渠道的线上充值服务。资金支付与结算流程如图 5-37 所示。

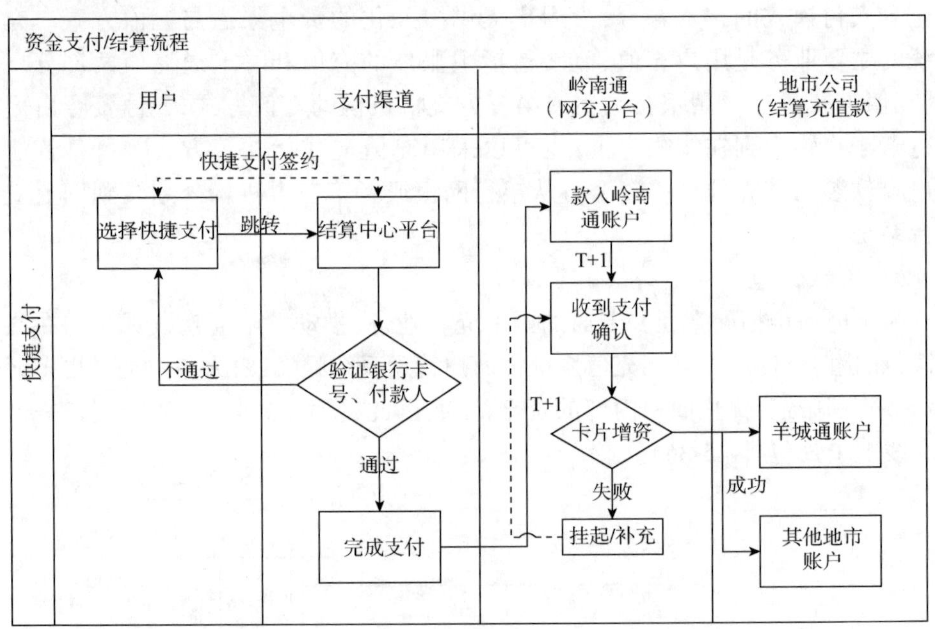

图 5-37 充值金流程示意图

岭南通卡充值金结算方式设计如下:每天交易截止后,网上充付系统将后台已收取的充值交易记录生成日资金报表和成功充值报表;由岭南通财务负责次工作日完成账务核对,包括:日资金报表与实际收款额核对,账务有差异的提将差异报表提供给资金渠道服务方核查;充值成功报表与日资金报表核对,无差异的按充值成功记录按与发卡方约定的结算周期划账充值款;有差异的将差异部分提交技术进行核查确认;岭南通与地市一卡通之间的充值金划账在交易次日轧差结算。

3)应用管理系统建设

(1)会员管理

岭南通会员是指获得了即插即用终端的自然人或单位(以下简称会员)。会员不同于一般的一卡通持卡人,会员用户享有网上对一卡通的查询、充资、消费、移资等便利功能,以及后续的积分、消费,享受岭南通商业联盟服务。平台为每个具有即插即用终端的用户设立在线账户，账户包含用户的身份信息、即插即用终端基本信息、安全认证信息、账户资金信息等。在线账户扩充了一卡通的使用范围，图5-38说明了在线账户与一卡通的使用关系。

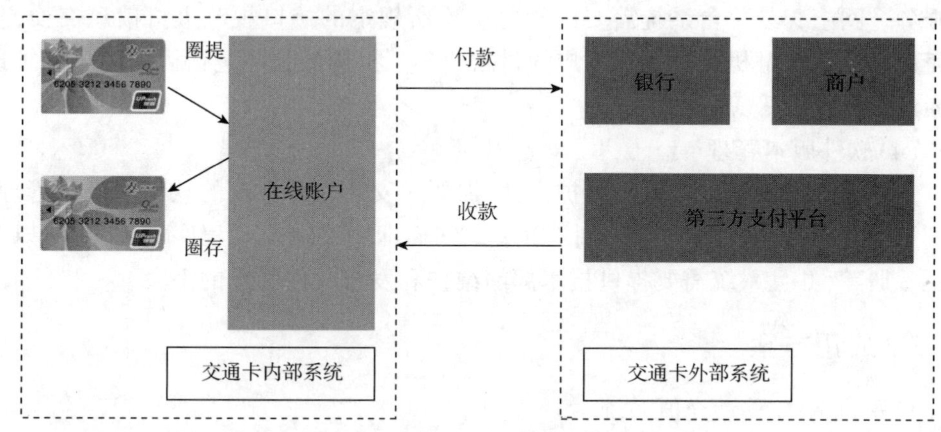

图 5-38 在线账户与一卡通的使用关系

(2)终端管理

终端是实现一卡通电子钱包网上交易的必要实体介质。即插即用终端具有读写一卡通电子钱包的能力，即插即用终端捆绑有在线账户。在线账户是实名制，即插即用终端也是实名制，个人商户个体可持有多个即插即用终端。即插即用终端和最终一卡通持卡人可以没有任何关联。每个个人或商户实体可以凭借有效证件申请即插即用终端，并开设与即插即用终端关联的在线支付账户。用户也可以先开设在线账户，单独使用在线账户的网上支付功能，随后再申请即插即用终端，做在线账户和机具的关联。个人或商户实体申请在线账户和POS机具可以在互联网或者网点完成。互联网申请的充值终端则可以通过物流递送；营业网点申请的充值终端则直接可以领取。机具和在线账户都有安全的激活机制来保存最终用户的使用安全。机具丢失后，可以将在线账户重新关联到新的机具上。机具可以挂失和解挂失，在线账户亦可以挂失和解挂失。机具以及在线账户的挂失可以通过互联网或者营业网点办理。解除挂失必须在营业网点办理。即插即用终端的日常维护管理主要是网上交易平台系统对自身发展的终端机具进行管理，包括采购管理和日常维护管理。

(3)接入机构管理

接入机构管理泛指与网上交易平台系统连接的外部金融系统，比如银行、网银或第三方支付机构。外部机构或提供业务受理的接入，或作为新的支付渠道参与一卡通网上交易平台的业务。外部机构通过为网上交易平台提供业务获取手续费,或者使用网上交易平台的功能而支付手续费。对外部机构信息的申请和管理需要在网上交易平台内进行。支付平台为外部机构提供对账、交易查询和清结算的服务。网上交易平台系统需要以金融机构所规定的接口规范进行信息交换,从而完成用户从金融机构对在线账户的付款业务。机构的管理包括机构信息的维护和通讯参数设置等等。

(4)软件版本管理

为向客户推广软件方便和维护方便,需要对安装在客户端的软件包进行管理,管理的内容包括:客户端安装软件(OCX)、即插即用终端驱动程序、安装手册以及使用手册等,并且系统需要提供技术部门维护和发布软件版本的手段。

5.3.5 应用方案

1)手机 NFC 移动充值系统

通过与互联网服务商、手机厂商开展合作,提供基于手机软件的 NFC 移动充值服务。下面以微信 NFC 充值为例进行介绍(其他 APP 渠道的充值方式类似)。

基于微信应用接口的交通一卡通在线充值系统,通过与客户(卡片)、第三方支付服务系统和一卡通充值后台系统交互,实现移动充值等相关服务功能,如图 5-39 所示。

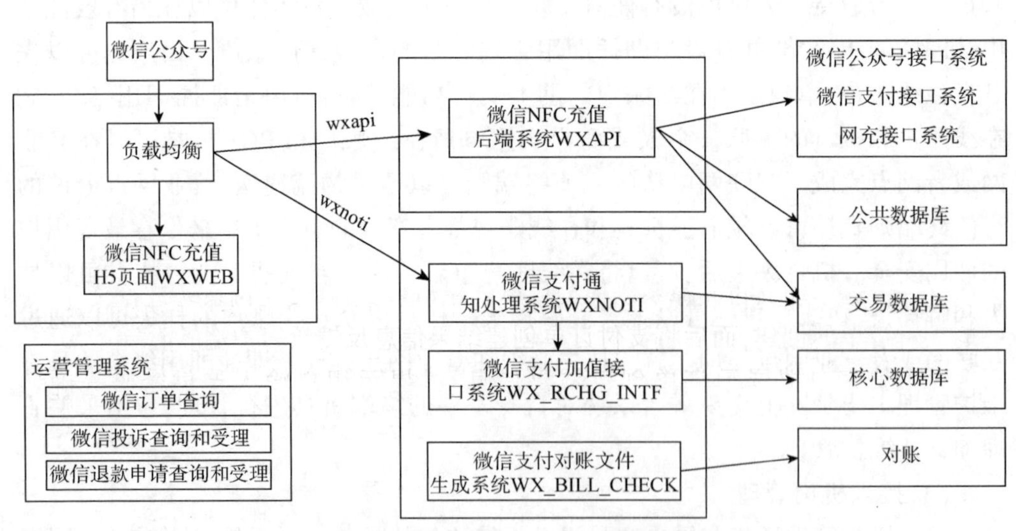

图 5-39　微信 NFC 充值系统架构图

(1)卡片查询功能(图5-40)

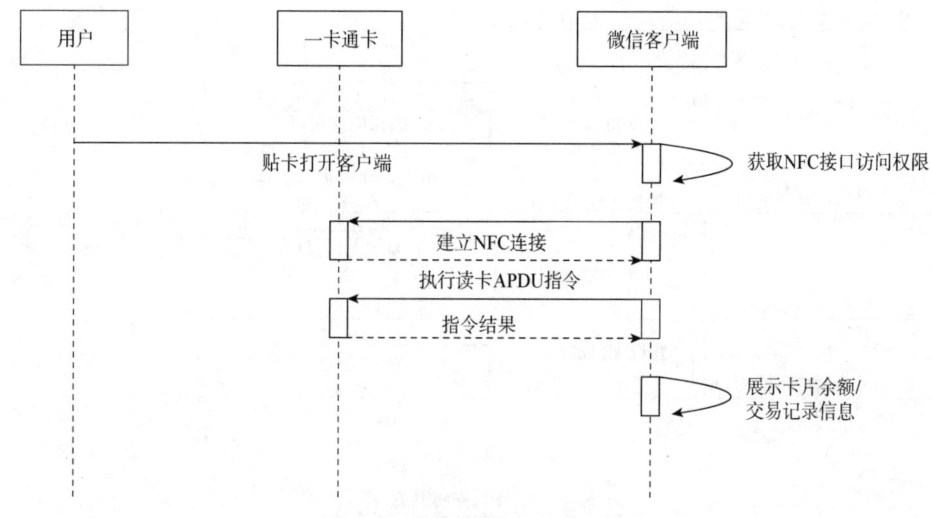

图5-40 微信端余额查询流程图

手机客户端接收用户对余额/交易明细查询的操作请求,并根据不同条件获取相应的NFC接口访问权限。对应一卡通手机应用软件,该权限可以直接获取;而对于嵌入第三方合作商的应用软件,需通过一定交互机制获取接口权限。

①手机客户端建立与一卡通后台之间的NFC通信信道,并发送卡片信息查询的APDU指令到一卡通后台。

②手机客户端应用返回APDU指令T_CPU_GET_CARDINFO的执行结果。

③手机客户端解析指令返回结果并显示。

(2)微信支付转账功能(图5-41)

①微信客户端收到支付请求后,向一卡通移动支付支撑系统发起支付订单创建请求。

②一卡通移动支付支撑系统根据订单创建请求,与微信支付系统进行交互,并完成支付订单的创建,而后将支付订单创建结果信息反馈给客户端。

③微信客户端展示订单创建结果信息,并提示用户输入支付密码等确认信息。

④微信支付系统验证用户的实际支付请求相关信息,完成用户支付请求,并展示相应的支付结果信息。同时,将支付结果信息以通知形式发送给一卡通移动支付支撑系统。

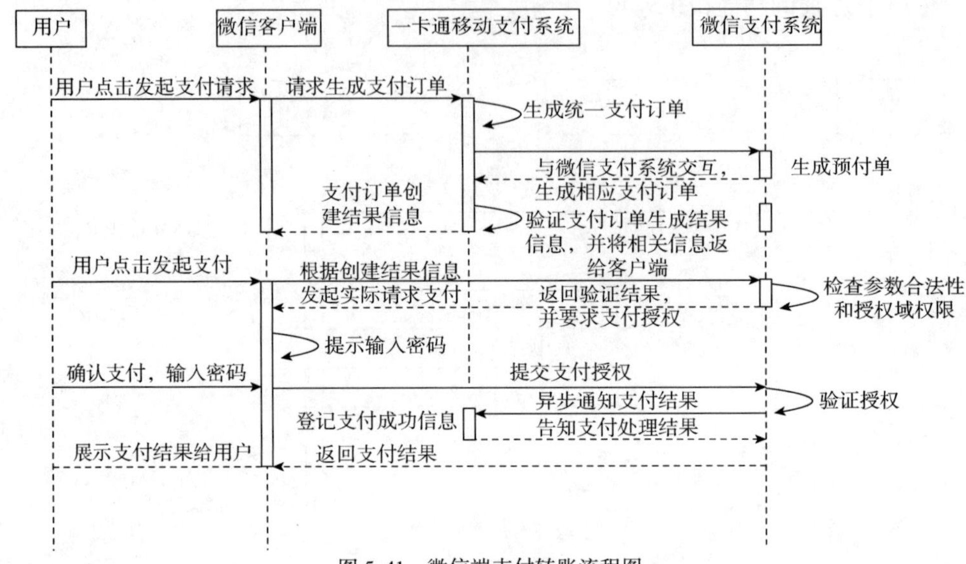

图 5-41　微信端支付转账流程图

(3)在线充值功能(图 5-42)

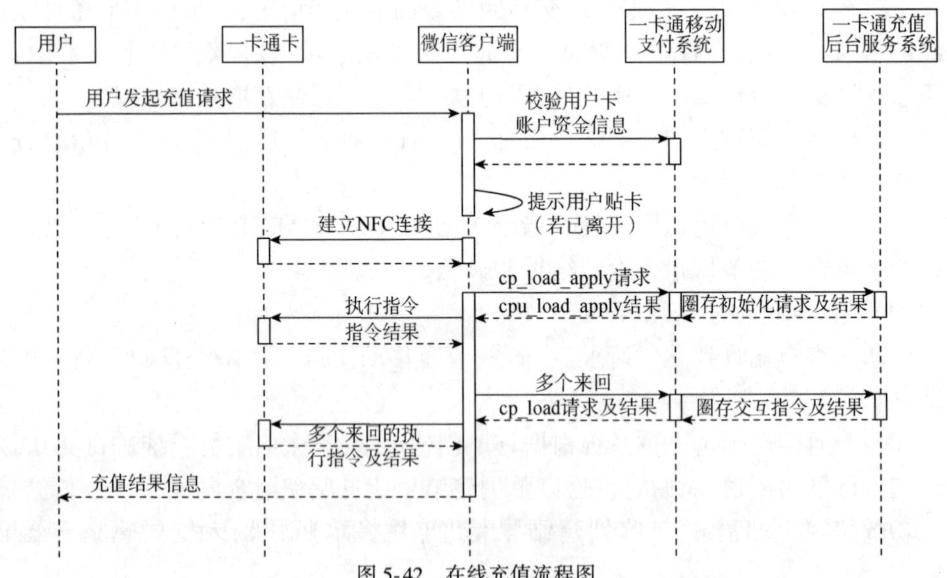

图 5-42　在线充值流程图

①在卡片贴近 NFC 手机后,微信手机客户端正常打开运行,而后发起卡片充值请求。

②微信手机客户端将相关充值请求信息传输给一卡通移动支付支撑系统,支撑系统实施相应的卡片数据和资金验证,并将验证结果告知微信客户端。

③微信客户端建立与一卡通的 NFC 通道,并向一卡通移动支付支撑系统发起充值申请 cpu_load_apply。

④一卡通移动支付支撑系统中转充值申请 cpu_load_apply 数据给一卡通充值后台服务系统,并将相应的应答信息转发给微信客户端解析。

⑤微信客户端解析充值申请应答信息,将相应的卡片交互 APDU 指令发送给一卡通卡并解析一卡通卡的指令执行结果。

⑥微信客户端以 APDU 指令结果为参数,发起一卡通卡圈存 cpu_load 请求,该请求经由一卡通移动支付支撑系统转发给一卡通充值后台系统来最终处理。

⑦微信客户端接受并分析一卡通移动支付支撑系统转发的一卡通充值后台系统的圈存应答信息,并在圈存结束时,展示最终的充值结果信息。

2)基于网充终端的网上充值系统

交通一卡通网上充值系统是以先进的计算机软硬件技术、信息化管理手段、网络通信技术以及 IC 卡技术为基础,结合城市公共交通系统的具体特点,提供方便快捷安全的网上充值服务的系统。项目从统一网络平台、统一数据库、统一的身份认证体系以及数据传输安全等技术实现的角度出发考虑,以交通一卡通平台为基础,构建新一代覆盖全省的充值网络系统,对网络架构、功能模块和安全认证等关键技术进行研发(图 5-43)。互联网充值系统可以支持一卡通在线充值、余额查询和交易记录查询等功能,持卡人可通过网上交易终端进行一卡通充值,充值终端生成充值请求后以在线方式发送到交通一卡通充值系统后台账户进行校验,成功后由清算中心下达应答,充值设备收到后即充值成功。

(1)后台系统设计

业务接口设计上,主要设计了开户销户同步接口、挂失解挂接口和充值接口等,其中,开户销户同步接口将用户开户销户的一卡通卡号、卡片类型等信息同步到充值系统。挂失解挂接口将特殊卡用户挂失解挂的一卡通卡号、操作类型等信息同步到充值系统。

充值接口主要为用户通过互联网登录到充值系统,发起网络充值操作;一卡通充值系统接受充值请求,完成充值流程,并通知网上交易终端充值结果。充值结果通知接口是指网上交易终端收到充值写卡数据后将数据写入卡片,同时将卡结果通知给交通一卡通充值系统,系统记录本次充值信息并将结果同步给交通一卡通管理平台。账户扣款接口是当用户进行充值操作时,充值系统向卡账户系统发起扣款请求,得到卡账户系统响应;如果扣款失败,记录系统返回的错误代码。冲账接口为防止交通一卡通充值系统和第三方系统记录不匹配,需要定时进行对账操作,同步双方的账务信息。

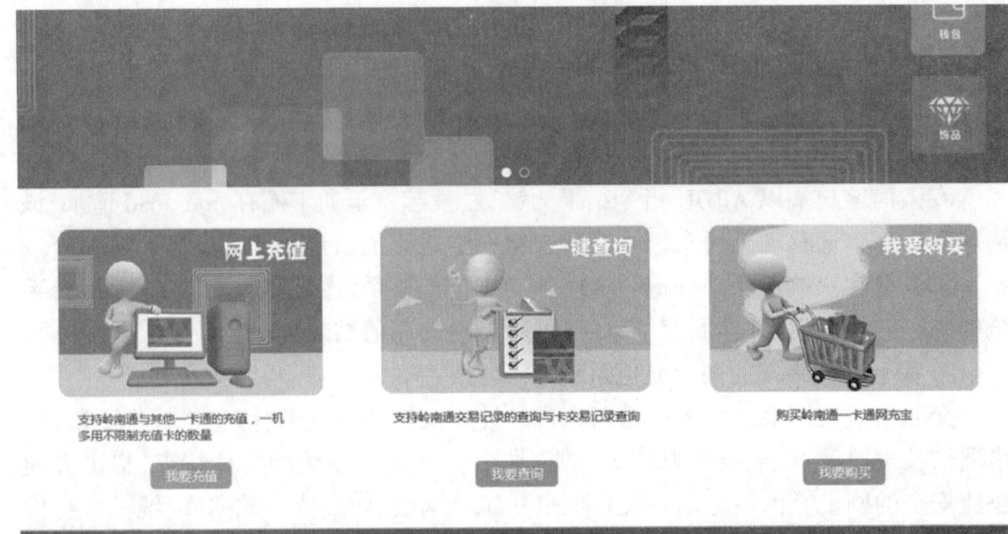

图 5-43　岭南通互联网充值系统

为确保网上充值的资金安全与个人信息安全，项目探究多层安全认证模式。首先建立了全省统一的标准规范，采用统一化、标准化的一卡通技术标准，并通过专线连接、数字证书认证和密钥安全等方式对充值数据的传输进行保护与加密。具体来说，交易流程要根据全省统一的公交一卡通规范——《广东省公交一卡通CPU卡技术规范（暂行）》，实现网上安全充值。专线连接方式上，与第三方系统交互采用专线连接，传输数据加密，保证数据私密性以及安全性，每次交互使用流水号防止重放攻击。数字证书认证方面，用户通过 http 方式连接到互联网充值系统采用数字证书身份，数据通信采用 SSL 加密。密钥安全方面，写卡数据由一卡通前置生成，圈存密钥都保存在一卡通前置加密机中，在圈存流程中只传输由密钥生成的数据，不在系统之间传递密钥，保证了圈存密钥的安全性。卡端传输密钥都保存在密钥文件中，不能读出。

（2）网充终端开发

网充宝是一款基于 USB 接口的一卡通读卡终端（图 5-44），插入电脑 PC 端后可以读取实体一卡通卡内数据与信息，并通过互联网与网充平台进行数据交换，以实现网上充值和查询等应用功能，满足用户随时充值的服务要求。

图 5-44　岭南通网充终端

5.4　交通一卡通互联网电子票务系统设计

为更好地满足交通领域的购票和电子支付便捷化的需求,基于互联网的交通一卡通电子票务系统通过在线支付方式为乘客提供电子票证,解决乘客便捷支付过程,并基于电子票务系统提供其他旅客增值服务。该系统主要用于公共交通领域和轨道交通领域,包括了三个子系统,分别是轨道交通票务系统、轨道电子客票服务系统及一卡通电子票证系统。

5.4.1　轨道交通票务系统

广东省轨道交通票务系统是面向珠三角城际轨道交通,在现代高速铁路管理思想、航空服务理念和当今最新信息技术基础上,由系统中心和车站按照统一的服务标准、统一的经营策略、统一的管理机制和统一的技术架构,建立起的信息高度共享、资源高效利用和运行安全可靠的综合服务系统。

1)系统总体框架

轨道交通票务系统(图 5-45)采用面向服务的多层架构设计,支持超大规模高并发量的实时业务查询和交易处理,实现查询、售票、订票、退票、补票及改签等交易处理功能。接收并处理来自窗口售票、自动售票机、票务代理点、互联网、移动终端和呼叫中心等各渠道的交易请求,完成车票发售、预订及支付等相关交易业务,为旅客在购票、进站、候车、检票以及出站等各环节提供全过程服务;针对旅游、商务和学生等不同群体提供差异化服务。

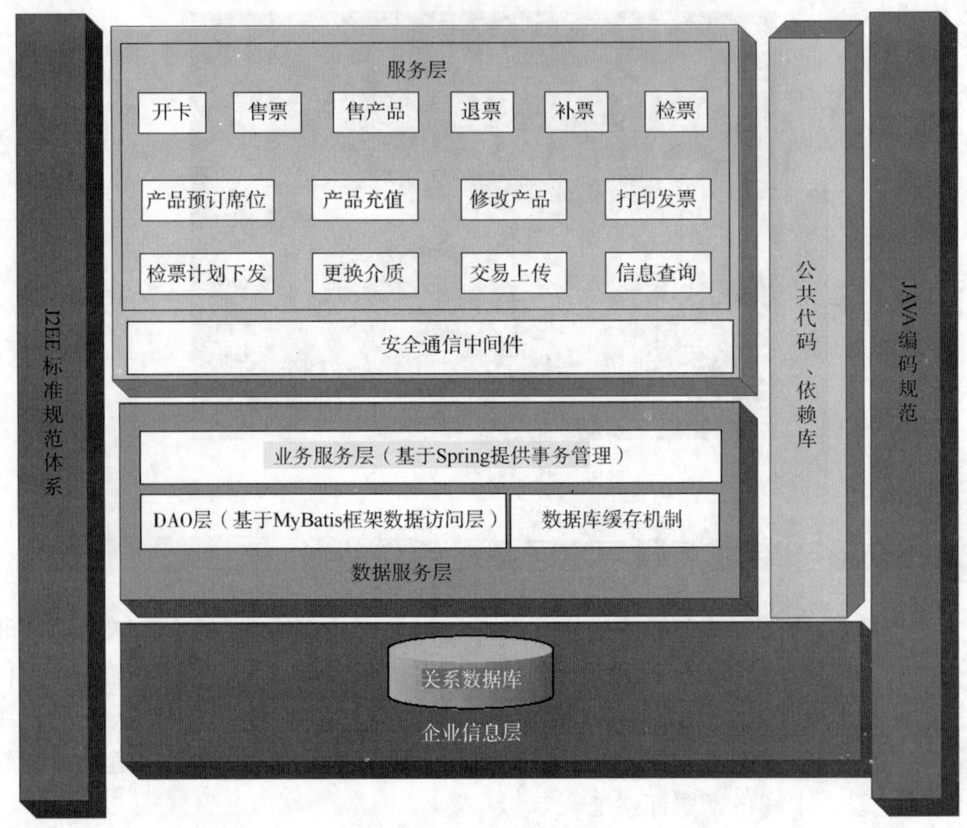

图 5-45　票务交易处理系统架构

系统主要由旅服调度子系统、售票子系统、票卡管理子系统、报表子系统、运维监控子系统、密钥管理子系统、数据同步子系统、清分子系统以及安全管理子系统等组成。

2)子功能系统

管理服务系统：结合数据平台中客流分析以及旅服平台中行车与调度数据，实现城际轨道交通票务运营规则管理及售卖计划管理等业务。同时，根据分析结果以及预测对相关的规则和售卖计划制订相应的模板，以便快速生成并应用合理的运营规则和售票计划等。并通过运维平台对设备进行管理，实现设备的注册、信用额度设置和授权、设备功能的设定和交接班等管理。

旅客管理系统：体现以人为本的理念，在旅客出行前、进站、候车、乘车、换乘、出站等各环节上提供全方位的信息服务和个性化服务。旅客管理系统主要实现常旅客管理、特殊旅客管理、旅客电子账户管理和个性化服务。

售票系统:实现系统中有关查询、售票、订票、退票、补票、改签和挂失解挂的交易处理功能。接收并处理来自窗口售票、自动售票机以及经集成指挥服务平台的铁路代售点、各票务代理点、互联网、移动终端和呼叫中心等各渠道的交易请求,完成车票发售、预订和支付等相关交易业务。交易情况可在运维平台中监视和管理,实现统计结算;所有的交易数据记录在数据平台中进行清分清算。

检票系统:联程票用乘车站与目地站间没有直通的列车或直通车车票售罄的情况。售票系统在符合限定条件下,可以选定两个站间的某个车站作为换乘站,乘客预先购买两张车票,乘坐两个不同列车到达目的地;方便乘客在换乘站不用重新购票。联程票可以是IC卡、纸质或磁票,符合国铁和ISO14443等标准,城际轨道的检票机设备按照电子车票的方式针对磁信息及条码信息或IC卡信息进行检票。联程票由城际轨道的数据平台清分对账。

储值卡系统:储值卡产品具有一般储值卡、计次卡和限期卡等各种储值功能,其交易情况可在运维平台中监视和管理,所有的交易数据记录在数据平台中进行清分。分为电子产品和离线储值产品。电子产品则是将该票的数据保存在后台数据库,通过卡号和介质类型找到对应的产品信息,通过修改数据库实现对其充值、查询和扣费等功能。离线储值产品加载在合法介质上(包括城市一卡通等,符合ISO14443标准等),通过读写器对卡内芯片进行读写,实现充值、查询和扣费等功能。

席位管理系统:席位管理系统是票务平台的通用服务,通过旅服平台实现与行车调度的接口,提供席位的生成、搜索、占用、修改和删除等处理服务。对列车及车厢可登乘旅客数量的存量进行管理,并根据阀值发送相关信号给现场工作人员。

票价计算系统:票价计算系统完成城际轨道交通车票票价计算的功能,票价计算依据国家关于城际轨道交通制订的票价业务规则,实现普通票、优惠票及产品等票价计算功能,提供详细的票价计算结果。城际轨道交通集成指挥服务平台为票务平台与既有国铁线路票务系统的票价计算提供接口服务,为两个系统的互售提供保障,也为其他业务信息系统提供票价服务。票价计算充分考虑城际轨道交通的特点及各种情况,实现城际轨道交通多种产品(多票种、席别、补票、改签)、多种优惠政策和灵活的票价调整等复杂的票价业务需求,实现实时售票计价的高效快速的性能需求。

交易服务系统:在票务平台中,交易服务系统起着承上启下的重要作用。交易服务系统直接面向各类互联网设备(手机、网站等)或车站设备服务,通过向通用服务进行请求服务,按照业务处理要求完成查询、订票、退票、充值和支付等业务流程。订票需要按照计划进行,计划的制订需要结合始发站、途经站、短途和中长途等各种情况的需求,并通过共复用规则以及调票操作实现分段、跨段与多段的合并及短途合并,以便更好地提高客座率和服务水平。同时通过压票和扣票满足售票窗口和特殊人员的需求。一般要优先考虑始发站的票额,并尽量出售长途车票,短途需求一般采用复用规则进行发售,通过调票进行临时票额调节,进行长途车票的发售等。

5.4.2 轨道电子客票服务平台

轨道电子客票系统应用于城际轨道交通中,列车席位是唯一资源。持卡人通过网络或移动终端预定席位取得的车票,在信息中含有日期车次、席位号等,这些信息将与持卡人的卡 ID 或认证信息绑定,记录在轨道交通票务清分中心的数据库中。当持卡人在终端刷卡时,终端仅读取卡片上的 ID 号或认证信息,并将 ID 号信息实时传回票务清分中心进行判断,进行交易处理,将处理结果发送到终端执行对应动作,系统合终端同时记录交易。这种在线交易技术对系统和网络的要求比较高,适合在有固定网络资源的场所。随移动互联网时代的发展,网络不断普及,这种技术也适用于一般消费领域;在突破移动网络连接技术后,持卡人的用卡安全将得到大幅度提升。网络及数据通信是保障持卡人车票交易的关键,在城际轨道交通的建设中,轨道沿线将敷设足够数量的光纤,通过城际轨道的通信系统按客流量需要分配固定带宽,专门用于票务系统的数据传输;在终端设备上部署 JAVA 语言编制的通信中间件服务端,保证交易的可靠性和完整性。

1)系统平台框架

电子客票服务平台是面向旅客的服务体系,是应用席位管理和交易处理的通用服务,结合广泛的销售渠道,适应多种支付形式和灵活的销售策略,以旅客服务为中心的实时自动售检票交易系统。平台支持符合 ISO14443 的各种介质作为车票载体,包括岭南通卡、城市市民卡和空发卡等。

平台采用三层结构,分别为互联互通服务层,应用服务层以及车站系统层。互联互通服务层主要实现应用服务层与粤港澳交通一卡通互联互通服务平台通讯,并向手机等终端设备提供开卡、下载应用、激活 NFC 以及网络和手机席位预订服务;应用服务层根据业务类别划分,并利用云计算技术部署为储值卡系统、管理服务系统、售票系统、检票系统等,主要实现各种业务流程处理以及相应的管理功能,为车站系统层提供服务;车站系统层设置售检票设备终端,为旅客提供售检票服务,并且,在车站与中心网络故障或中心系统故障时,为保障票务平台的服务功能,设置备用服务器。

2)系统功能设计

本系统主要由互联互通服务、管理服务、旅客管理、售票服务、检票服务和发票服务系统等构成。

(1)互联互通应用服务

互联互通应用服务系统部署在互联互通云平台中,连接移动平台和第三方支付机构等,可以通过平台的服务接入与持卡人进行交互,实现服务功能,也可以利用连接在互联互通云平台中的其他服务系统的接入实现与持卡人的交互,提供城际轨道交通的服务。

(2)管理服务

实现城际轨道交通票务运营规则管理及售卖计划管理等业务。同时,根据分析结果以及预测对相关的规则和售卖计划制订相应的模板,以便快速生成并应用合理的运营规则和售票计划等。

(3)旅客管理

体现以人为本的理念,在旅客出行前、进站、候车、乘车、换乘和出站等各环节上提供全方位的信息服务和个性化服务。旅客管理系统主要实现常旅客管理、特殊旅客管理、旅客电子账户管理和个性化服务。

(4)售票系统

实现系统中有关查询、售票、订票、退票、补票以及改签的交易处理功能。接收并处理来自窗口售票、自动售票机、各代理点和移动终端等各渠道的交易请求,完成车票发售、预订及支付等相关交易业务。实现统计结算;所有的交易数据记录可进行清分清算。

(5)检票服务

城际轨道的检票机可对各种类型的车票和产品进行检票,主要包括电子产品登乘、离线储值产品登乘、车票登乘等。

(6)席位管理系统

提供席位的生成、搜索、占用、修改和删除等处理服务。对列车及车厢可登乘旅客数量的存量进行管理,并根据阈值发送相关信号给现场工作人员。

5.4.3 一卡通电子票证系统

1)总体系统架构

一卡通电子票证系统(图5-46)在网上充值服务的基础上,对岭南通票证在各区域、各领域的服务进行组合支持,拓展岭南通为一卡通和岭南通标准 NFC 手机两种载体方式,实现岭南通票证的储存和服务组合功能,即支持消费者通过岭南通票证一次性购买各种外部的多种服务,并存储至任一时间进行使用。

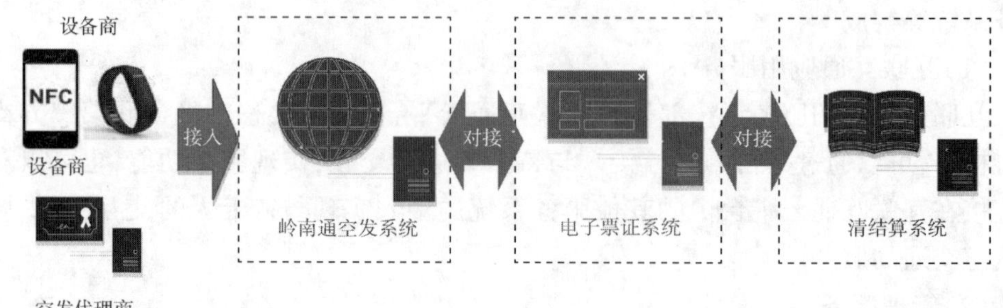

图 5-46 电子票证设计架构图

2)系统功能

(1)会员管理模块设计

①注册登录:持卡人可以通过注册成为岭南通会员,登录系统后可以使用。用户可以通过网络终端(读头)读取岭南通卡号进行注册(登录),或者通过输入岭南通卡号进行注册(登录)。网络终端同时具有充值和消费的功能。

②会员基本资料管理:管理用户账户名、密码和手机号码等信息,与票务订购信息绑定,可以实现短信通知定退票信息。

③订票记录查询:查询并管理客票信息。

④积分管理:查询会员积分,积分兑换。

(2)票务管理模块设计

通过与全省客运票联网售票系统对接实现票务实时接入与更新,票务的接入方式可分为以下几种:

①票务上传:把车票情况上传至电子票证系统,使用岭南通电子票证系统的商户界面售票。

②票务接入:当地一卡通公司提供接口,接入客运公司售票系统进行售票。

③交易管理:票务查询、购票、退票及改签。

④验票系统:提供汽车站验票功能,包括闸机,读头验票,手持终端验票。

⑤自助售票系统:提供汽车站自助售票机售票和取票功能。

(3)支付管理模块设计

票款可以通过对岭南通卡扣款支付,或者通过其他在线支付系统支付。利用岭南通卡支付,用户必须配备一个岭南通网络终端,对岭南通卡进行扣款。若用户无岭南通网络终端,可通过网上银行或者第三方支付系统支付。

(4)平台管理模块设计

①平台设置:设置平台参数,票务信息等;例如是否允许无终端登录,是否允许采用网上银行支付等。

②权限设置:管理员权限设置,包括管理员权限等。

③报表管理:按日统计各单位售、检、退电子车票信息;统计一段时间内数据库内保存的各单位售、检、退电子车票信息;按卡号统计在数据库内保存的任意时间的购票信息;按始发站/终点站统计各单位在任意时间的售、检、退的电子车票信息。

(5)清分管理模块设计

①系统清分:将每日交易信息打包至清算中心进行清算,并将核准后清算数据清分至各地。

②黑名单管理:捕获黑名单,上传至清算中心。下载黑名单,在充值时检查黑名单,对黑名单中的卡片禁止充值。

③报表管理:按日统计各单位售、检、退电子车票信息;统计一段时间内数据库内保存的各单位售、检、退电子车票信息;按卡号统计在数据库内保存的任意时间的购票信息;按始发站/终点站统计各单位在任意时间的售、检、退的电子车票信息。

5.5 交通一卡通互联网移动信息服务系统设计

为提升城市交通一卡通信息服务水平,提高持卡用户的出行效率,向移动互联网化实现升级转型,交通一卡通企业纷纷通过研发手机应用APP、接入微信公众号等多个线上渠道,建设移动信息平台,为用户提供信息查询、客服管理、在线充值及消费等服务功能,以移动互联网产品为接入口,推进一卡通服务的线上化、远程化、虚拟化发展。

针对手机APP、微信公众号等渠道,构建各渠道的移动信息服务系统,各渠道的系统均包括前端服务和后台管理两个部分的子系统。其中,前端服务系统包括手机APP、微信公众号等渠道,实现一卡通信息查询、余额查询、在线互动和菜单回复等功能,并作为一卡通移动充值服务入口;后台管理系统则提供客服交互管理、订阅用户管理、网点信息管理和运营分析等功能。

构建微信公众平台,基于微信官方技术标准和接口规范进行开发设计。微信公众平台消息接口为开发者提供了一种新的消息处理和交互方式。对于成功接入消息接口的微信公众账号,当用户发消息给公众号,微信公众平台服务器会使用http请求对接入的网址进行消息推送,第三方服务器可通过响应包回复特定结构,从而达到回复消息的目的。

移动信息服务系统的建设主要包括前端服务系统和后台管理系统。

(1)前端服务系统包括手机APP、微信公众号两个渠道,实现的功能包括一卡通信息查询、余额查询、客服互动、菜单回复、NFC充值等。其中,手机APP采用Web Service、工作流等技术实现自动化和交互处理,微信公众号则基于微信官方技术标准和接口规范开发。

(2)后台管理系统包括客服交互管理、订阅用户管理、网点信息管理和运营分析。

客服交互管理用于客服人员处理手机APP、微信公众号的在线应答,并提供权限配置、查看、统计等管理功能。

订阅用户管理用于查看和搜索正在订阅的用户和已退订用户的用户信息,对指定时段的新增订阅用户进行统计等。

网点信息管理用于搜索并查看在用表和草稿表中的网点数据,增加、修改、删除和导入网点信息。

运营分析用于收集运行数据,分析数据变化趋势,辅助决策。

5.5.1 系统架构及功能

移动信息服务平台系统架构如图5-47所示。

5.5.2 总体功能模块

针对传统一卡通行业的不足,通过调研分析交通一卡通用户及移动客户对于信息服务平台的需求,确定平台实现的功能模块,探讨服务提供商、移动运营商及一卡通运营商等各方合作的业务模式,在此基础上进一步确定项目的技术框架及研发部署。主要包括基于粤港澳交通一卡通的手机APP与微信公众平台的研发两大部分。

岭南通跨区域移动信息服务平台,设计了简单友好的系统界面和操作流程;系统运行快速、稳定、高效和可靠;在结构上具有很好的扩展性,便于业务扩展和技术维护。平台功能如图5-48所示。

跨区域交通一卡通移动信息服务平台主要包括网点查询、在线充值和余额查询等功能。

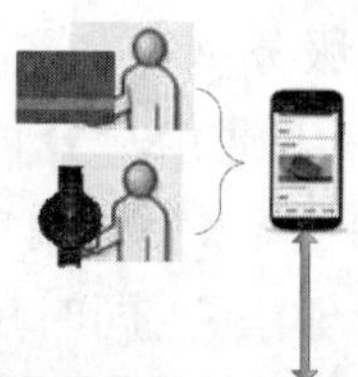

图 5-47 移动信息服务平台架构图

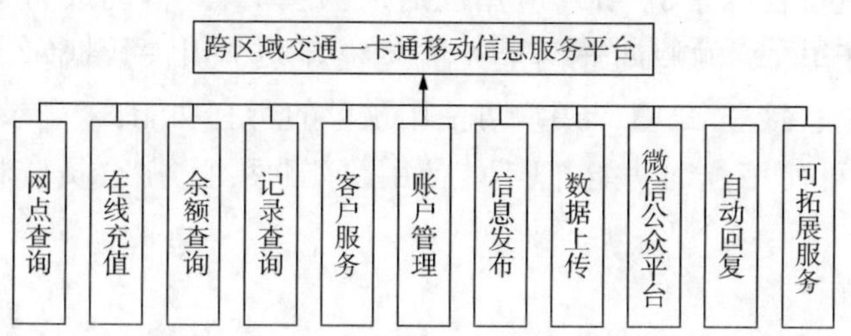

图 5-48 移动信息服务平台功能模块

1)网点查询

网点查询主要包括充值网点、售卡网点、服务网点和消费网点的查询,通过基于手机APP为移动用户提供了方便快捷的一卡通信息充值点、消费点、客服点和售卡网点查询服务。该功能会自动默认查询距离该手机用户最近的交通一卡通服务网点信息并且在地图上显示出该网点的地理位置,同时用户也可以根据个人需要设置搜索条件或查询其他网点的相关信息,包括查询点名称、类型、联系电话,详细地址、营业时间等。网点查询功能能够有效解决客户不熟悉所在地区,无法找到相关网点的问题;此外,通卡企业通过与消费商户合作,利用消费网点推广一卡通小额消费业务,同时为合作店铺带来客流。

2)在线充值

本功能可为客户提供在线充值服务,用户可以透过手机APP或微信等入口完成交通一卡通的移动充值,另外,通卡企业通过与第三方渠道合作,不断拓展充值入口,如网银支付、支付宝等,有效解决了传统一卡通行业线下充值网点少、充值不方便等问题,提高了交通一卡通服务效率,提升了用户出行体验。

3)余额查询、记录查询

用户可以通过手机APP和微信等平台应用进行订单查询,并可以查询卡片的充值信息、余额信息及交易记录信息等,通卡余额和交易记录的查询有助于用户了解卡片详细情况,及时进行充值,实时掌握消费情况。

4)客户服务

在线客服提供了两种服务方式,一种是人工的在线回复,另一种是常见问题的机器智能回复。本系统开发的客服功能不仅仅记录和反馈相关信息给用户,还肩负着及时将客户的建议传递给开发和业务部门,通过用户需求的反馈和技术迭代升级,不断提升产品和服务质量。

5)账户管理

用户可通过平台的手机APP应用注册成为会员,并自动成为一卡通会员,该会员系统与基于PC端的岭南通网上充值系统等共享用户数据库,相应系统的岭南通会员都可以直接登录,登录用户可使用预设的所有功能,未登录用户使用系统时功能受限,仅可使用查询功能,但不能使用票证购买服务、会员资料管理、订单管理等功能。

6)信息发布

该功能及时发布相关产品信息、商家优惠信息及最新的出行线路指引信息等,使用户能及时掌握最新的公共交通出行状况。另外,用户还可以根据自身需求,定制信息推送服务，选择感兴趣的服务内容通过系统定制方式自动推送。

7）数据上传

对充值点、消费点、售卡点以及客服点进行数据采集和上传，系统上传数据主要包括名称、联系人、联系电话、类型、详细地址、经纬度等，上传数据必须经过审核后才能显示。

8）可拓展服务

系统通过可扩展服务接入不同的商家和第三方平台，根据用户需求不断完善平台服务和接口功能，为一卡通用户提供便捷多样化产品和服务奠定基础，由传统充值、消费、发行等服务拓展至线上消费、会员积分、信用管理等增值服务，提升用户体验。

9）微信公众平台

通过扫描岭南通的二维码，进入岭南通微信公众服务平台，微信公众平台以岭南通公众账号为平台，主动向关注者（粉丝）提供简洁、有效的公共交通信息。

10）自动回复功能

用户通过关注公众账号，发送指定关键字，向公号提取自动回复的常规消息，包括各地市消费优惠和客服网点等信息。

5.5.3 典型应用产品方案

1）基于 APP 产品的交通一卡通信息服务平台

岭南通 APP 的开发主要是为了拓展岭南通的线上业务，为用户提供更好的服务。随着移动互联网的不断发展和智能手机的普及，人们不再满足于线下服务，传统的服务模式已不能满足用户需求，传统通卡行业的弊病主要有以下几点：

（1）消费体验不佳：充值、查询、消费过程繁杂，线下服务网点少，购卡不便，有时会出现充值排队时间长等情况，不利于提升用户体验。

（2）场景单一：一卡通的业务主要在公共交通领域，对其他行业支付服务的渗透率还比较低，业务结构较未脆弱。

（3）资金来源渠道单一：一卡通支付以预付为主，没有充分利用现有的金融工具，阻碍了资金渠道的多元化，不利于发挥多种金融工具相结合的便利性功能。

（4）支付方式单一：主要以线下支付为主，未能很好地与移动互联网工具进行融合，技术与应用还不成熟，滞后于移动互联网发展的需求。

2）功能架构

针对传统一卡通行业的不足，结合用户的服务需求，项目研发了岭南通 APP，拓展一卡通线上业务,开通一卡通线上服务,实现一卡通业务线上线下的融合。岭南通 APP 的功能框架如图 5-49 所示。

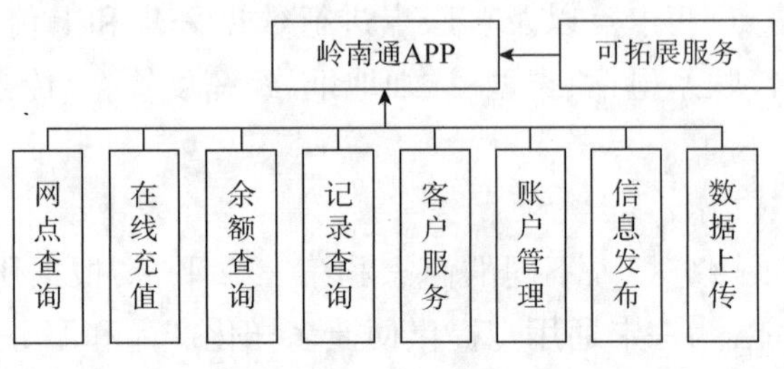

图 5-49　APP 功能框架

APP 主要包括网点查询、在线充值、余额查询等功能:

(1)网点查询。用户通过手机 APP 可方便地查到充值网点、消费网点、客服网点和售卡网点等信息。该功能会自动识别该手机用户所在区域并智能推送离用户最近的交通一卡通服务网点信息并且在地图上显示出该网点的地理位置,另外,用户也可以根据个人需要设置搜索条件或查询其他网点的相关信息。这个功能可有效解决客户由于不熟悉所在地区而无法找到相关网点的问题。此外,通卡企业通过与零售店合作,推广一卡通小额消费业务,同时为合作店铺引流。

(2)在线充值。该功能为客户提供在线充值服务,用户可以通过手机 APP 和微信等平台应用实现一卡通的移动充值,还可以通过支付宝、京东金融等第三方资金平台,有效解决了传统一卡通行业线下充值网点少、线下充值不便、流程烦琐等一系列问题,极大简化了用户的充值流程,提升了用户体验。

(3)信息查询。用户可通过手机 APP、微信等入口进行订单查询,可查询功能包括卡片的充值信息、余额信息及交易记录信息,这些信息都有助于用户及时掌握自身的消费情况,对异常消费可及时咨询客服,当余额剩余不多时可及时进行充值,避免使用时出现余额不足的局面而影响出行。

(4)客户服务。用户可针对一卡通使用疑问、建议反馈给客服留言,为客户提供线上服务,是线下服务的有效补充,实时高效地为客户提供服务,提高用户体验。

(5)账户管理。账户管理模块可为会员提供不同权限的系统功能,包括系统登录、会员管理、资金流程、第三方渠道接入、订单管理及在线查询等多项功能,统一为会员建立完整的账户体系。

(6)信息发布。系统平台将最新消息推送给用户,用户也可通过自有定制模式浏览感兴趣的消息,并可转发至 APP 上的其他用户,实现信息共享。

(7)数据上传。对充值点、消费点、售卡点以及客服点进行数据采集和上传。

数据包括名称、联系人、联系电话、类型、详细地址、经纬度等,上传数据必须经过审核后才能显示。

(8)可拓展服务。平台预留了可拓展业务接口功能,未来可以接入更多平台、商家等,促进平台在移动电商领域的拓展应用,加大岭南通一卡通公交数据挖掘的力度和深度,为百姓提供各种公共交通信息辅助和岭南通商家联盟信息查询应用,并致力为大众打造全方位的公交出行决策支持服务。

3)主要城市交通一卡通 APP 应用情况

(1)北京市政一卡通 APP

北京市政一卡通 APP(图 5-50)是北京市政一卡通公司于 2015 年 11 月推出的基于手机端的一站式在线服务平台应用软件,集手机充值、快充券购买和网点查询等多重功能于一体,随时随地满足持卡用户的在线服务需求,也是传统一卡通服务向线上服务延伸的应用升级。

图 5-50 北京市政一卡通 APP 应用

该 APP 支持 NFC 手机的贴卡充值和消费查询,还可对多张卡片进行管理,查询含地铁、公交出行及商业消费在内多种交易记录。还可在线搜索附近服务网点,辅助持卡用户前往线下网点办理相关业务。市政一卡通 APP 还首次推出“快充券”特色服务和充值产品。快充券是一种新型一卡通电子充值券,用户可通过 APP

直接在线下单支付,并借助线下实体自助设备以贴卡方式将快充券金额充入卡内。

(2)广州羊城通 APP 和羊城通宝 APP

广州羊城通 APP 应用(图 5-51)是广东羊城通公司为广州地区用户打造的一款手机掌上公交充值软件,市民们通过广州羊城通 APP 手机客户端即可一键快速充值公交卡,具有人性化的余额查询功能、贴心的密码充值功能,大大方便了广州地区的用户交通出行。其网点查询功能可查询羊城通的客服网点和羊城通卡的线下充值网点;其用户设置功能可设置用户的登录密码、羊城通宝账户的支付密码及用户个人信息等。此外,该 APP 还提供了用户实名制入口,用户通过 APP 实现实名制之后还可以使用更多增值功能。另外,还提供二维码入口功能,推出公交二维码服务,紧跟移动支付的发展步伐。

图 5-51　羊城通 APP

为更好地服务于持卡用户的账户资金处理,羊城通 APP 集成了羊城通宝应用,通过羊城通宝内的钱包账户(可与 QQ 钱包关联),用户可实现关联银行卡随时为绑定的羊城通卡储值。该钱包账户类似微信零钱,可以随时从绑定银行卡进行扣款充值,或提现到银行卡上。此外,羊城通宝还可随时生成支付二维码,用于在支持刷码支付购买车票和小额支付等。

(3)金华行 APP

金华行 APP(图 5-52)堪称是金华行微信平台的升级版,对用户体验和服务功能进行了全面优化和提升。首页上开辟了公交查询、流动商业街、品牌电商、旅游和综合查询等板块,集出行、旅游、学车、购物和理财等功能于一体,未来致力于打造成金华市民的出行生活宝典。金华行 APP 最大的创新亮点,就是新增了刷手机乘公交车的功能和虚拟云公交卡乘车扫码支付二维码功能。

图 5-52 金华行 APP

4)基于微信公众平台的交通一卡通信息服务平台

基于微信公众号的一卡通服务平台主要是利用微信主流的社交应用入口,连接一卡通用户,实现一卡通服务向线上转移。与自主开发的 APP 应用相比,微信服务平台具有推广成本低、服务直达率高、获取用户门槛低和应用场景丰富等优势。

(1)岭南通微信充值产品

2015 年 4 月,岭南通公司与微信合作共同推出基于微信公众号的在线贴卡充值业务(图 5-53~图 5-55),服务已覆盖广东省内全部地市。其功能涵盖卡片交易管理、卡片信息查询、公共信息服务和在线客服等。持卡用户在通过微信对一卡通充值时,无须翻查菜单寻找充值入口,只需将一卡通贴在具有 NFC 功能的安卓手机背面,手机将自动读取卡内信息,弹出充值页面。随后选定金额,输入微信支付密码即可轻松完成交费环节，微信支付成功后，将卡片继续保持在手机背面，便可直接将充值额转存至一卡通卡内(圈存)，完成一卡通充值操作，非常方便快捷。

图 5-53　岭南通微信充值界面

图 5-54　岭南通微信服务界面

图 5-55 岭南通微信服务平台功能

(2)北京市政一卡通微信充值产品

2015 年 9 月,北京市政交通一卡通与微信合作推出的“微信支付充值北京市政交通一卡通”功能正式在微信平台上线(图 5-56)。这是北京一卡通首个集充值、圈存和公众号为一体的综合服务平台。北京持卡用户只要有一部具有 NFC 功能的安卓手机(适配机型),通过手机背面贴卡,即可轻松完成充值,告别排队充值的苦恼。

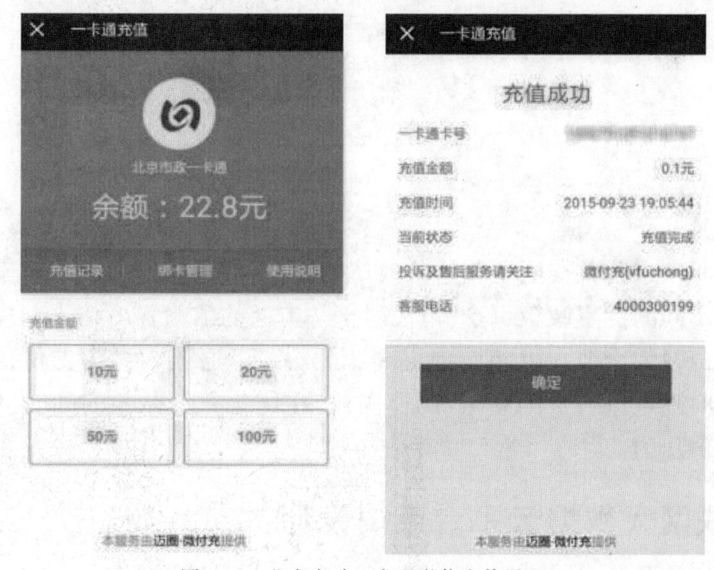

图 5-56 北京市政一卡通微信充值界面

同时,持卡用户通过关注北京市政交通一卡通官方微信服务号,完成卡片绑定,配合微信支付充值服务,在微信端,实现集充值、圈存、卡片管理、交易查询、网点查询和线路查询等功能为一体的线上一站式闭环服务。北京市政一卡通 APP 推出快充券业务(图 5-57),是一种新的一卡通充值业务。用户可以线上通过 APP 或微信购买充值券(充值额度),线下在自助终端直接贴卡充值即可。省去排队、付现、刷卡输密码等烦恼。

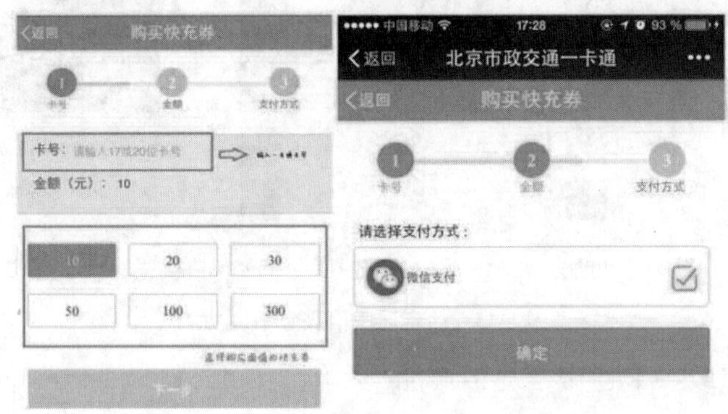

图 5-57 北京一卡通电子快充券

伴随着北京市公共交通票制票价改革的推行,使用一卡通刷卡乘坐公共交通、轨道交通有不同的优惠政策可享,市民对于一卡通的依赖程度在不断提升,对其充值平台的便捷及安全要求也相应地提高。此次一卡通接入微信支付,让市民通过微信即可随时随地进行自助充值、圈存操作,在优化充值体验的同时,缓解了各网点的排队充值压力。

5.6 互联网大数据云平台系统设计

大数据云计算平台从业务发展需求、公众便捷出行和政府管理服务需求出发,以公交一卡通为载体,场景化智能终端为服务窗口,通过云计算基础实施、平台支撑、应用服务和数据整合,大范围接入现有基础公共交通、道路客运及城际轨道等领域数据与服务,实现公共交通大数据的融合与共享,优化交通资源配置。向政府、行业、合作伙伴和公众提供交通大数据服务,为交通管理和决策提供智力支撑,提升公共交通一体化的服务内涵。

该系统平台以海量的、复杂多样的一卡通交易数据为基础,充分运用云计算、分布式存储等先进技术,构建基于云计算框架的面向公共交通服务的大数据开放式公共服务平台。面向交通大数据的公共交通云平台构建,为公共交通大数据提供强大的计算和存储能力。攻关公共交通大数据分析与挖掘关键技术,针对公共交通服务的具体需求,建立数据模型并提出高效的数据处理方法;提出公共交通大数据安全支撑机制,着重考虑公共交通信息的隐私泄露和安全问题,研究并提出隐私保护与安全保障机制。在整合各项关键技术的基础上,形成行业标准,最终通过平台和 APP 等方式实现面向政府、企业和公众的公共交通大数据服务。

大数据云计算平台系统主要满足以下三大价值目标:

(1)为政府主管部门提供公共交通服务的评估和建议,提高行业管理水平;

(2)具备一定的商业价值,能够为交通一卡通创新的业务拓展和业务转型提供重要数据支撑;

(3)面向公众提供更便捷服务,提升公共交通出行的效率。

5.6.1 系统架构

为实现交通一卡通大数据分析功能,发挥大数据在公共出行、企业运营、政府决策方面的作用,推动交通大数据战略的确定,设计了交通一卡通大数据云平台架构,如图 5-58 所示。

1)基础设施层

系统正常运转和管理的基础设施环境,包括网络、主机服务器、存储备份、基础软件(操作系统、数据库管理软件、应用发布中间件及其他第三方软件),虚拟化平台和海量数据管理平台等。

2)数据采集整合层

把多种来源的各种形态的城市交通一卡通数据(基础数据、交易数据、终端数据以及关联数据等)通过不同的采集方式(异构数据转换、数据清洗和互联网数据采集等)有效地采集到数据资源库中,并在采集的过程中进行数据的初步审核,把好第一道数据质量关。同时对采集过程进行全程的配置管理和监控调度,通过统一的配置管理来兼顾各种采集形式的需要,确保过程的标准化、自动化和可控性。

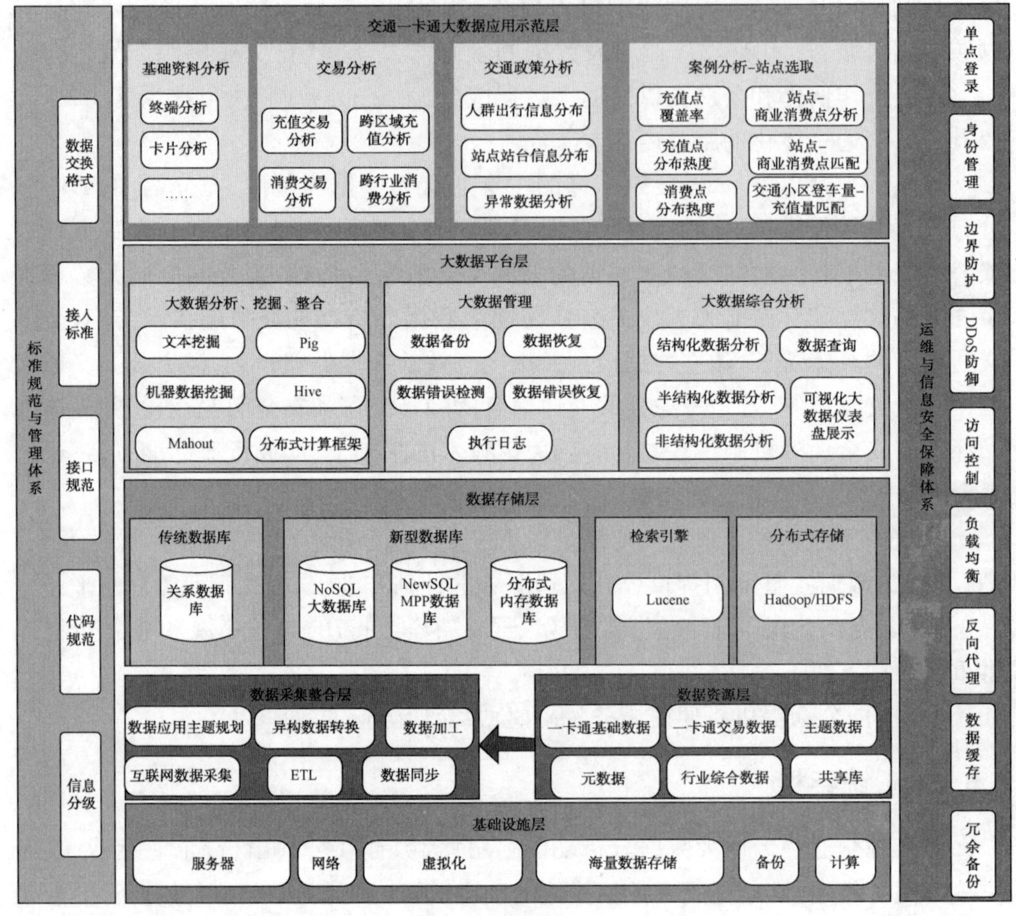

图 5-58　总体架构设计图

3)数据资源层

实现对各级各类信息的存储和管理,为业务应用提供数据支撑。数据资源管理层主要包括:元数据库、基础数据库、综合数据库、主题/专题数据库和共享发布库。

4)数据存储层

实现结构化数据、半结构化以及非结构化数据和文件(块)的底层存储,保证为不同类别文件的高速存储和实时交互提供稳健的实现环境;实现存储数据的智能一体化的管理服务,实现对海量文档的动态信息提取,并实现基于元数据、关键词、段落、文档以及语义等高级条件的精准和模糊检索服务。

5)数据综合分析层

提供丰富多样的统计分析方法和工具,同时支持个性化的算法引擎,按照分析应用的需要,组合相关数据资源和服务资源进行各种综合分析活动,从而满足决策人员、管理人员、操作人员等不同层面的人员的需要。

6)示范应用层

进行客流分布规律分析、公交线网布局分析和公交调度信息分析,为城市交通管理部门提供更好更科学的决策依据;进行服务网点优化分析、充值消费交易分析和出行特征规律分析,为城市居民出行提供更好的服务水平;进行公交补贴决策分析,为更好地鼓励公众使用公共交通出行和发展公共交通事业提供支持。

5.6.2 系统功能

1)运营业务分析功能

通过大数据平台的系统构建,实现对交通一卡通业务数据进行分析处理,为企业运营管理提供必要的数据支撑,更好地促进业务创新与发展。本系统根据公共交通运营数据,提出了以下分析功能:

本分析功能主要用于业务创新时,根据一卡通交易数据的特征,针对性推出具有个性化的产品和服务。特征分析将重点围绕不同交通工具的交易频次、金额及使用占比(如公交、地铁、公交+地铁)、优惠的频次、打折卡片的比重等方面。

另外,将卡的充资和移资分析、退卡和坏卡分析、卡管理分析、消费利用分析、终端管理分析及成本分析等方面纳入数据分析范围,进一步优化交通一卡通服务,提升公共交通服务效率和应用水平,推动交通信息化、智能交通以及智慧城市的发展。

2)公共交通服务分析功能

通过本平台的建设,依靠一卡通数据处理,实现对公共交通出行特征及客流规律的分析和挖掘,包括跨区客流规律分析、跨区交易总体分析、时间分布特性、空间分布特性、构成特性(各地市)、各地市本地客流规律分析、构成特性分析、客流运营特性、各地市客流规律对比以及客流高峰分析。

例如客流量分析,通过对不同公交、地铁线路的刷卡量进行分析,得出不同线路的平均运载量,判断同一方向的线路运力状态;主要用于为政府提供路网运力报告、科学调度决策的数据支撑。该功能分析维度主要包括:不同公交、地铁线路工作日、假日交易数据和不同公交线路一天内不同时段交易数据;针对分析结果,根据某一个运力指标来加以判断,得出三种运力状态:运力空闲、运力饱和及运力不足。

利用大数据分析,从交通一卡通数据中提取客流信息,其中包括通勤客流量、高峰客流量、出行时间及成本分析、重大活动客流趋势等;同时根据乘客出行行为、交通方式状态,分析公共交通出行链状态,合理预测未来客流的情况。此外,结合公交线路、排班、调度数据，实现运力匹配分析、人群的OD线路分析、出行人群类型比例分析、为政府做错峰出行提供决策依据。

3)辅助政府决策分析功能

通过本平台的建设，依靠交通一卡通的数据分析，挖掘出大型活动的出行特征和运力需求，应用于公共交通工具价格政策制定、优惠补贴优化、客流安全监控等方面，为政府决策提供科学的数据辅助支撑。

进行人群出行OD特征分析，根据通勤人群的出行规律，分析出人群的OD线路。通过对同一线路做老年人群类型分类，分析通勤时间的老人年的占比，为政府做错峰出行提供决策依据。分析方法是：根据同一线路人群的刷卡交易数据，分析该类人群的通勤OD路径。对同一线路的人群再做细化分析，分类出不同类型人群占比(特别是老人)，引导老人错峰出行。

5.6.3 典型应用场景

1)公共交通工具配置结构分析

基于公交一卡通在各种公共交通工具中的应用情况，对一卡通的刷卡时间、类别、频率和数量等数据进行分类统计，分析不同类型公共交通工具承载能力和使用强度，根据分析结果可为交通部门和运输企业在配置公共交通资源和投放类型车辆的决策提供科学的数据支撑。

图5-59显示了一段时间内交通卡在不同公共交通工具中的使用次数的分类统计。持卡用户在选择交通工具时存在明显的特征，就是公交和地铁基本占据了整体公共交通出行中的80%，表明公交和地铁在公共交通中承担着主要的出行任务。根据交通卡数据客观的统计结果，为相关管理部门在调整公共交通政策、运力结构优化、票价补贴等方面提供有力的数据支持。

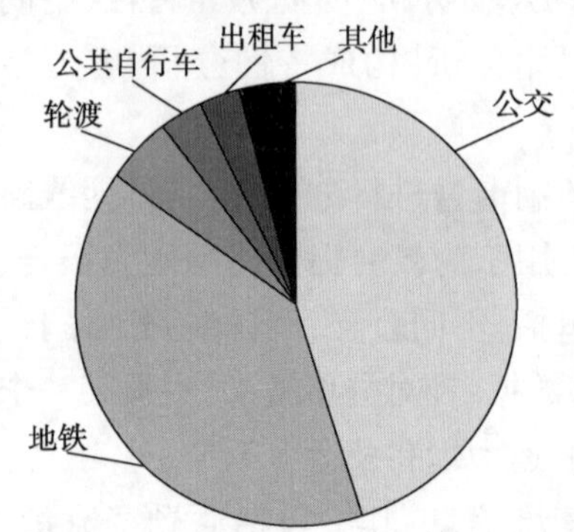

图5-59　一卡通在各类公共交通工具中的使用比例

为了能给相关部门的公共服务管理提供更精准的参考依据，可进一步对公交行业、地铁各线路、车辆的刷卡比例进行细化统计，针对每条线路的承载量进行量化评估，提升交通部门对整体公共交通运行态势有更准确的预计。

2)日均客流规律分析(图5-60)

(1)分析各线路在不同日期、不同时段的客流占比，分析各线路客流在整体客流的比率，统计客流的整体分配情况。

(2)不同线路在同一日期或时段客流分析对比。

(3)分析自定义线路组合两个指定日期段客流对比,分析比较特殊时期,如春运、五一黄金周客流变化,高峰期变化,不同天气状态的对比分析。

(4)分析各线路、各运输企业不同发班类型的客流量。

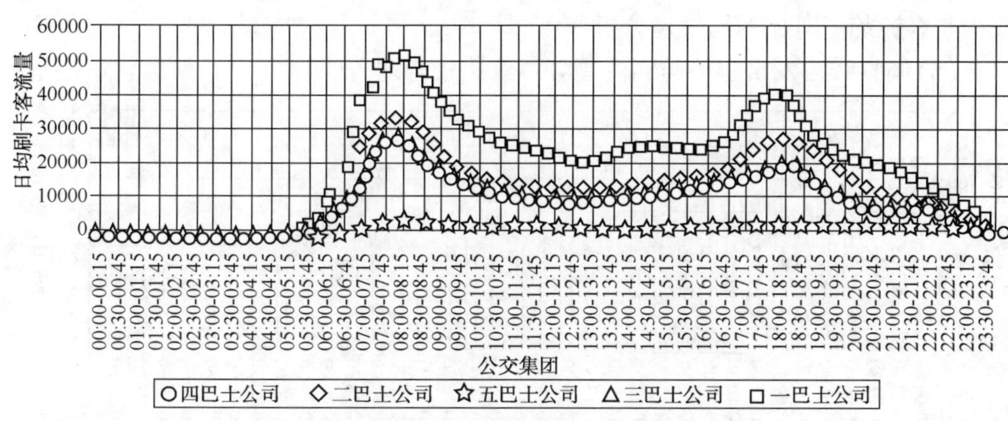

图5-60 公交线路的交通卡日刷卡量的统计分布图

3)线路发班规律分析(图5-61)

(1)在不同时间段,可对不同线路组合车辆发班规律进行统计分析。

(2)可对不同时间段,不同线路的车辆发班类型进行统计分析。

(3)对不同类型、不同车辆进行预警线路、次数统计分析。

(4)对不同企业、类型、线路出车率进行统计,对低于预警线的企业或线路进行预警,调整配车数量。

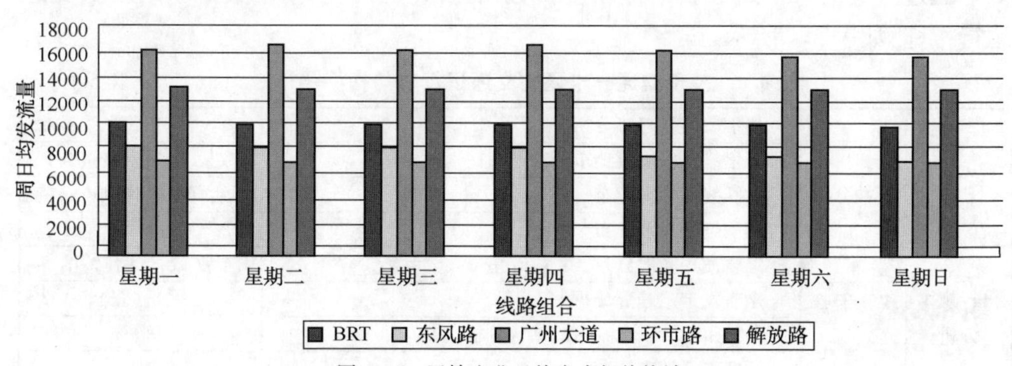

图5-61 运输企业日均发班规律统计

4)车辆发班与客流匹配分析(图5-62)

(1)对不同区域、线路组合、线路任意日期周规律发班与客流匹配分析,从而调整发班趋势,与客流的趋势一致比较合理。

(2)对单条线路、不同区域、线路、企业组合,在不同时间发班与客流匹配趋势分析。

(3)对线路发班规律与运能客流进行匹配分析。

(4)根据线路班次进行客流分析。

(5)对道路途经站点、线路途经站点、站点组、站点班次在任意日期、任意时间段内与客流趋势对比的周规律分析。

(6)调整线路发班趋势与客流趋势一致比较合理。

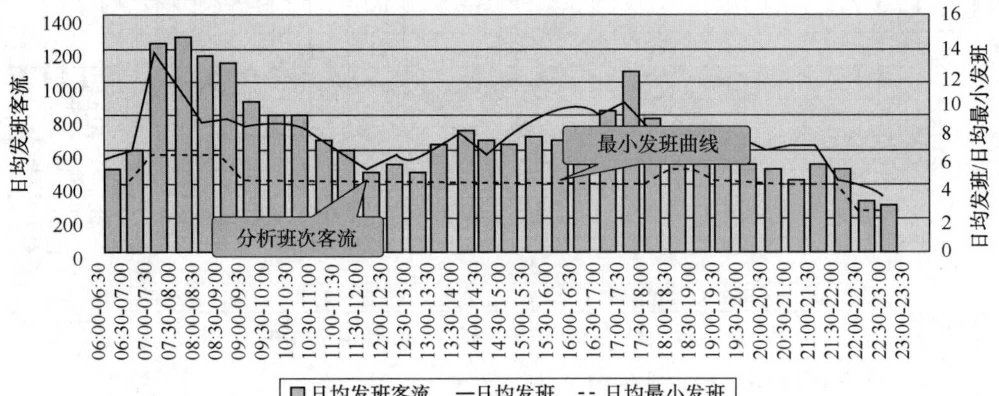

图 5-62　某线路日均发班客流统计

5)交通态势指标提取与设计

(1)根据多种交通规律分析,提取较大程度影响交通运行态势指标。

(2)根据交通运行态势指标,宏观分析交通运行现状。

通过对交通一卡通数据结构、应用场景的研究,提出了以下数十项的公共交通运行指标,如表 5-1 所示。

基于交通一卡通的交通运行态势指标　　　　表 5-1

出行规律分析	终端分析	终端安装量趋势分析	数量
		新增终端安装量地市分布	数量/地区,比例(%)
		活跃终端地市分布	台/地区,比例(%)
		消费终端行业分布	台/行业
		终端使用频次分布	次数,比例(%)
	发卡分析	全省发卡量趋势分析	数量(张)
		各地市累计发卡量占比结构分析	比例(%)
		活跃卡量地市分布	张/地区
		不同类型的票卡各地市发行量分布分析	张/类型,人群特征
		不同年份发行的票卡的活跃度分析	张/年份
		不同使用年限的活跃卡数量对比分析	张/年份,活跃
		活跃率的发展趋势分析	比例(%)

续上表

出行人群交易需求	充值交易分析	全省充值交易趋势分析	无量纲
		全省跨区充值交易趋势分析	笔数
		充值交易各地市构成分析	笔数/地区
		跨区充值交易各地市构成分析	比例(%)
		充值交易各地市分布	比例(%)
		各地市不同充值模式的充值交易量对比分析	笔数,金额/模式
		不同余额段的卡数量对比分析	数量,比例(%)
		不同充值频率的卡数量对比分析	无纲量
		跨区充值的出入对比分析	比例(%)
	消费交易分析	全省消费交易趋势分析	数量,交易笔数
		全省跨区消费交易趋势分析	交易笔数/跨区
		消费交易各地市构成分析	比例(%)
		跨区消费交易各地市构成分析	比例(%)
		各地市不同行业的消费交易量对比分析	交易量/行业
		各地市不同行业的跨区消费交易量对比分析	交易量/行业跨区
		各地市工作日与非工作日消费交易量对比分析	比例(%)
		各地市工作日与非工作日跨区消费交易量对比分析	比例(%)
		各地市高峰时段的消费交易对比分析	比例(%)
		各地市高峰时段的跨区消费交易对比分析	比例(%)
		各地市不同消费频次的卡数量对比分析	比例(%)
		各持卡人群不同消费频次的卡数量对比分析	比例(%)
		不同持卡人群的消费交易构成分析	比例(%)
跨区人群出行习惯分析	跨区出行分析	月度跨区交易的卡数量趋势分析	数量/跨区月度
		工作日与非工作日跨区交易的卡数量趋势分析	比例(%)
		各地市票卡跨区通行次数分布	比例(%)
辅助决策	公共政策分析	消费交易优惠金额趋势分析	交易额(元)
		不同持卡人群的消费交易优惠金额分布分析	比例(%)

6)大型活动的公交出行预测

根据以往大型活动的交通出行数据,结合当天的交通状况、线路、天气状况等因素,预测大型活动期间的公共交通状态,为公共管理部门提前做好交通预案、人流疏导方案和公交线路增援等措施提供必要的参考依据。例如,在广州亚运期间,公交IC卡数据为大众的公共交通出行提供很好的预测依据。

7)交通管理分析

通过客流的预测,对于企业而言,可以对各线路配车、调度进行科学、合理优化,使运力的配置和调度符合线路客流需求;对于行业管理部门而言,可从全市线路的调整、线路停靠站点的调整出发进行优化配置,缓解客流拥挤,提高公交行业服务水平。

借助面向调度的客流预测信息,可以获得相对实时、可靠的分时段各站点客流量,并通过发班与线路、站点客流的匹配情况,以高峰期乘车、特大客流站点等为目标,及时调整车辆调度提高线路运输能力,同时也为公交的排班计划、运营调度提供辅助决策支持,实现对运营调度计划的不断调整优化。

利用客流分布系统掌握企业总客流在各线路的具体分布,对客流量相对较高的线路可适当增加配车数;利用客流分布系统掌握每条线路客流在时间上的具体分布,方便进行科学的配班(图 5-63)。

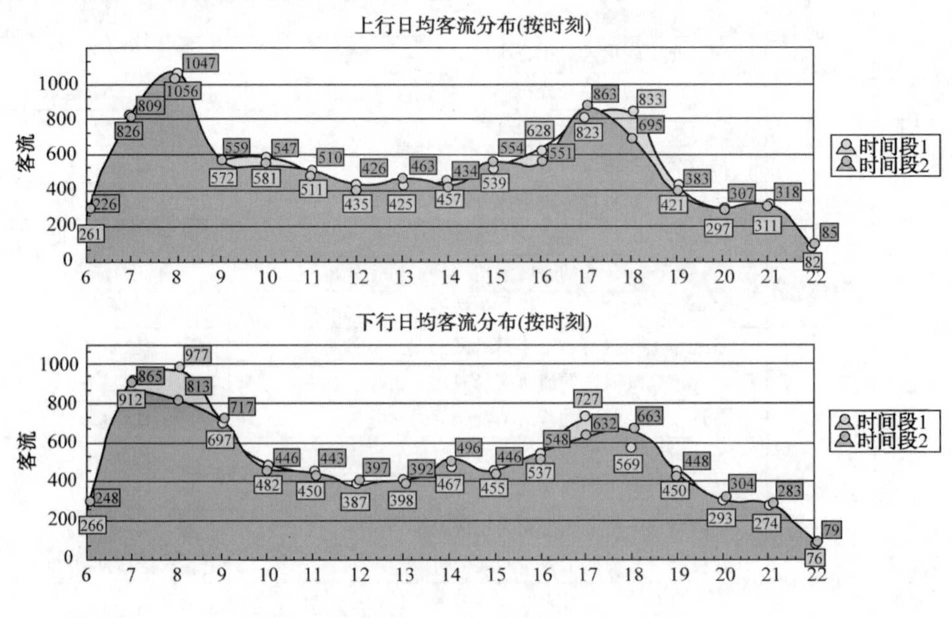

图 5-63 日均客流分布统计

利用客流分布系统掌握各线路客流在时间、空间上的具体分布,监控线路的运作情况;通过监控最高峰时段和最高峰站点乘客乘车情况,及时优化调整运力,可以最有针对性、最有效解决各线路高峰乘车难的问题。

8)交通态势运力管理

如图 5-64 所示,菱形是最大发班次数,星形是服务质量要求(最小发班次数)。方形是实际发班。菱形与星形之间为合理区间。超过红线则资源浪费,低于星形则不能满足服务质量要求。

9)公共交通优惠政策分析

对使用公共交通工具的不同群体进行统计,根据统计结果为票价优惠政策的制定提供数据支持。在平衡运输企业效益的前提下对不同类型人群制定票价优惠政策，提升公共交通出行的吸引力，鼓励更多选择公共交通出行方式，推动绿色出行理念。

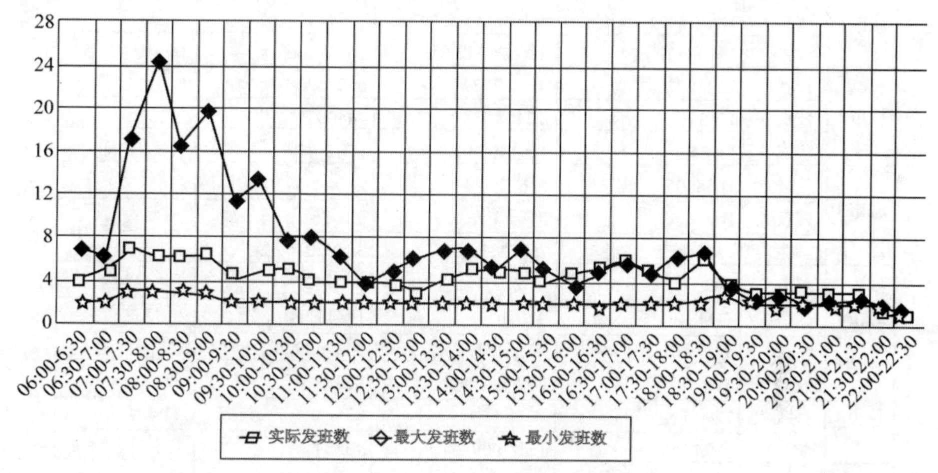

图 5-64 车辆发班与运力匹配分析

10）燃油补贴政策分析

统计不同的公共交通方式（如公交、地铁、出租车等），在营运车辆数量，车辆载客数量、线路里程、客流承担率等方面的数据，根据统计数据测算不同类型交通运营企业应发放的补贴金额，为政府部门科学发放燃油补贴提供数据支持。

11）特殊人群优惠补偿政策分析

为更精确地对特殊群体的出行成本进行针对性补偿，必须通过对特殊人群（如老年人、学生、残疾人等）交通卡出行数据进行分类统计（图 5-65）。由于这些特殊人群交通卡实行的是实名制，所以统计人群出行的情况应是真实的。统计结果为政府在票价优惠幅度、乘用次数、使用范围等方面给予的补偿措施提供依据，使相关政府部门在公共交通服务上兼顾到公益性和科学性。

12）公众出行服务

通过对市民出行方式选择、出行时间、出行地点等数据进行统计，分析市民出行规律，助力政府、行业部门提供更优质出行服务。

13）出行方式建议

通过手机 APP 方式，结合持卡人刷卡偏好数据及线路情况，为出行市民提供出行方式选择及建议。APP 提供不同线路实时拥堵情况、提供拥堵路段运行情况以及出行建议。向出行市民提供交通工具实时信息，使出行规划更科学，向出行市

地区	类别	消费总笔数(笔)	消费实价金额(元)	消费原价金额(元)	差价额(元)
城市1	长者	294218138	7419053.25	631306403.4	556387350.1
	残疾人	11447847	4692000.56	25947419.34	21255418.78
	学生	141974290	196521242.6	363477663.1	166956420.5
城市2	长者	222402	406619.77	695742.37	289122.6
	残疾人	11131	22138.7	44400.7	22262
	学生	616982	1191499.97	1702142.81	510642.84
城市3	长者	16586053	3362230.4	28241309.9	24879079.5
	残疾人	102	218.25	422.25	204
	学生	14135555	16853522.81	33707045.62	16853522.81
城市4	长者	992235	16253.7	2000723.7	1984470
	残疾人	71881	410.4	144172.4	143762
	学生	3716215	5150151.41	6437689.26	1287537.85
城市5	长者	396	742.5	825	82.5
	残疾人	22	41.4	82.8	41.4
	学生	6594	12180.69	13534.1	1353.41
合计		483999843	303148306.4	1093719577	790571270.3

图 5-65　不同城市在对特殊人群公共交通补贴政策

民提供最新线路更改、调整等信息。

5.6.4　应用案例

1)岭南通大数据云平台

岭南通已实现了全省 21 个地市及港澳地区的公共交通一卡通互联互通,每天基于公共交通的刷卡行为能产生的数据记录就高达 1200 多万条,且每条数据包含至少 20 项属性,包括持卡人交易时间、交易地点、交易类型、交易频率等数据信息,蕴含了大众公共交通出行的基础信息数据。跨区域最高刷卡量达 120 万人次,全省每日的公交刷卡数据量达到 50GB,由此推算全年的数据量高达 18TB。

岭南通大数据云平台以海量的、复杂多样的交通大数据为基础,充分运用云计算、分布式存储等先进技术,基于 Hadoop 框架构建面向公共交通服务的大数据开放式公共服务平台。平台整合现有基础公共交通、道路客运、城际轨道等领域业务系统数据,实现公共交通大数据的融合与共享,优化交通资源配置。面向政府、行业、合作伙伴、公众提供交通大数据服务,为交通管理和决策提供智力支撑,提升公共交通一体化的服务内涵。

岭南通大数据云平台相关系统分析界面如图 5-66~图 5-70 所示。

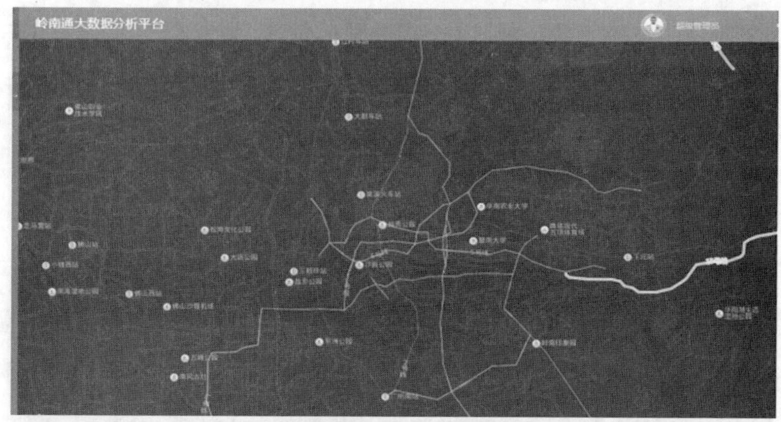

图 5-66　地铁线路客流动态追踪

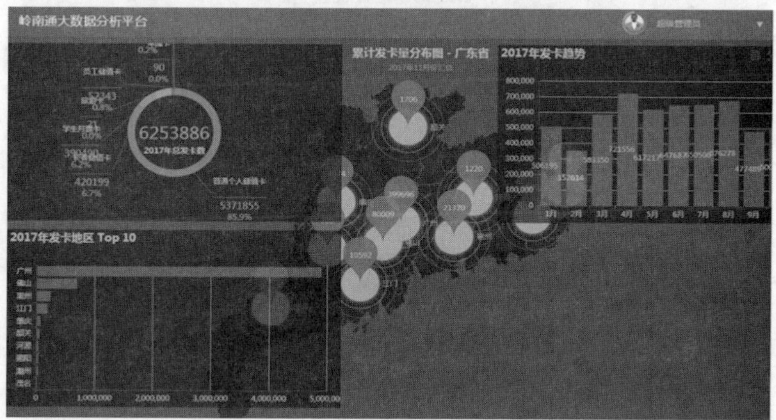

图 5-67　广东省各地市发卡量分析

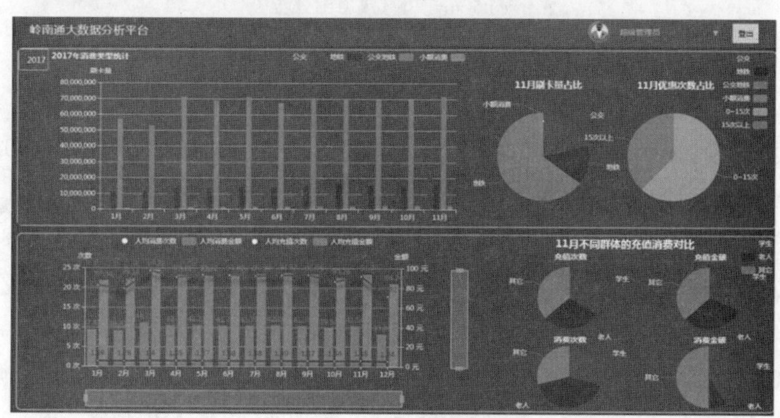

图 5-68　交易特征分析

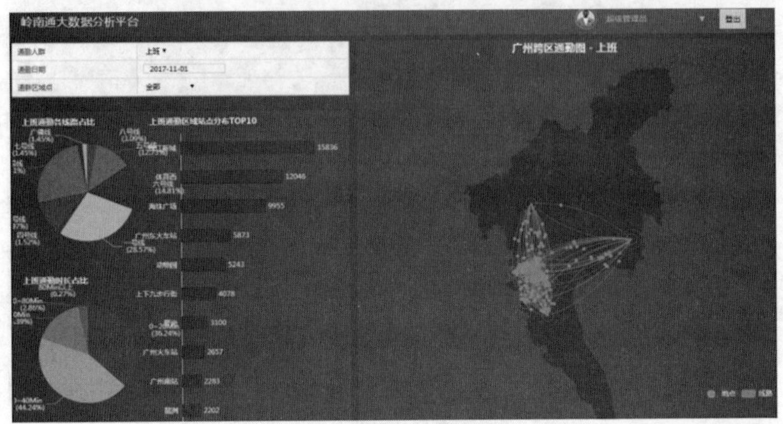

图 5-69　通勤人群分析

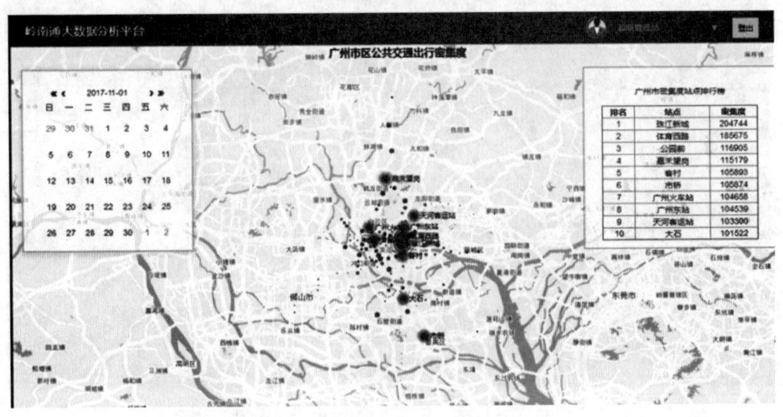

图 5-70　出行热力图分析

2)北京市政一卡通大数据平台

北京市政交通一卡通有限公司成立于 2000 年,经历年的发展,业务渐渐扩展到 4 个领域,共 28 个应用,典型的是城市交通。北京一卡通在公共交通领域上基本实现全覆盖,市政服务方面覆盖了燃气、公园景点、公共电话、环保系统、学生卡、养老助残卡和残疾人一卡通。28 类的应用历年发展过程中积累了海量的数据,据统计,在公交和市政领域累计的可用数据是 460 亿笔,共累计发行了 1 亿张卡,保有量 8000 万,每天还有 3000 万笔左右的增量(2016 年统计数据)。

在大数据规划和实践方面,北京一卡通建立了和数据相关的三套体系,为政府、公众提供服务。第一套是具有鲜明一卡通特色的数据治理体系,第二套是数据挖掘分析和计算体系,第三套是应用和展示体系。

(1)数据治理体系的标签画像(图5-71)

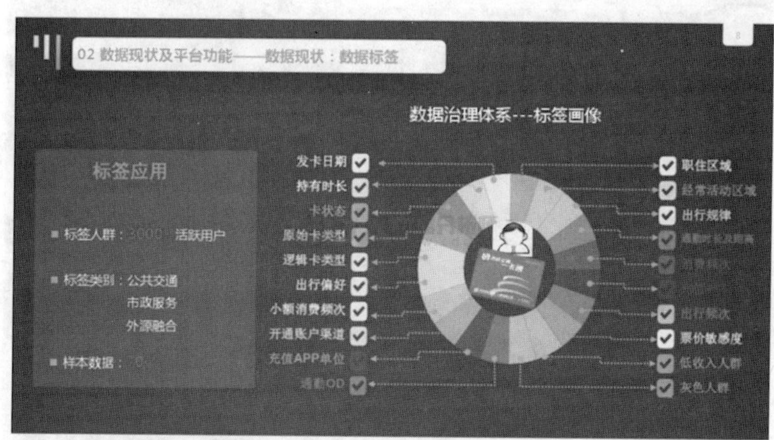

图5-71 数据治理体系的标签画像

北京市政一卡通对IC数据的标签化分析,将涉及IC卡的数据分了30多个纬度,包括发卡的标签、持有时长的标签等,以某种可视化形式展现出来。在卡片当中应用比较多的有通勤的OD、充值的次数和票价敏感度等可刻画的标签。另外,针对学生卡、老年人卡等不同群体也作了各自的分类和分析,有专项的标签,为政府各项数据分析服务提供了基础。标签数据来源于三类:公共交通类、市政服务类和外源融合类(包括天气数据、商业化的数据等)。

(2)公共交通路网热点分析(图5-72)

(3)职住平衡分析(图5-73、图5-74)

(4)线路客流分析(图5-75)

图5-72 公共交通路网热点分析

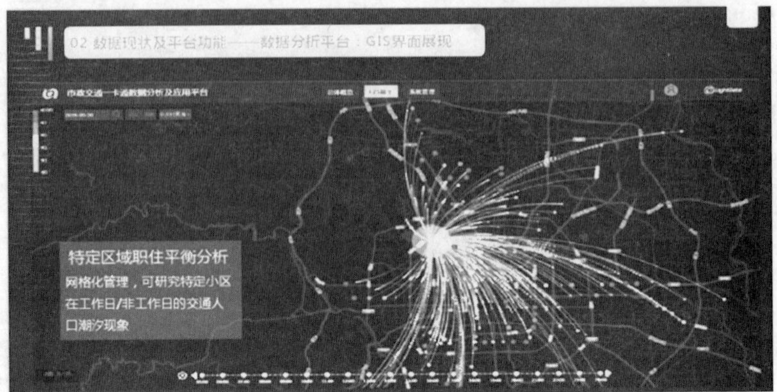

图 5-73　职住客流趋势分析

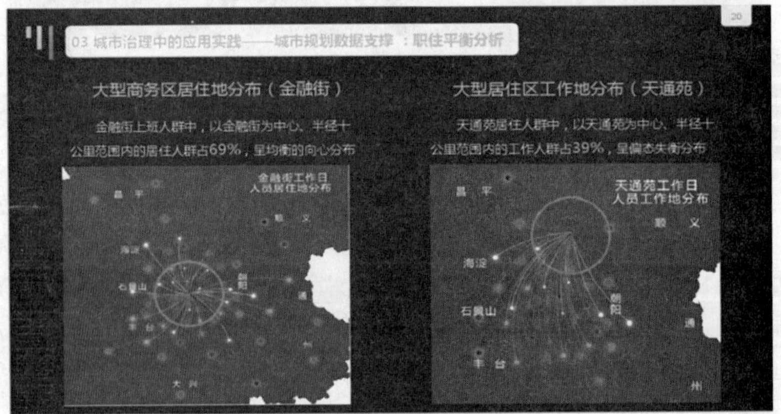

图 5-74　职住客流分布分析

图 5-75　线路客流分析

北京市政一卡通大数据分析主要分为四类,一是政策效果评估,二是城市规划支撑,三是特定人群的分析以及服务,四是公共交通的优化。

5.7 交通一卡通互联网充消一体化系统设计

为适应互联网时代的发展,满足市民日益增长的生产生活需要,更好地为用户提供便捷的、个性的一卡通充值服务,拓展公共交通一卡通的充值服务,创新一卡通充值业务模式,优化对充值服务的调控和统筹管理功能。交通一卡通互联网充消一体化系统(以岭南通为例)基于已有的个人版互联网充值系统,研究服务范围更广的、服务质量更优的面向商户应用的岭南通宝,搭建互联网充值的资金渠道,开发出企业商户功能,丰富一卡通充值环境,降低充值渠道建设、运营成本。

随着城市交通一卡通充值与消费支付业务的不断拓展,交通一卡通在线服务功能进行了不断地发展,而且随着市民对一卡通充值与消费便利性、快速性服务需求的增加,我国网上充值与刷卡消费行业进入高速发展时期,曾经单一的、分离式的充消服务方式不再能满足商户多元化的使用需求。

近年来,国内流动人口数量激增且增长态势明显,跨区域的交通一卡通使用频率也随之不断增加,跨区域消费额也不断攀升,跨区域旅游出行消费欲望也不断增强,急需高效便捷的网上充值与消费支付等功能于一体的支付载体。

当前,相应的移动充值设备与支付 POS 设备已经走进市民的日常生活,成为人民生活出行的重要应用工具。但是,移动充值设备与支付 POS 设备的技术分离增加了经营的成本,不利于商户的业务发展,也阻碍了交通一卡通商业化产业的发展。

因此,发展基于互联网的交通一卡通充消一体化系统成为拓展一卡通业务的重点方向,构建基于互联网的一卡通充消一体化系统大大推进了网上充值产业与消费支付产业的融合与发展,实现一卡通产业的升级与转型,推动一卡通充消一体化设备产业的拓展。

然而,随着人们对互联网移动技术的不断追求,现有的一卡通离线钱包已经不能很好地满足日益增长的社会需求,发展在线电子钱包已成为一卡通业务拓展的重要方向。现有的一卡通离线钱包需要进行线下的充值服务,固定充值网点受限于时间、地点等限制,大大限制了人们的生活出行,制约着持卡用户出行的自由度,并且在充值高峰期容易造成排队时间长、充值难等困境,原有的线下充值服务已不能很好地满足用户的需求。

5.7.1 系统架构

系统的构建改变了传统单一的线下充值与消费服务,发展移动互联网充付业务,推动线下服务与线上服务的融合,为市民提供更为多元化的一卡通充付服务应用体验,实现更为方便的、快捷的和不受时空限制的应用功能。系统的整体架构如图5-76所示。

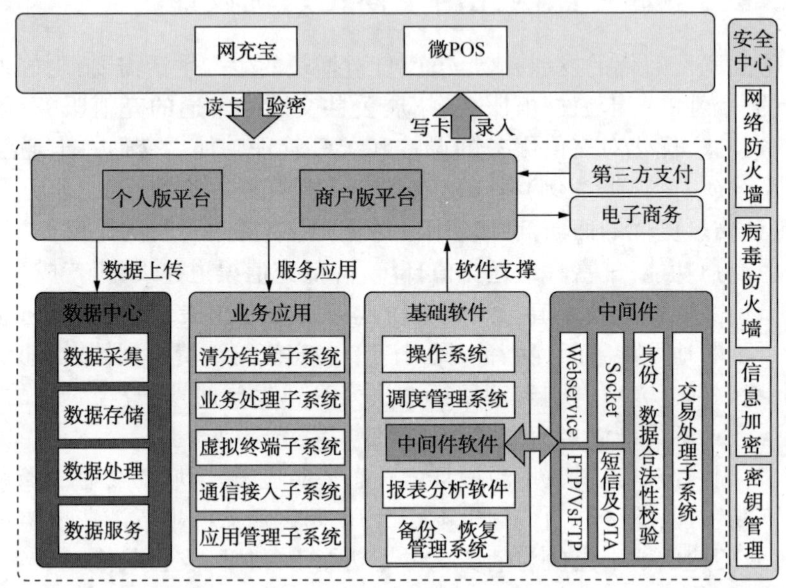

图5-76 商户充消管理平台架构图

系统主要由安全系统、数据中心、中间件服务、业务应用和基础软件等构成。支付业务平台外部系统有WEB浏览器、资金渠道和其他卡商,外部系统通过网络,向充消一体化系统发起查询、支付和清分结算等业务请求数据。

(1)安全系统是支付业务平台对外的安全门户,主要包括网络防火墙、病毒防火墙、信息加密和密钥管理防止网络攻击及病毒入侵。

(2)中间件系统实现屏蔽了底层操作系统的复杂性,使程序开发人员面对一个简单而统一的开发环境,减少程序设计的复杂性,从而使得其他子系统可集中资源在处理业务上,不必再为程序在不同系统软件上的移植而重复工作,从而大大减少了系统的负担。中间件主要解决了信息接入、用户身份及数据合法性校验等功能,监控着充消一体化系统各业务子系统的交易处理过程、服务调用及终端用户的并发处理。通过增加或调整中间件平台的服务,系统支持快速修改、扩展充消一体化系统的业务功能,增加部署中间件平台的服务器可方便的提高系统处理能力。

(3)业务应用层集成了WEB用户端、业务处理子系统、虚拟终端子系统、通信接入子系统、清结算子系统和应用管理子系统等6大部分组成。其中,清结算子系统、业务处理子系统和应用管理子系统是业务应用层中承担了相当重要的功能,业务处理系统实现了一卡通系统、地市运营商、商家与充消一体化系统的业务对接；清结算系统实现了线上充值和消费的一体化轧差清算，优化了通卡企业与商家间的资金对账过程。各业务子系统由中间件服务和系统进程构成，根据业务处理子系统的调度完成各项业务功能。

(4)基础软件主要有操作系统、调度管理系统、中间件软件、报表分析软件及备份/恢复管理系统等，主要负责充消一体化系统日常的运行，为平台提供基础性的应用功能。

基于互联网的交通一卡通充消一体化系统通过与银行或第三方支付方、认证中心、省一卡通管理平台、终端设备和WEB服务器等进行连接，充分利用互联网技术优势，实现了快速、便捷的网上充值服务功能，其系统拓扑图如图5-77所示。

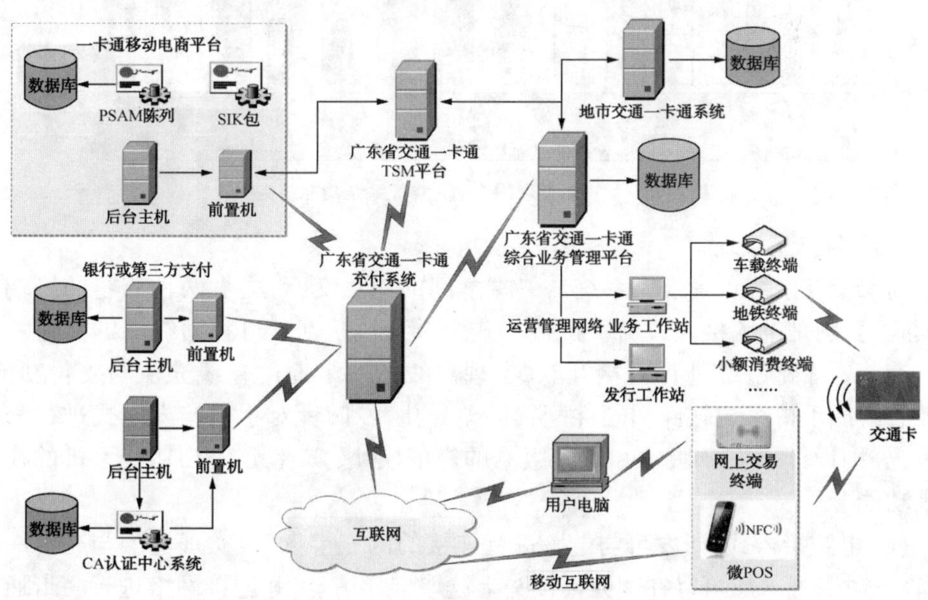

图5-77 岭南通充消一体化系统拓扑构架

5.7.2 系统功能及特点

系统接口采用http协议，交互参数分为消息头参数和消息体参数(透传接口除外，例如透传空充http接口、透传消费平台http接口、透传网充平台socket接口等)，都是JSON格式，消息头参数通过http消息头中的header参数传递，消息体参数通过http消息体中的body参数传递。身份认证信息在消息头中传递，接口业务数据在消息体中传递，编码使用utf-8，所有参数的类型都为string类型。因为JSON本质就是一个字符串，而且都定义为string会减少类型错误问题，接收方解析JSON

再将具体参数 string 类型解析为需要的类型。

交通一卡通充消一体化系统(图 5-78)主要包括充消一体前端设备、网上支付平台、商户版充消一体化系统和充消一体后台系统。

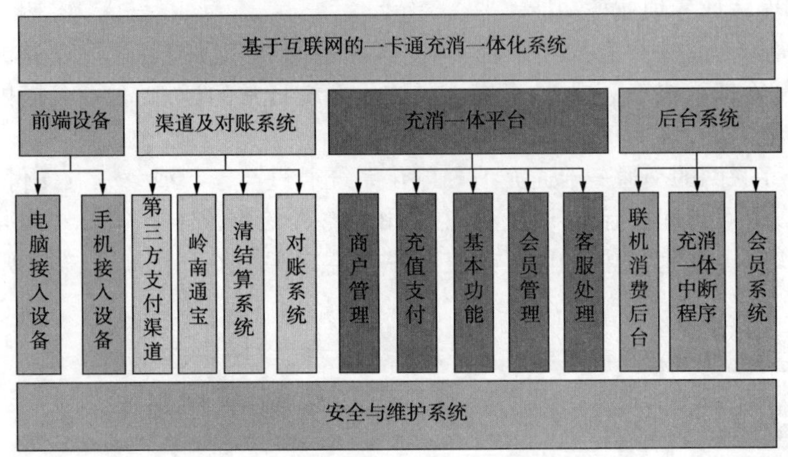

图 5-78　岭南通互联网充消一体化系统功能结构图

1)前端交互系统

前端交互系统负责线上系统与终端之间的信息交互,提供两种兼容的终端接入模式,分别是电脑接入式与手机接入式。系统包括基于可移动终端的交通一卡通与充消一体化系统进行对接互联,实现离线的一卡通的在线充值与支付功能。为兼容智能手机系统软件和硬件配置的差异化,专门针对手机接入模式进行分类研发,分别设计出安卓版本和 IOS 版本的充消模块,实现无 NFC 功能手机的在线充消功能。

(1)电脑接入式:研发可与电脑进行连接的网充宝读头,实现电脑与充消一体设备的连接,一卡通可以在网充宝读头上读取卡片信息,并连接网络进行一卡通的充值与消费支付。

(2)手机接入式:研发可与智能手机进行连接的网充宝读头,实现手机与充消一体设备的连接,并分别设计出适合安卓系统与 IOS 系统的手机接入模块,实现一卡通通过手机网充宝读头进行充值与支付。

(3)接入功能:通过与充消一体化系统的连接,可调用岭南通网充宝读头充付功能;生成二维码供第三方进行支付,或者利用读头的 NFC 功能进行一卡通刷卡充付。具体的调用模式如下:

①选择支付方式;

②生成相应的二维码或其他支付申请;

③支持一卡通刷卡支付。

2)在线电子账户系统

在线电子账户系统主要由岭南通账户管理系统、清结算系统、对账系统及第三方接口系统等子模块构成,充分利用岭南通宝、支付宝、网银、微信钱包和QQ钱包等在线支付方式,构建一个多元化的网上支付平台,为用户提供多种方式的支付途径,并实现系统账户与各种第三方支付平台的对接,建立以在线账户为核心的交通一卡通支付平台。

(1)第三方接口系统:通过研发兼容多种支付接口协议系统,支持在线账户接入第三方支付账户,包括支付宝、网银和微信钱包等主流资金平台,构建第三方支付模式的兼容系统,实现多样化的支付模式。

(2)岭南通账户管理系统:专门为交通电子支付领域研发的专属在线账户应用,构建以在线账户为资金流通核心的充消平台,为商户运营交易提供便捷的资金流通渠道和内部资金管理功能。同时,岭南通在线账户的应用改变了原有的线下充售网点预先购买充值额度的传统模式,极大简化了商户充值额度管理流程,提升商户回款效率,确保了交易的安全性。

(3)清结算系统:主要分为清算与结算两个部分,对系统所产生的订单、支付和充值等交易进行清算与结算,具体模式如下:

①各种方式交易资金清算。

②各种方式交易资金结算。

③交易流程的查错处理。

④退货或订单取消处理。

(4)对账系统:建立完善的账目对账管理系统,系统化地记录与存储交易流程中所产生的账目清单,为持卡用户或商户提供与供应商之间清晰、准确无误的订单账目或货款账目以及付款账目等,方便用户或商户进行账单核对工作。

①账户交易明细:账户充值、提现交易明细。

②卡充付明细:账户对岭南通卡的充付明细。

③网点明细:为网充助手账号提供其充付交易记录查询。

④交易明细下载:按年/月/日提供各类交易明细下载。

3)充消一体化平台

平台主要由商户管理、会员管理、充值支付、基本功能及客服处理等子模块构成,在发展交通一卡通充消一体化系统的基础上,实现商户管理功能,为企业提供卡片管理、出勤管理和出入门禁管理;实现平台会员积分的转化,完善平台的商户会员制度;提供用户与商户提供优质高效的客服处理机构。具体结构如图5-79所示。

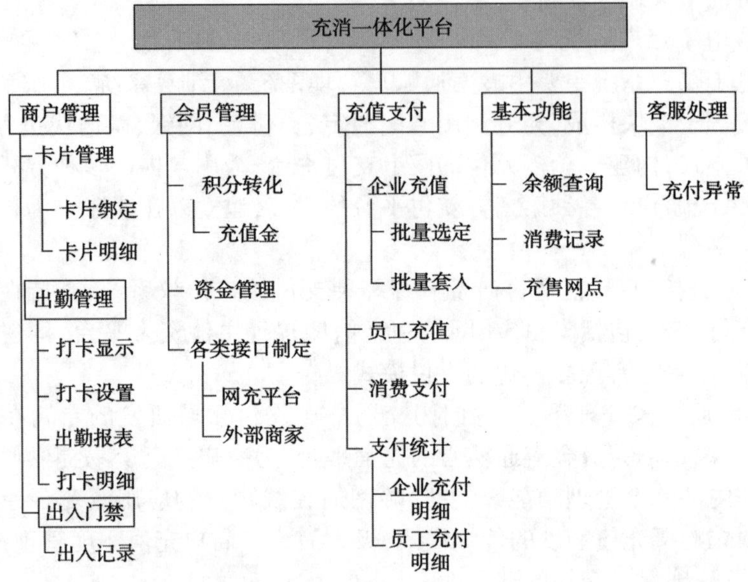

图 5-79　充消一体化平台架构图

(1)商户管理:主要分为卡片管理、出勤管理与出入门禁管理,实现对企业内部的管理,为商户提供有效的企业管理系统。

①卡片管理:由卡片绑定与卡片明细等功能构成,卡片绑定包括了新增、更换和删除。

②出勤管理:由打卡显示、打卡设置、出勤报表和打卡明细等构成,出勤报表包括了日报、周报和月报。

③出入门禁管理:门口出入记录的管理,对重要区域实行门禁管理,记录进出的人员名单。

(2)会员管理:主要针对的是积分转化的管理,用户参加不同商户、不同活动的积分,转化为能对岭南通卡充值的充值金。

①积分转化系统的开发:针对不同商户、不同活动的积分转化规则,开发岭南通积分转化系统。

②各类接口的制定:积分转化系统与网充平台对接,需制定相应的接口;积分转化系统与外部商家系统对接,制定统一的对外接口规范。

③资金管理:用户使用积分根据商户的积分转化为充值金,划到用户对应的后台账户上,用户便可以用来做充值,配套的结算系统需要对积分转化的充值金与商户进行对账和结算。

(3)充值支付:由企业充值、员工充值、消费支付和充付统计构成,实现个人用户与企业的充值与支付功能。

①企业充值:分为批量选定和批量套入。

②员工充值:员工一卡通由企业内部管理系统进行充值。

③消费支付:企业或员工通过一卡通进行日常的消费支付。

④充付统计:可分为企业充付明细和员工充付明细。

(4)基本功能:指岭南通 APP 通过一卡通充消一体化系统可以进行岭南通卡的余额查询、消费记录查询和充售网点查询等基本功能。

(5)客服处理:对平台充付流程、交易流程和资金流通流程中所发生的系统操作异常进行处理,解决用户的困难,满足用户服务要求。

4)后台系统

主要由联机消费后台、充消一体终端程序和终端销售模式等构成,使岭南通充消一体化系统能受理所有岭南通卡的充值和消费业务。

(1)联机消费后台:完成现有联机消费平台与充消一体化系统的开发和整合。

(2)充消一体终端程序:在具有充值功能终端上增加消费支付功能,使其对所有岭南通卡均能进行充值和消费支付。

(3)终端销售模式:商户可申请购买,或支付充消一体终端购买押金,在一定的充值额度内可退还押金,充消一体终端赠送给商户;企业可申请购买,或支付充消一体终端购买费用。

5.7.3 应用场景

1)C 端充消一体化系统

个人版充消一体化系统(图 5-80)的应用界面主要包括首页、充值服务、交易查询和异常处理等功能,其中,首页主要包括信息发布、功能介绍和产品推广等;充值服务包括金额选择、资金渠道选择和余额显示等;交易查询包括充值记录、消费记录、交易

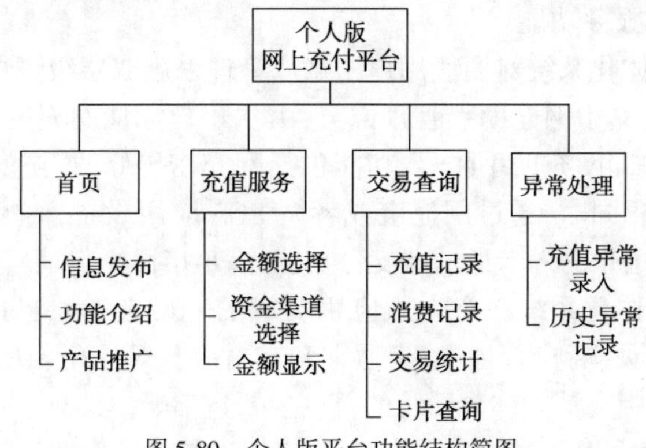

图 5-80 个人版平台功能结构简图

统计和卡片查询等;异常处理主要分为充值异常录入和历史异常记录等。

(1)首页:主要包括交通一卡通的信息发布、功能介绍和产品推广等。

(2)充值服务:个人用户登录充消一体化系统后,通过网充宝或微 POS 终端设备与一卡通进行数据交互,实现对一卡通充值服务的读写应用。

(3)交易查询:对一卡通充值与消费支付等交易流程进行记录与汇总,如交易时间、交易地点、支付方式、订单状态、查询报表及交易金额数量等。

①充值记录:为用户提供交通一卡通充值交易信息的记录与查询功能,对一卡通实现何时、何地、何种方式、充值金额等充值信息的记录,完成相应的充值查询。

②消费记录:为用户提供交通一卡通消费交易信息的记录与查询功能,对一卡通实现何时、何地、消费金额等消费交易信息的记录,从而完成相应的消费查询。

③交易统计:对交通一卡通的交易数据进行统计,记录该一卡通充值与消费的交易金额、交易笔数、交易成功笔数及失败笔数等,方便持卡用户对一卡通的交易信息进行查询。

(4)异常处理:充消一体化系统充付流程、交易流程和资金流通流程中所发生的系统操作异常进行处理,解决用户的困难,满足用户的服务要求。

①充值异常录入:为用户提供一卡通充值异常或充值失败的客诉反馈渠道,用户通过把相应的充值异常情况信息反馈给系统平台,后台人员收到信息后将做出相应的客诉处理。

②历史异常记录:为用户提供交易处理过程中的历史异常记录,以便对一卡通交易异常客诉反馈的处理状态进行跟踪与查询。

2)B 端充消一体化系统

岭南通商户版充消一体化系统(图 5-81)为商户提供全新的支付服务应用,设计出专属于交通一卡通的电子钱包——岭南通宝。商家遵照岭南通商户服务标准,经审核并签署服务协议后,通过注册和使用商户账户功能,可向公众提供充值与消费支付的商户服务功能。

商户版充消一体化系统对商业用户的账户管理采用双层级账户的管理方式。主账户即为商户账户,其中网充助手管理部分,由主账户添加网充网点、设置网充助手初始密码;二级账户即网充助手账号,功能包括网充密码修改、充值服务和对应网充网点交易明细查询。同时,通过网充宝或者微 POS 应用设备,商家在收银台功能模块中可以实现持卡用户的一卡通消费支付功能,满足市民小额消费的服务需求。

商户版充消一体化系统在个人版应用功能的基础上,为更好地满足商户的运营需求而设计出首页、商户管理、岭南通宝和支付服务等 4 个新增的功能模块。

(1)首页:商户版充消一体化系统的首页主要包括账户信息、本店交易、岭南通宝信息、充值记录和消费记录等,记录了商户账户的当前交易信息与前天的交易数据。

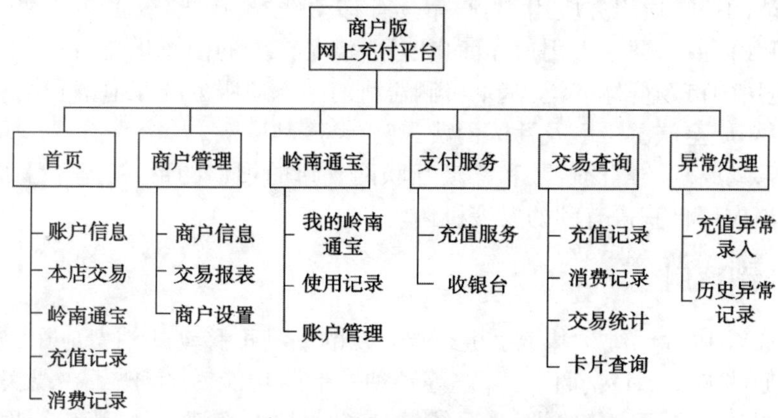

图5-81 商户版充消一体化系统的结构简图

(2)商户管理:主要有商户信息、交易报表、商户设置与资金汇总等应用功能,实现对商户网上内部的管理,为商户提供有效的商户管理系统。

①商户信息:主要负责对商户类型、商户名称及连锁商户数量等信息进行记录与汇总。

②交易报表:主要负责对商户账户资金的流通信息进行收集与记录,其中包括额度使用、今日汇总和本月汇总等信息,并不断更新相应的充值与消费信息与数据。

③商户设置:主要为商户提供对连锁商户的管理功能,如绑定与新增连锁商户、设置连锁商户额度和连锁商户资金流通信息记录及汇总等。

(3)岭南通宝:主要实现对商户岭南通宝账号的管理,其中,包括我的岭南通宝、使用记录和账户管理等信息的记录与汇总,有利于商户对连锁分店的资金管理与充值额度分配管理。

(4)支付服务:支付服务主要包括充值服务和收银台两个应用功能,其中,充值服务是实现对一卡通的网上充值;收银台是实现对一卡通的消费扣款,从而满足商家对一卡通的充值与消费支付服务需求。

①充值服务:商家及连锁商店通过充消一体化系统和网充宝等终端可以实现对一卡通线上充值的业务,其中可以读取卡片号码、余额信息,选定充值金额等,并通过商户确认后完成卡片充值;

②收银台:当持卡用户需要一卡通消费支付时,商户可以在充消一体化系统中读取卡片信息,并输入相应的消费金额,实现对一卡通离线钱包的消费扣款。

5.7.4 目标市场

交通一卡通充消一体化系统及其产品是基于移动端研发的一种集充值、消费、商户等功能的一卡通服务应用,其产品具有移动性好、在线化、多功能和兼容性好等优点,可面向一卡通个人用户和商户使用,满足个人的便捷化充值和商户消费应用需求,适用的市场群体广泛,基本可涵盖目前一卡通服务的充值消费网点和持卡用户,并可拓展至旅游景区及社区消费,甚至是流动商贩。

随着移动终端的广泛普及和移动互联网支付的习惯的形成,基于手机终端的一卡通充消应用将获得有利的发展机遇。

5.7.5 典型案例

岭南通微 POS 系统是基于手机终端开发的一种可移动式消费应用,该系统集成了一卡通的充值、消费、商户、账户等各种一卡通功能,并实现了在线实时管理。相对于传统的一卡通充值终端,该系统具有实时处理、充消一体、账户管理、在线钱包和兼容性好等优势,是传统一卡通终端向移动互联网转型的创新产品,在全省推广期间得到广大小商户的欢迎。这种基于手机的一卡通充消终端应用既能有效满足一卡通用户充值消费的便捷需求,又能满足商户低成本提供一卡通服务的要求,真正解决一卡通服务中的 B 端和 C 端的痛点,更是"互联网+"交通一卡通创新产品的创新尝试。

岭南通微 POS 系统界面如图 5-82~图 5-85 所示。

图 5-82　岭南通微 POS 充值应用

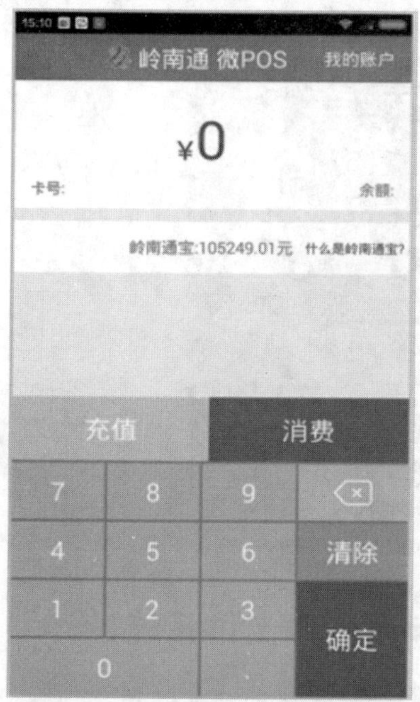

图 5-83　岭南通微 POS 消费应用

图 5-84　充值消费记录查询

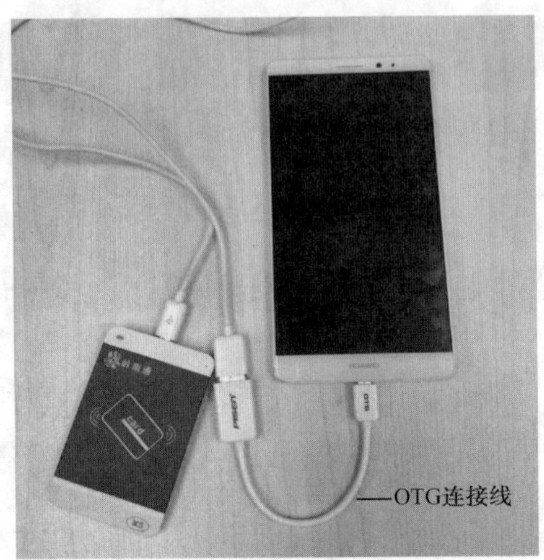

图 5-85 岭南通微 POS 产品图

5.8 基于 NFC 技术的交通一卡通移动支付系统设计

随着智能手机保有量与网民数量的快速增长,移动互联网和移动支付市场规模得到不断扩展,市民出行需求及其他生产生活需求发生了巨大的变化,向便捷化、定制化、个性化及差异化的方向发展,传统的交通一卡通单一支付服务功能已经不适应移动互联网时代趋势,也不能满足市民对美好生活向往的需要。借助新兴的移动支付技术,与交通一卡通支付场景进行有机结合,构建基于 NFC 技术的交通一卡通移动支付系统,改变交通一卡通单一支付功能与应用层面,为广大民众提供多种便捷的支付方式和服务形态,交通一卡通在新技术的推动下不断延伸和丰富各种应用场景。

随着交通一卡通业务覆盖区域和人群的快速发展,传统人工充值、自主充值方式已不能满足持卡用户的业务需求,基于 NFC 技术的交通一卡通移动支付系统涵盖了线上充值、消费、查询、客服等多种服务,能够有效满足用户的服务需求。同时,随着移动支付市场的不断培育成熟和新支付习惯的形成,市民大众对交通一卡通移动支付的需求越来越迫切,对交通一卡通虚拟化与移动支付范围拓展的需求也日益增加。同时依托 NFC 技术的交通一卡通移动支付模式的建设,能够有效推动通卡业务的互联网化和产业的转型。

5.8.1 NFC 支付技术发展及应用模式

NFC 近场通信技术是由非接触式射频识别及互联互通技术整合演变而来,是一种近距离高频无线通信技术，并具有迅速、安全、带宽高和能耗低的特点。在单一芯片上结合感应式读卡器、感应式卡片和点对点等功能，工作于13.56MHz频段，最大通信距离约为20cm，能在短距离内与兼容设备进行识别和数据交换。

1)NFC的操作模式

NFC技术主要支持三种不同的操作模式：①主动模式，即在主动模式下NFC终端可以作为一个读卡器，发出射频场去识别和读/写其他的NFC设备信息，并完成数据交互。②被动模式，这个模式正好和主动模式相反，此时NFC终端则被模拟成一张卡，它只在其他设备发出的射频场中被动响应，被读/写信息。③双向模式，在此模式下NFC终端双方都主动发出射频场来建立点对点的通信，相当于两个NFC设备都处于主动模式。

2)NFC的优势

与传统的公交支付方式相比，NFC支付技术无论在便利性、安全性以及可扩展性方面都具备较大的优势。①NFC支付是一种技术相对比较成熟的近距离支付方式，其支付反应迅速。而且手机作为随身携带、在日常生活中必不可少的物品，可以让人们省去携带现金、银行卡等麻烦。②NFC支付具有较高的安全性。芯片是NFC移动支付实现的基础，还需软硬件模块同时具备才能加以实现，因此其支付的安全性比纯软件支付方式高出很多倍。③NFC支付还具备广泛的可扩展性。NFC技术可以让其他更多业务与NFC业务相互捆绑在一起，能够使资金流、信息流、物流和资金流四流合一。简单来说，NFC支付不仅仅增加了支付手段，使得支付流程极大简化，同时也推动了线上与线下业务、实体与虚拟业务的融合。

5.8.2 系统架构

基于NFC的交通一卡通移动支付平台的总体架构设计如图5-86所示。系统前端是移动电子商务平台及其移动支付相关在线服务，包含了网上充付功能、会员管理功能和交易查询模块等；系统后台负责对交易数据进行处理，通过与合作商户系统对接，提供支付交易服务；由后台处理后的数据进入清结算系统，实现不同服务主体之间的清分结算和出具结算报表；PSAM卡磁盘阵列负责提供交易验证的密钥服务。

交通一卡通移动支付系统按功能模块进行划分，主要模块包括：前端模块、支付交易模块、安全模块、清分结算模块、会员管理模块以及运营支撑平台。

(1)前端模块是一卡通电子商务平台的重要模块，主要包括一卡通APP和一卡通微信公众号等，主要实现客户与平台的交互。

(2)支付交易模块主要实现一卡通线上充值功能，并开放接口与商家合作，通过线上支付，拓展线上业务。

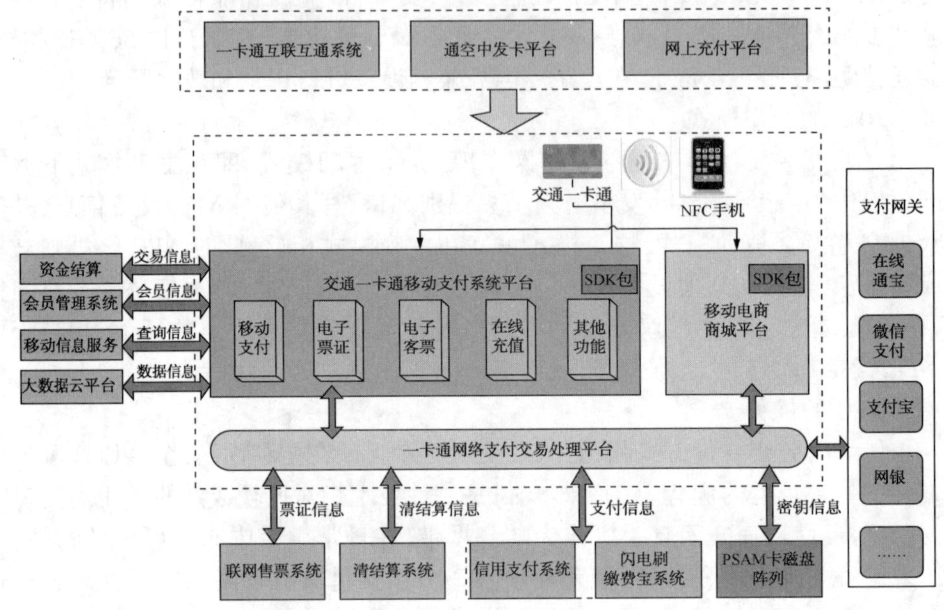

图 5-86　系统架构

(3)会员管理模块主要用于维护一卡通用户的基本信息、卡信息、终端信息、交易信息和积分等的管理。

(4)清分结算模块根据电商平台上每日发生交易的情况,进行对账、手续费计算、交易清分、账务统计等操作。

(5)安全模块主要通过签名证书的管理来检查岭南通 APP 的合法性,保障 APP 安全。同时,通过在 NFC 手机内安置 PSAM 阵列设备,保证交易和支付的安全。

5.8.3　系统功能

移动支付系统功能如下:

(1)APP 应用功能,实现在线充值、网点查询、交易查询等服务。

(2)微信平台功能实现交通一卡通在线余额、消费记录查询、电子发票等服务。

(3)网上充值平台功能,用户可通过电脑客户端和手机客户端,实现交通一卡通的在线充值与转账服务。

(4)会员管理功能,对注册会员进行分类管理,包括会员账户、积分管理、个性化服务定制。用户可通过手机终端注册成为会员,平台对注册用户进行管理,为会员提供优惠活动,向会员发送活动信息。

(5)资金结算功能,对会员账户、发卡公司及合作商户的资金、费用进行清分结算。

(6)安全模块功能,通过 PSAM 阵列设备提供的密钥验证,保证交易和支付的安全性。

(7)电子商务运营功能,对用户、合作商户、订单交易进行综合的运营管理。

5.8.4 业务服务流程(图 5-87)

系统业务流程如图 5-87 所示。

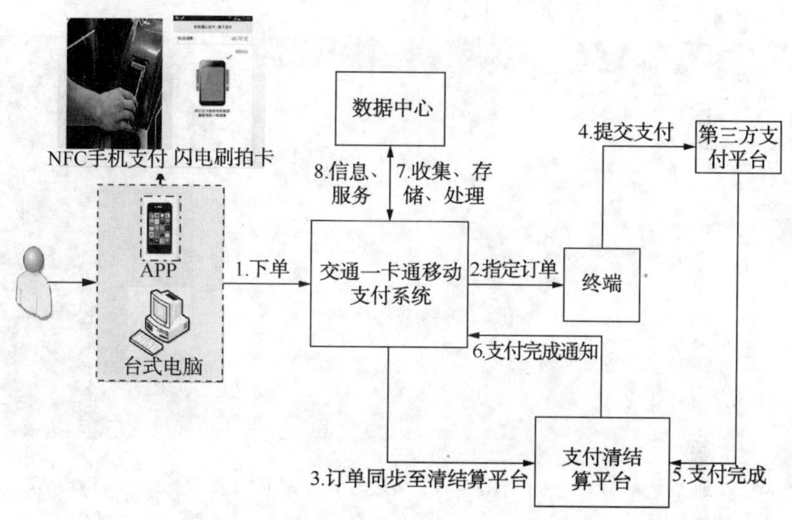

图 5-87 系统业务流程

交通一卡通移动支付服务平台业务如下:

(1)定制化服务:用户通过 NFC 手机登录岭南通 APP 并注册会员,或关注岭南通微信公众号后,一卡通机构通过完善会员管理机制,为用户提供个性化服务。

(2)在线充值:平台建立在线充值功能,用户可使用岭南通支付、银行网银支付、刷刷手环和握奇手环等资金支付手段进行岭南通卡充值、在线支付。

(3)在线交易:支持用户在商户的移动商城平台上,应用手机一卡通购买虚拟信息类产品。

(4)线上服务:用户可在一卡通 APP 或微信公众号上查询卡余额和交易明细等。

(5)清分结算:线上充值交易需要清分结算模块的支撑,电子商务平台可以完成账户、终端、发卡机构的资金清分结算。

5.8.5 应用系统场景

交通一卡通 APP(图 5-88)能实现在线实时查询、充值和客服等多种功能,为信息查询服务提供接口,供移动服务端调用,实现手机端的信息查询,包括移动支付、充值点查询、消费点查询、客服点查询、售卡点查询、优惠信息发布和客户服务等。

交通一卡通 APP 实现了两个主要的在线充付功能:手机 NFC 移动支付、手环移动支付(图 5-89)。

1)手机的 NFC 充值场景

NFC 充值的充值流程如下(图 5-90)。

图 5-88 交通一卡通 APP 功能界面

图 5-89 交通一卡通 APP 在线充值功能

图 5-90 岭南通 APP 的 NFC 充值流程-1

首先根据提示将卡片放在 NFC 感应区,感应到了卡片会滴一声,(读取的过程中不要移开卡片),并显示卡号信息;若该卡片有订单补充,则在订单补充处出现红色的 * 号;然后点击“在线充值”,弹出金额选择页面(图 5-91)。

点击“充值”,等待系统的充值响应(大概 4 秒左右),弹出选择支付方式页面,选择支付方式(包括支付宝支付、百度钱包);完成充值(图 5-92)。充值时间大约 3 秒。充值完成后,会显示订单号与充值金额(图 5-93)。当充值的过程中出现充值失败、系统繁忙或连接超时等问题导致扣款了但没有充进卡里的情况,可回到在线充值界面,进行订单补充。

2)手环的 NFC 充值场景

首先点击刷刷手环,包含在线充值,余额查询,记录查询三大功能。然后点击“在线充值”,打开蓝牙连接手环,当所连接手环的 led 灯全亮时,证明该手环连接成功(图 5-94)。也可以通过手环背后的逻辑卡号来查看是否连接成功。

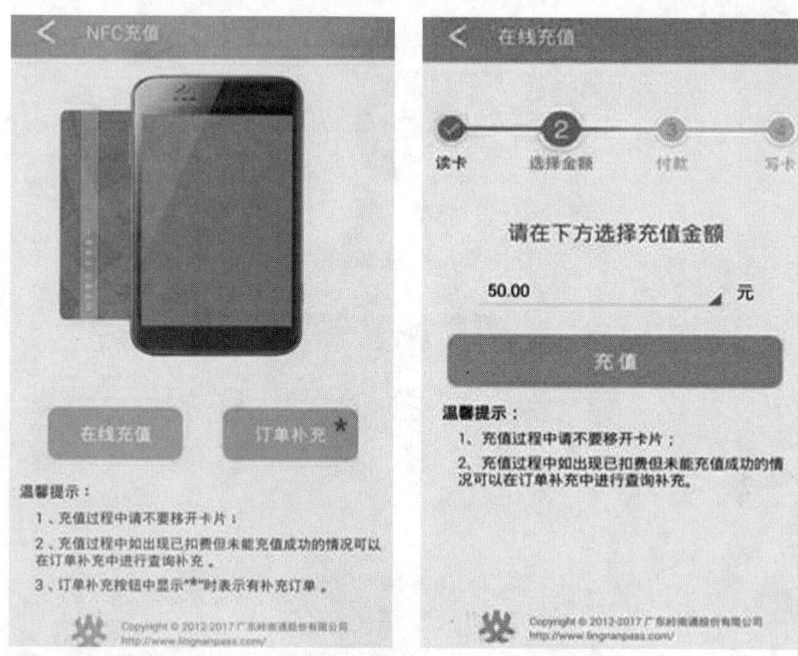

图 5-91 岭南通 APP 的 NFC 充值流程-2

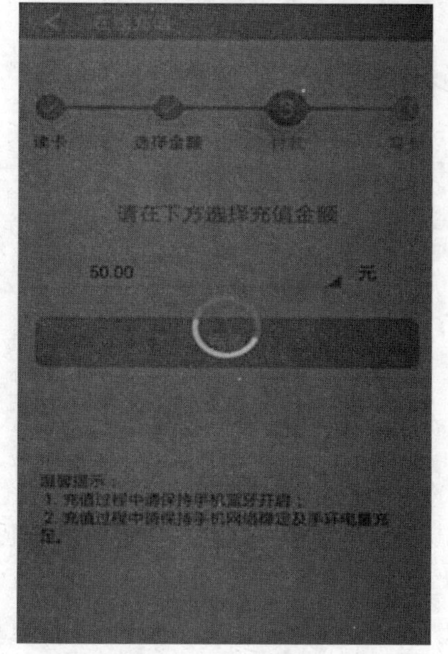

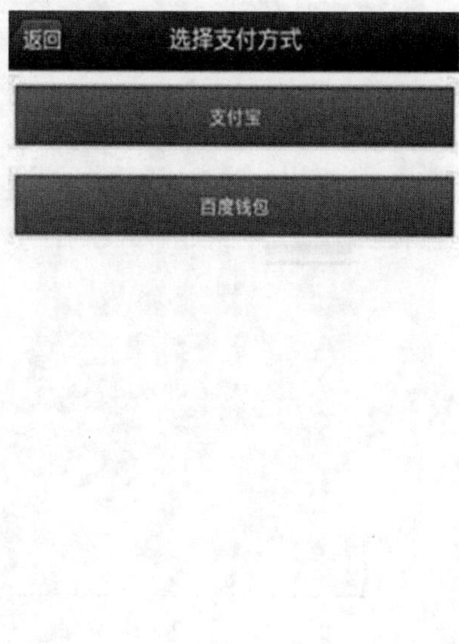

图 5-92 岭南通 APP 的 NFC 充值流程-3

图 5-93 岭南通 APP 的 NFC 充值流程-4

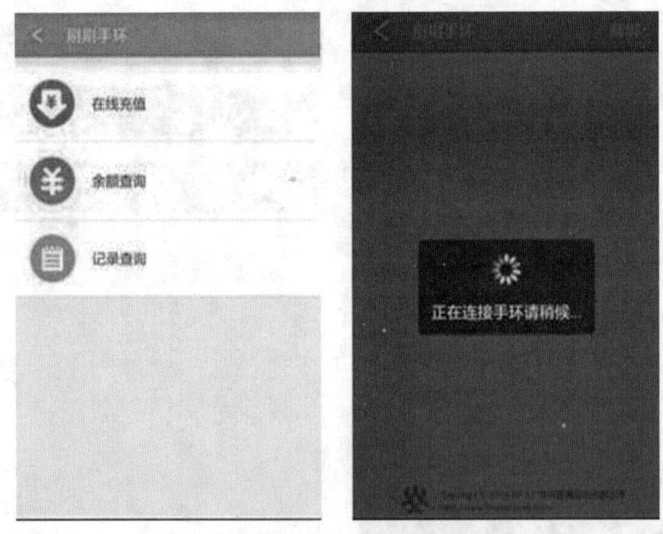

图 5-94 岭南通 APP 的手环充值流程-1

成功连接后的界面如图 5-95 所示,用户应先核对连接的卡号是否与自己的手环卡号一致(如不一致可以点击解绑,然后再次继续连接手机)。然后点击“在线充值”,选择充值金额。充值过程与卡片充值基本类似;如出现充值失败,系统繁忙,或者连接超时等问题导致扣款了但没有充进卡里的时候,可以回到在线充值界面,进行订单补充。

刷刷手环
解绑
卡号: 5600004859
MAC: 08:7C:BE:31:04:95
在线充值
订单补充
充值完成
订单号：141506202021101989
金 额：50元
确认返回

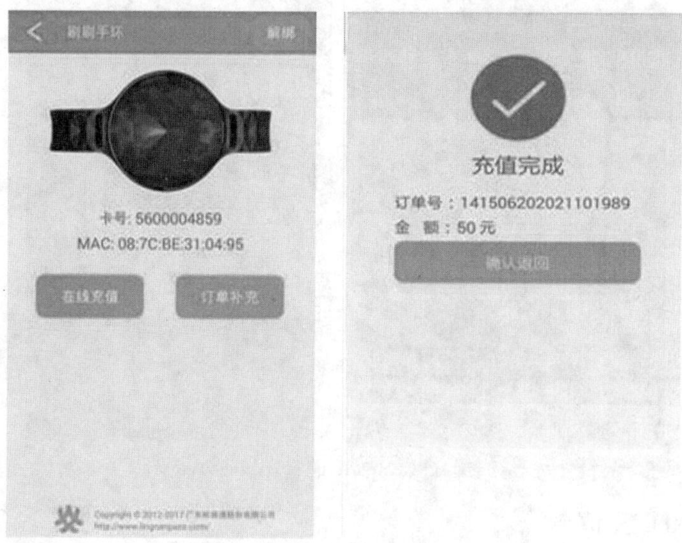

图 5-95 岭南通 APP 的刷刷手环充值流程-2

充值后可进行手环余额查询,回到手环界面,点击“余额查询”,等待手环连接,连接成功则显示当前该手环余额;记录查询,点击“记录查询”,等待手环连接,连接成功则显示最近手环充值与消费的记录(图 5-96、图 5-97)。

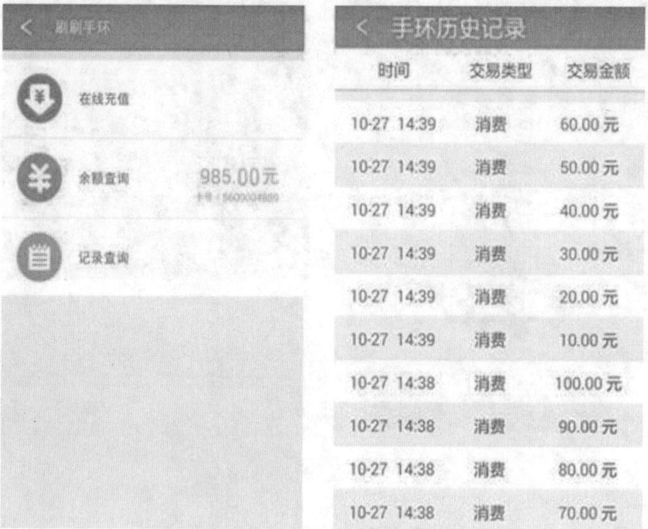

刷刷手环
在线充值
余额查询
985.00元
记录查询
手环历史记录
时间
交易类型
交易金额
10-27 14:39 消费 60.00元
10-27 14:39 消费 50.00元
10-27 14:39 消费 40.00元
10-27 14:39 消费 30.00元
10-27 14:39 消费 20.00元
10-27 14:39 消费 10.00元
10-27 14:38 消费 100.00元
10-27 14:38 消费 90.00元
10-27 14:38 消费 80.00元
10-27 14:38 消费 70.00元

图 5-96 岭南通 APP 的手环充值流程-3

图 5-97　基于 NFC 的一卡通 APP 的界面展示

3)微信 NFC 充值

基于微信公众平台的交易服务系统,通过与客户(卡片)、第三方支付服务系统、一卡通充值后台交互,实现移动充值等服务功能。交通一卡通系统与微信支付系统进行无缝对接,实现基于微信公众号的 NFC 手机交通一卡通充值服务(图 5-98)。

图 5-98　基于 NFC 的微信平台充值界面

(1)打开系统 NFC 开关和微信 NFC 开关。

(2)打开微信 APP,将交通一卡通紧贴在手机后背的 NFC 感应区,进入微信充值界面。

如果充值金账户有余额(钱可通过后面介绍的签约转账系统从第三方支付渠道转入),会弹出自动充值金额选择框,选择金额后进行充值。如果充值金账户金额为 0,选择充值金额后则进入微信支付页面,输入微信支付密码,完成充值金额支付。

(3)跳转到充值界面,保持卡片紧贴手机背后的 NFC 感应区,等待提示充值。

(4)完成充值,微信界面显示充值结果。

4)基于 NFC 的交通一卡通移动支付场景

(1)NFC 手环一卡通移动支付应用如图 5-99 所示。

图 5-99 NFC 手环在地铁和便利店移动支付

(2)NFC 手机一卡通移动支付应用如图 5-100 所示。

图 5-100 NFC 手机一卡通在地铁和公交上的应用

5.9 基于二维码技术的交通一卡通支付系统设计

随着移动支付技术的快速发展和大规模应用,二维码技术以其便捷、成本低、终端普遍支持的优势迅速占领了大部分线下支付市场。扫码支付也开始向公共交通支付领域渗透,并对传统交通一卡通支付和运营模式造成一定的冲击。2015年,中国银联扫码支付在广州地铁 APM 线率先试点;2016 年,济南、杭州、金华等城市陆续推出了二维码公交支付示范应用。进入 2017 年,扫码支付在城市公共交通领域更是遍地开花,包括武汉、湖州、绍兴、南京、广州、佛山、深圳及温州等城市先后在公交、地铁等公共交通领域开通了扫码支付应用。虽然不同城市扫码支付实现模式有所不同,但至少表明,二维码更可能作为一个入口技术,为公共交通支付拓展互联网应用提供更大想象空间。在体验上,习惯了二维码的乘客更能感受到支付便利,而多种支付方式的支持,为政府提倡的便民政策加码。扫码支付已经成为城市公共交通支付的一种新型方式,并有快速发展的趋势。

5.9.1 模式设计

二维码交通支付目前分成三类模式。一类是一个通卡公司主导,自我开发并掌控 APP,产业利益关系不会发生太大变化,如广州羊城通 APP 等。另一类是由互联网巨头主导,这就有可能直接代替交通一卡通公司在交通支付领域的服务定位,如微信乘车码、支付宝乘车码、银联二维码等。第三类是,以通卡公司二维码标准为主,微信、支付宝等第三方应用作为入口和资金渠道,如广州羊城通乘车码。

随着二维码支付政策的开放,各大银行纷纷入局了二维码支付行业,其中交通出行这一高频的支付场景最具吸引力。交通一卡通公司由于有着较为强大的本地资源掌控权,尽管多家银行、第三方支付纷纷对交通支付格局入侵的情况下,推出一个专门针对交通支付场景的聚合支付应用,所以,二维码交通支付的想象空间正在被挖掘和拓展。

1)支付清算机构直接与公交运营商合作

此模式下的支付清算机构除了传统的通卡公司以外,还包括:银联、银行、第三方支付机构等(图 5-101)。

该业务模式是支付清算机构直接与公交公司合作,利用支付清算机构提供的 APP、后台系统处理扫码支付,由支付清算机构直接与公交公司进行资金清结算。终端机具可由支付清算机构或公交运营商铺设。

该模式的优势是:能最大限度省去中间环节而实行直接对接,增加双方收益;

弊端是支付清算机构需要与不同的公交运营商进行商务谈判和技术对接,效率较低。

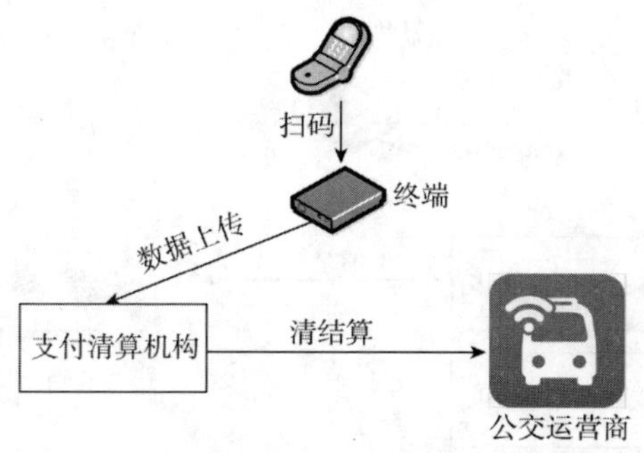

图 5-101 合作模式 1

对于通卡公司来说,本身就具有与公交运营商的长期合作关系和成熟稳定的业务合作模式。如果能够自主研发,自建二维码系统和应用 APP,同时提供终端机具,与公交公司实行清结算(典型案例:深圳通、金华行),则能够掌握业务主导权,拥有交易数据,可以做更多衍生的增值服务,深挖用户价值,提供旅游、互动营销,金融理财等创新服务,打造平台化服务。但这种做法需要大量前期投入,包括系统研发和终端购置,大部分通卡公司无论从资金实力还是技术力量都难以承受。因此,一旦被其他支付清算机构替代,切入公交支付市场直接与公交运营商合作,将会打破地市一卡通与公交运营商多年的商业合作模式,传统交通卡的交易份额将会流失,地市一卡通公司与公交运营商之间的清算费用等收入来源也随之流失。

2)支付清算机构与地市一卡通合作(间联)

该业务模式是其他支付清算机构与当地通卡公司开展合作,由通卡公司与公交公司对接做二次清结算。其他支付清算机构负责开发后台系统、生成码 APP、交易处理及与通卡公司清结算,在此过程中可能有聚合支付技术服务商介入其中(图 5-102)。

该模式的优势是其他支付清算机构与当地城市一卡通对接,无须再公交公司逐一对接,减少技术开发难度,同时在一定程度上保障了当地一卡通公司的利益。

不足之处在于,这种合作模式的实质相当于通卡公司作为外部支付清算机构的其中一个大商户接入其既有的支付清算体系,通卡公司并不能获得业务主导权。相反,单一城市一卡通与其他支付清算机构的合作博弈过程中,由于一卡通公司相对处于弱势地位,可能会导致其过于依赖其他支付清算机构,逐渐沦为后者的附庸。

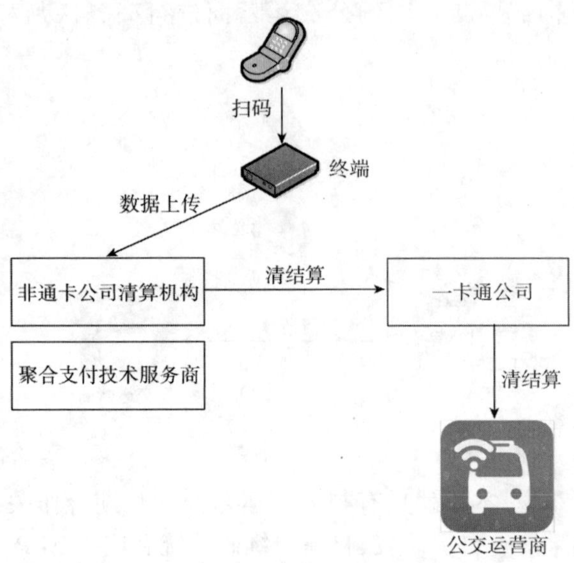

图 5-102　合作模式 2

5.9.2　系统架构

二维码系统由终端管理方、清算管理方、账户发行方、终端及手机客户端组成（图 5-103）。

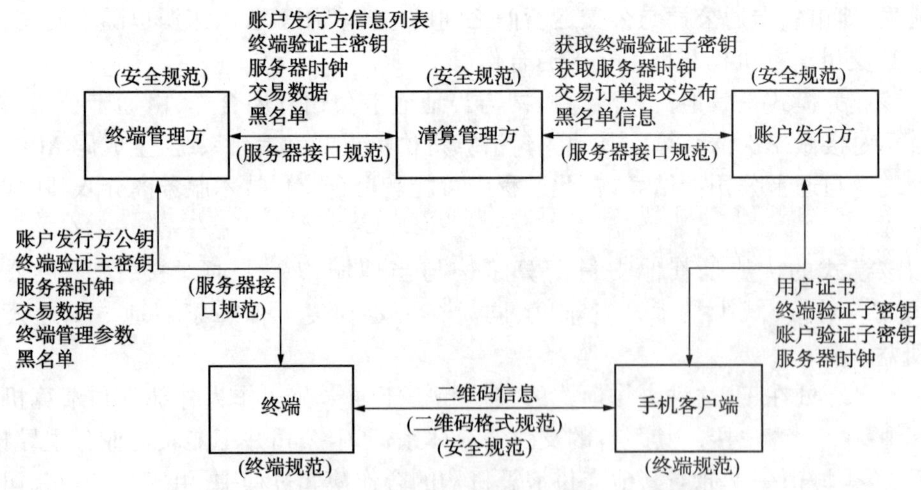

图 5-103　交通二维码技术架构

终端管理方和清算管理方之间通过服务器接口交换数据，接口包括获取账户发行方信息、终端验证主密钥、服务器时钟、黑名单,上传交易数据等。

清算管理方和账户发行方之间通过服务器接口交换数据,接口包括获取终端验证子密钥、服务器时钟和发布黑名单,上传交易数据等。

终端和终端管理方之间通过服务器接口交换数据,接口包括获取账户发行方信息、终端验证主密钥、服务器时钟、黑名单、终端管理参数以及上送交易数据和终端状态信息。

手机客户端向账户发行方获得产生二维码所需的数据,包括用户证书、终端验证子密钥、账户验证子密钥以及服务器时钟。其中终端验证子密钥和服务器时钟需由账户发行方服务器转发,向清算管理方服务器请求。

手机的功能以及二维码的产生方法应符合《广东省城市公共交通二维码应用技术规范》[二维码数据格式]、[手机客户端要求]以及[安全规范]部分的描述。

终端通过接口向终端管理方服务器上传交易数据到清算管理方,并由清算管理方服务器生成订单发送给账户发行方,由账户发行方完成交易结算。

终端的功能以及二维码的验证规则应符合《广东省城市公共交通二维码应用技术规范》[二维码数据格式]以及[终端要求]部分的描述。

(1)业务流程设计(图 5-104)

第一,账户发行方服务器产生用于证书签名的非对称密钥,并将包含有公钥和账户发行方信息的账户发行方信息列表以及黑名单发布给终端服务器,将用私钥签名的用户证书发送到通过账户申请的手机客户端。

第二,终端服务器生成终端运营方时间戳主密钥,以特定的算法和分散因子分散得到终端运营方时间戳子密钥并发送到账户发行方服务器;同时账户发行方服务器获取终端服务器系统时钟完成时间同步,生成账户发行方时间戳主密钥,同样以特定的算法和分散因子分散得到账号发行方时间戳子密钥。

第三,联网状态下手机客户端通过服务接口从账户发行方获取终端运营方时间戳子密钥、账户发行方时间戳子密钥和系统时钟,在脱机支付时根据本地时间和系统时钟的时间偏差计算正确的系统时间,同时根据终端运营方时间戳子密钥和账户发行方时间戳子密钥分别获取终端运营方时间戳和账户发行方时间戳,并将用户证书、系统时间、终端运营方时间戳和账户发行方时间戳作为二维码数据合成二维码。

第四,终端在联网状态下与终端服务器完成时钟同步,并通过服务端口获取用以扫码验证数据的系统时钟、黑名单、终端时间戳主密钥和账号发行方信息列表,在脱机状态下完成扫码验证。

第五,支付验证通过后,终端将相关的交易数据保存,联网时发送到终端服务器,再由终端服务器形成交易订单提交给账户发行方服务器,账户发行方服务器利用账户发行方时间戳主密钥验证交易订单账户发行方时间戳,验证通过则应予支付,完成交易订单;否则拒绝支付,交易订单作废。

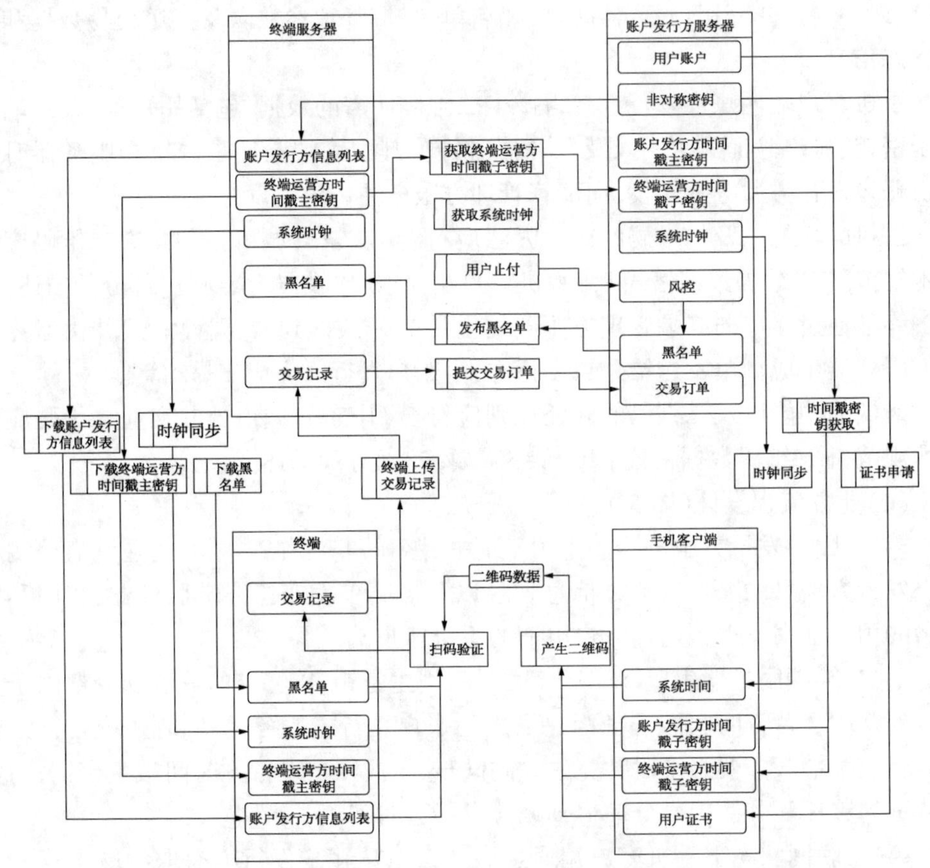

图 5-104　交通二维码业务支付流程

(2)安全验证机制(图 5-105)

通过两个时间戳密钥来实现双重验证,进一步提高支付验证的安全性和有效性。

①发行方从终端运营方获取系统时钟完成时间同步,终端运营方生成运营方时间戳主密钥,发行方生成发行方时间戳主密钥。

②由终端运营方时间戳主密钥分散得到的运营方时间戳子密钥发放到发行方,用户从发行方获取终端运营方时间戳子密钥和发行方时间戳主密钥分散得到

的发行方时间戳子密钥。

③在交易过程中,用户操作完成订单提交到终端运营方,订单由终端运营方时间戳子密钥和账户发行方时间戳子密钥双重加密。

④终端运营方用运营方时间戳主密钥验证订单,通过后提交订单到发行方。

⑤发行方用发行方时间戳验证订单,通过则完成支付。

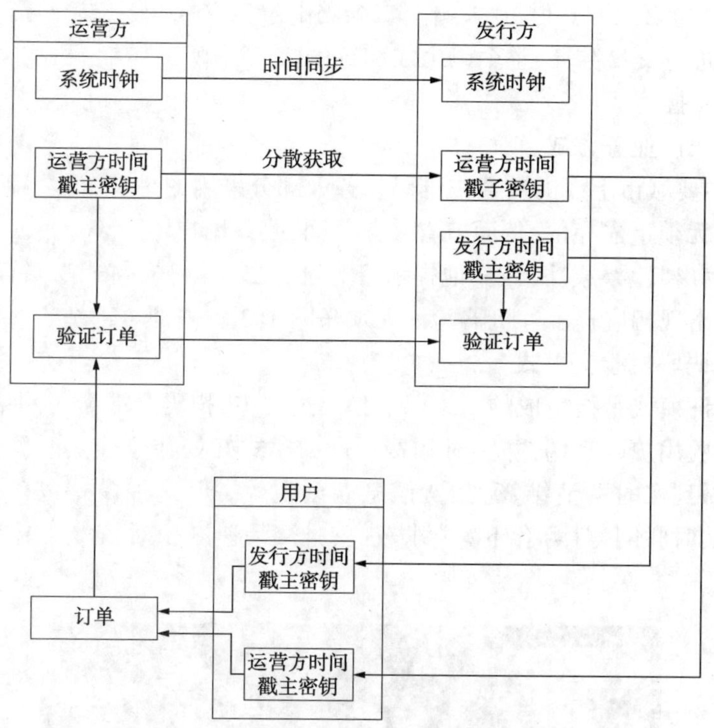

图 5-105 双重验证流程设计

5.9.3 应用场景

相比超市、便利店和餐厅等场景,公交支付环境稍显复杂,大约可分为一票制及分段收费多票制,价格也大不相同。虽然没有直接投币来得简单,但通过上下车刷卡或者布设多个价位的车载 POS 机,刷卡支付也比较容易地解决了分段收费的问题。

1)二维码的生成方式

根据不同的合作模式,发码机构也有所不同,从而导致二维码的生成方式也不一样,基本有以下几种情况。

(1)由公交公司自主研发的二维码应用,二维码的生成及密钥验证由公交公司的 APP 和后台完成,由公交公司完全主导整个码生成和交易流程。

(2)由交通一卡通公司研发的二维码应用,二维码由通卡公司研发的 APP 生成并完成合法性验证及后续的交易清算等,第三方机构可作为资金渠道来源接入,通卡公司掌握用户信息。

(3)通过与第三方支付机构合作,二维码由第三方 APP 生成,扫描后与公交公司或终端方进行交易结算,整个码生成和身份认证由第三方支付机构完成,用户信息由第三方掌握。

2)二维码的业务方式

目前,主要城市上线的交通二维码业务大部分采用的是“先消费、后支付、免密码”的模式,无须事先充值,从而节省乘车时间,改善用户体验。支持实时和异步扣款,以机具发出“验票成功”或其他提示音为准,无须等待支付成功页面确认,扫码机屏幕也会出现相应提示。机器验证无须联网,0.3 秒内即可进站。

3)二维码联机验证模式

联机认证模式是指生成的二维码在扫码过程中,扫码终端需与网络连接,通过后台实时校验用户码真伪,并实时扣费。这种模式好处在于能实时验证二维码的真实性,并做到实时的清结算,扣费信息立刻生效。但这种模式也存在较大的弊端,就是需实时联网,对网络环境要求较高,且交易速度相对较慢,如图 5-106 和图 5-107 所示。

图 5-106 手机扫付款码乘车-实时验证

图 5-107 在线生成二维码排队进站情形

脱机认证模式存在两种情况,一是二维码生成过程脱机,二是认证过程脱机,简单来说就是手机可以离线生成二维码,扫码终端能脱机认证二维码。这种模式好处在于交易速度快,基本能达到普通卡的标准,对网络环境要求不高。这种模式的弊端是,由于没有实时后台验证账户金额,可能存在透支情况。目前,“腾讯乘车码”和“支付宝电子公交卡”在内的二维码乘车应用都采用了双离线模式,这大大提高了二维码乘车的适应性和便捷性,但是离线模式对于二维码支付的安全考量更高,技术要求也更高。由于微信、支付宝都采用了用户实名认证,可利用征信体系对用户的透支情况进行约束。为了保障用户的扫描体验,三大支付巨头采用的是双脱机的二维码支付模式,即“先消费、后扣费”。

另外,还存在介于以上两种模式之间的第三种模式,兼容了两种模式的优点。这种模式暂且称为半联网模式,即是在网络环境较好的情况下,二维码支付采用实时交易模式,当网络环境较差时,切换至离线交易模式。

4)二维码支付方式

(1)公交公司 APP 二维码支付

与其他城市公交不同,金华公交走的是一条自主研发 APP 扫码支付的创新之路。这在全国公交行业还属于首家。金华行 APP 2.0 版最大的特点就是推出了全国第一张数字化虚拟的线上公交卡——云公交卡(图 5-108)。它打破了传统公交卡实体的概念,采用实名制认证注册开通。乘坐公交车只需打开手机,找到“金华行”APP,选择“云公交卡”,拿手机里的二维码对车上的扫码器一扫,即可乘车。

图 5-108　金华行 APP 公交二维码

(2)通卡公司二维码支付

①羊城通二维码

羊城通二维码是由广州羊城通公司自主研发,可通过羊城通 APP 界面,在首页点击“二维码”,注册账号并充值,生成一个专属的“羊城通二维码”(图 5-109),即可在公交终端上使用,如图 5-110 所示。

图 5-109　羊城通 APP 二维码功能及广州公交二维码支付

②深圳通二维码

“深圳通二维码”是由深圳通公司研发和运营,具备“深圳通”交通出行支付功能的二维码支付产品。深圳通二维码业务采用“先消费、后支付、免密码”的模式,无须事先充值,先扫码支付,车费将会事后在账户中自动扣取,深圳通二维码支付如图 5-110 所示。

图 5-110　深圳通公交二维码支付

(3)支付宝二维码支付(图 5-111)

首次使用先开通“乘车码”,打开 “支付宝”的“更多”点击“城市服务”的“公交

图 5-111　支付宝-杭州通二维码

付款"功能,即可产生一个二维码。开通后再使用,你就可以这样打开,打开"支付宝"点击"付钱",找到"乘车码"进入支付宝乘车码页面,即出现"支付宝乘车码",将乘车码对准机具的"扫码付款区"扫一扫,听到提示音,支付成功。

(4)腾讯二维码支付

2017年7月31日,腾讯与羊城通正式宣布推出二维码乘车服务(图5-112),广州市民和外地游客在部分站点乘坐公共交通时可通过腾讯乘车码小程序一键享受移动支付便捷乘车,流程如下(图5-113、图5-114)。

图5-112 支付宝公交二维码应用

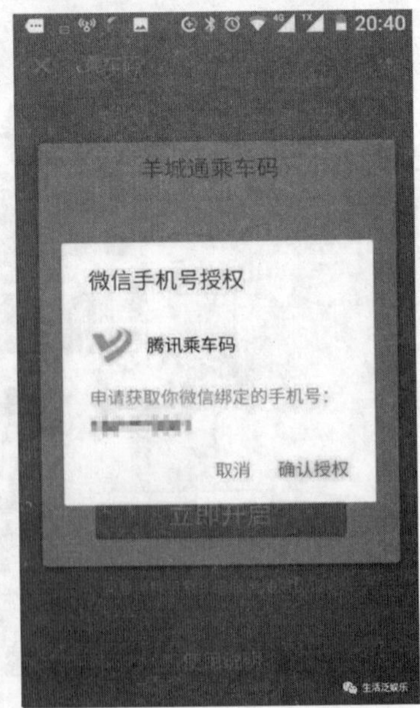

图5-113 微信生成的乘车码

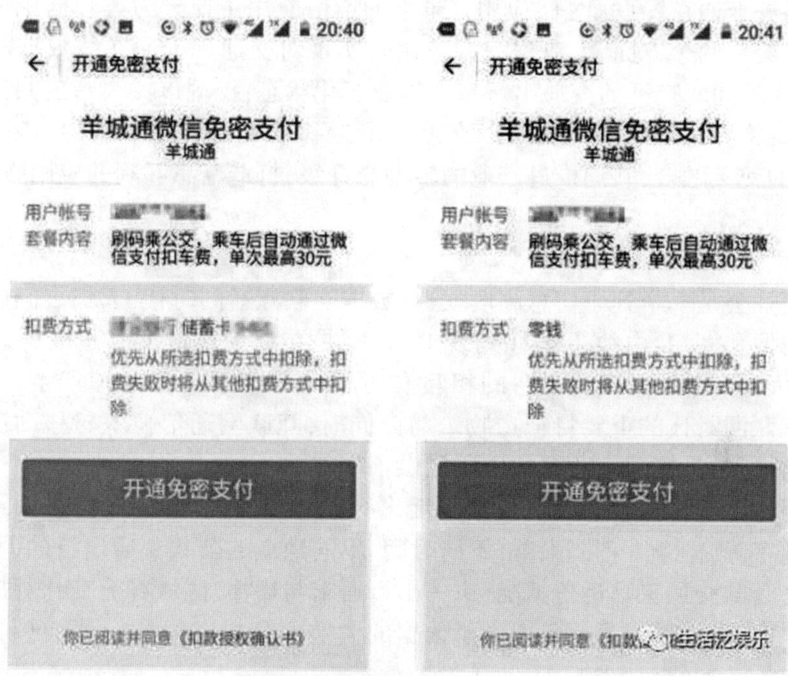

图 5-114 微信乘车码免密支付

①进入微信小程序,搜索"腾讯乘车码"。

②点击开通,通过微信绑定的手机号码进行短信验证。

③开通免密支付,并选择扣费方式(可选择零钱或者微信绑定的其他银行卡)。

④开通成功,乘车码交通卡存入"卡包"

5.10 交通一卡通互联网增值业务设计

伴随"互联网+"时代的发展,交通一卡通早已跳出了仅作为公共交通支付的传统功能范围,开启了在更多元化场景及生态圈中的多功能运用,通过整合线上线下更多的资源,实现各类资源的共享,"互联网+"应用技术为交通一卡通的使用者带来更完美的体验,打造"互联网+交通一卡通"工作及生活方面的创新模式。

交通一卡通企业作为交通电子支付行业的先行者,掌握着交通出行支付的重要交易数据和用户资源,完全有能力与产业链上的其他企业开展各种合作,同时在"互联网+"应用技术的推动下,实现了多种发散性的增值业务创新,为交通一卡通行业与其他跨领域行业的业务对接提供了联系的桥梁,促进了跨界应用的融合,带动了一系列基于交通一卡通电子支付应用的增值应用。

交通一卡通在"互联网+"应用背景下的增值应用主要分为大数据挖掘应用与跨界融合应用两个方面,大数据挖掘应用是实现对交通一卡通在线数据的深度分析,了解在不同时空下的交通出行特点以及变化状态,挖掘市民大众公共出行的规律及需求;跨界融合应用是实现以交通一卡通移动支付应用为基础,拓展各种行业、产业的交叉融合,共同推进产业的转型与升级,打造互惠互利的应用服务。

5.10.1 大数据分析

现代社会是一个处于信息高度发达、数据互联互通的时代,人们之间的交流变得越来简便和密切,由线下转移到线上,特别是在移动端的交互也变得越来越频繁,在各大社交平台及支付平台的相互推动下,各种数据正在加速产生,大数据成为移动互联网时代的重要特征产物。与此同时,互联网通信技术与移动设备的不断发展与完善,为交通大数据的应用提供了基础。

交通一卡通作为市民大众日常生活出行的重要支付工具,支付领域覆盖市内各种交通工具,记录了不同人群、不同时间、不同地点的公共交通出行的消费数据,是分析各公共交通工具运营情况、市民出行需求与规律、区域客流变化等应用的数据来源。因此,发展交通一卡通交易数据的大数据分析应用是"互联网+交通一卡通"应用的一项重要服务功能。

从海量的交通一卡通数据中提取城市公共交通的客流信息,包括线路全日客流量、线路高峰小时客流量;季节性客流分析;节假日、重大活动客流影响;同时根据持卡人换乘情况,分析公共交通出行链状态,合理预测未来客流的情况;此外,能够对公交发车与客流的匹配分析,利用刷卡时间信息与公交运营的到站时间进行匹配,能够优化调整公交的运力资源。通过公共交通服务定制模式优化公众出行环境,提升用户效率和服务体验。

在"互联网+"背景下,智能交通大数据技术的应用,不仅将"先知"逐渐变成现实,更建立起车、路、人之间的网络,通过整合信息,最终为人(车内的人和关注车内人的人)提供服务,使得交通更加智能、精细和人性;对管理者而言则大大提高其决策能力和管理交通能力的科学性。

其中,如北京市政交通一卡通在交通一卡通数据分析应用方面就为我们提供了很好的借鉴作用。通过对交通一卡通的交易数据进行分类处理,获取公共交通类、市政服务类和外源融合类等三种不同标签信息的数据源,并根据各自数据源的特点及应用需求,进行数据整理,构建相应的数据模型,归纳与总结出数据模型的变化规律,并采用可视化显示,实现路网站点的全天候监控,跟踪整个公共交通路网的动态变化,以及客流换乘情况。

通过对交通一卡通大数据的分析与研究,基于不同的应用需求及场景特征,总结出了 8 个交通一卡通数据分析的应用方向。

1) 城市交通规划

城市交通规划与建设是一项十分复杂且涉及面极广的系统工程,涉及城市土地利用形态(包括土地功能的空间分布、土地功能与开发强度等)、人口特性(包括常住人口和流动人口规模、小区人口密度、年龄结构等)、交通出行方式(包括步行、自行车、公共交通(常规公交和轨道公交)、出租车、摩托车、私家车等出行)、城市经济发展水平、产业结构及产业布局、资源的有效利用、环境保护等城市发展和居民生活有关的领域。

在城市交通规划与建设方面,城市交通一卡通大数据能为其提供以下三方面服务:

在资料收集阶段,融合多种数据资源的大数据获取和分析技术将逐渐取代传统的交通调查方式,为交通规划和建设提供更为实时可靠的资料。特别是随着移动通信技术的发展,智能手机的普及及城市交通一卡通的使用,使获取连续出行的电子脚印成为可能。在此基础上,可以得到覆盖全市范围内交通状况信息和交通需求信息,为交通规划和建设方案的形成提供宝贵的原始数据支撑基础。

在规划建设过程中,将大数据分析技术与城市交通模型相结合,形成宏观、中观、微观一体化的交通模型体系,使交通模型的预测精度和解释能力得到不断提高,实现对交通需求总量、结构及发展趋势的准确把握,最终实现交通出行的精细化管理。

在综合评价方面,依托大数据分布式计算和交通流、信息流的支撑使得规划建设方案的评价更加全面,更加科学和合理。

2) 客流预测服务

客流是人们为了实现各类出行活动,借助各种交通工具形成的有目的流动。客流是合理规划运输网、配置客运站点设施、配备旅客运输工具和编制其运行作业计划的基本依据。客流量包含了大量的社会学、经济学信息。车辆、出行客流预测是车辆调度和控制的前提,有助于交通部门提前掌握客流态势,制定相应的策略。客流预测经过几十年的发展从简单的历史平均模型、线性回归模型到后来的卡尔曼滤波模型、非线性回归模型,逐步走向成熟。20 世纪末,混沌模型和小波模型开始用于客流预测,同时神经网络模型和时间序列模型也得到了极大的发展。随着大数据分析的深入,组合预测模型渐渐取代单一模型,新的客流预测方法如贝叶斯方法逐渐引入客流预测,大大提高了预测的精度和广度。2010 年上海世博会期间客流预测拟合结果,如图 5-115 所示,由图可知目前客流预测的精度已达到较高水平。

城市交通一卡通大数据可以提供各类客流预测服务,包括线路客流、视频客流、站点客流和高速公路客流等。以线路客流为例,通过对各种市区或跨区线路刷卡交易数据的分析，统计不同线路在不同时段的客流分布情况，对一段时期内的客流进行统计分析，建立线路客流预测模型。

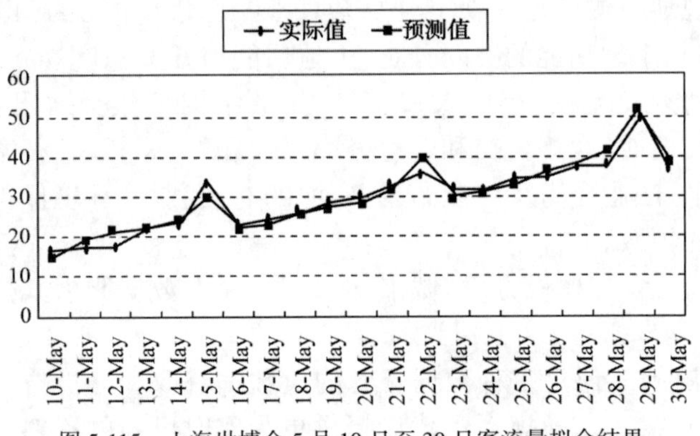

图 5-115　上海世博会 5 月 10 日至 30 日客流量拟合结果

3)交通需求服务

城市交通对城市经济的可持续、稳定发展和人民生活水平的提高发挥着积极重要的作用，寻求合理科学的城市交通规划理论和方法是极其重要的。城市交通规划的目的在于确保城市道路交通网络的结构、布局和容量的合理性以及其有秩序地协调发展，防止城市交通基础设施的建设超前或滞后于城市经济发展，防止城市道路交通基础设施建设决策和建设布局的随意性与盲目性，以协调城市道路交通网络的结构及容量与未来城市社会经济发展目标下所产生的交通运输要求之间的关系，使交通需求在道路交通网络上呈现时空均匀特征，最终达到确保城市经济持续、稳定高速发展和人民生活改善的目的，可见建立交通需求预测模型是十分必要的。

通过对城市交通一卡通大数据进行分析，可以获取居民的登车点、落车点，分析居民出行的目的及交通方式，从而建立出行生成预测模型和交通方式划分的预测模型。

4)交通规划后评价

城市公共交通规划后评价是从城市公共交通的特点及其规划的角度出发，运用适当可行的方法对城市公共交通规划方案与实施效果进行对比分析，以评价原城市公共交通规划方案的合理性与有效性，在此基础上总结城市公共交通规划中存在的问题并分析其原因，形成城市公共交通规划的经验与教训，为以后城市公共交通规划的编制提供参考与借鉴，使其规划方案更为科学合理，从而不断提高城市公共交通规划实施的有效性和可靠性。它实际上是通过规划实施状况的分析来对规划理论进行总结、反思与改进，是一个积累规划经验、改进规划方法、丰富规划理论的过程。

5）交通运行态势评估

城市交通运行态势评估利用城市交通一卡通大数据进行出行规律分析、出行人群需求、跨区人群出行习惯分析和辅助决策分析，可为政府管理部门的交通规划、交通产业升级发展、公众的智慧出行等方面提供科学的决策依据，对于推进城市公共交通的智能化管理和建设智慧城市有着重要的意义。

6）交通管理分析

通过客流的预测，对于客运企业而言，可以对各线路配车、调度进行科学、合理优化，使运力的配置和调度符合线路客流需求；对于行业管理部门而言，可从全市线路、停靠站点的调整出发进行优化配置，均衡线路运力负荷，缓解客流拥挤，提高公交行业服务水平。

借助面向调度的客流预测信息，可以获得相对实时、可靠的分时段各站点客流量，并通过发班与线路、站点客流的匹配情况，以解决高峰期乘车、特大客流站点等为目标，及时调整车辆调度策略，提高线路运输能力，同时也为公交的排班计划、运营调度提供辅助决策支持，实现对运营调度计划的不断调整优化。

利用客流分布系统掌握企业总客流在各线路的具体分布，客流量相对较高的线路可适当增加配车数；利用客流分布系统掌握每条线路客流在时间上的具体分布，方便进行科学的配班（图 5-116）。

利用客流分布系统掌握各线路客流在时间、空间上的具体分布，监控线路的运作情况；通过监控最高峰时段和最高峰站点乘客乘车情况，及时优化调整运力，有

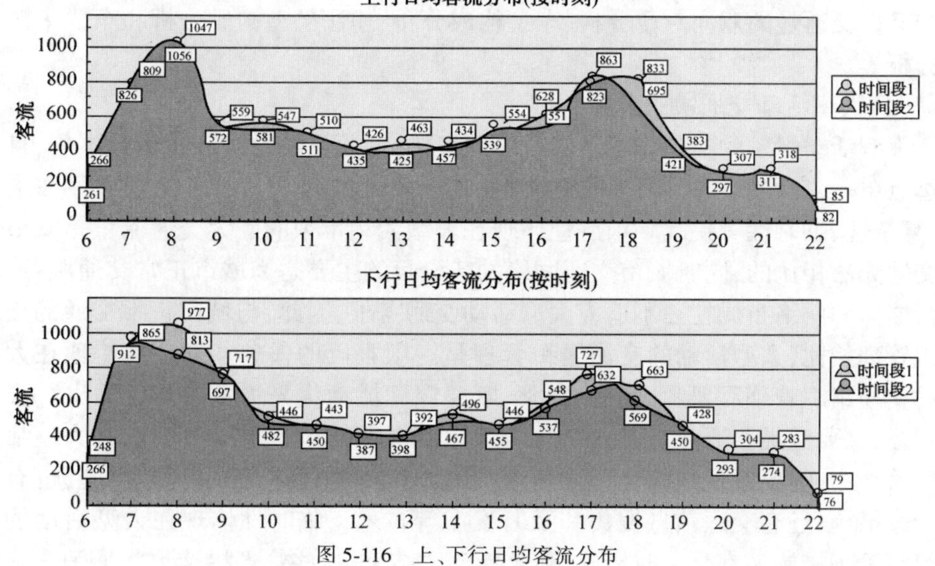

图 5-116 上、下行日均客流分布

针对性有效解决各线路高峰乘车难的问题。

7)交通决策服务

通过对城市交通一卡通大数据的深入分析,结合定性管理与定量分析管理,为交通管理决策提供可靠、准确的科学依据,并提高对道路交通的科学化管理水平,提高警务人员的现代化管理,提高交通意外事件的预案报警和快速反应的能力,促进交通管理决策科学化。

(1)路网整体运行状况的研判分析

通过对高清视频综合信息采集系统、公路车辆智能监测记录系统采集的车辆号牌信息和出租车的GPS数据的综合分析,得到不同路段的交通运行状况,并基于GIS地图进行展示,使交通管理者可以实时了解城市整体路网的运行状况;利用高清视频综合信息采集系统得到的车辆号牌信息进行OD数据的分析,得到车辆出行的OD矩阵,为路网规划、交通管理提供决策依据。

(2)主次干道运行态势的分析

分析研判主次干道的交通运行态势,实现主次干道交通信息的综合显示,对主次干道路段车辆来源及密度进行研判分析,提出交通疏导、交通组织优化的建议;对主次干道交通拥堵状况、交通违法和交通事故进行关联分析,提出缓解交通拥堵和预防交通事故的对策建议。

(3)交叉口综合信息管理与研判

通过对平台汇集的海量交通数据进行综合的研判分析,实现交叉口交通信息的综合显示,包括相位信息、视频信息、违法信息、交通流信息以及过车信息等;实现交叉口交通量的双向对比分析、车型构成分析、违法类型构成分析和车辆来源构成分析等。

(4)大型活动交通决策分析

大型活动引发的交通需求量大且时间集中,交通流的时空分布十分不均,且出行迄点单一,存在"多源单汇"网络流特征,因此大型活动交通组织管理存在艰巨性、复杂性、临时性等挑战。艰巨性体现在大型活动带来的巨大交通流量是城市正常交通无法相比的,同时城市交通网络的建设目的主要是为城市正常交通服务,其通行能力和网络布局往往不适应大型活动交通需求,因此,与城市正常交通的交通组织管理相比,大型活动的交通组织管理是一项艰巨的任务。复杂性体现在大型活动交通组织管理需要考虑众多因素,既要保证活动优先级别参与者的出行安全及顺畅,又要满足普通参与者和非活动出行者的基本出行要求。因此,在大型活动组织管理中,需要系统地综合运用各种交通组织措施,既有需求管理措施,也有系统管理措施,还有交通信息搜集和及时发布等技术。临时性体现在大型活动的交通组织管理措施大都是临时措施,随着活动的结束,这些管理措施也将取消。临时性的交通管理措施主要影响的是路网上的既有流量,而且会改变居民的正常路径选择行为,因此在交通组织管理方案的制定和评价中要充分考虑这一特性。

城市交通一卡通大数据可以向大型活动提供交通出行数据,为大型活动举行期间的交通管理与交通决策提供服务。

通过大型活动的公交出行历史数据,进行大型活动的公交出行分析,结合活动安排及所在区域的人口和线路站点分布,建立大型活动本地观众生成及分布预测模型,为活动举办过程的公交流量进行提前预测,并做出可靠出行预案以供相关部门决策指引。

(5)交通企业燃油补贴测算依据

我国的燃油补贴政策规定,补助用油量由交通运输部门根据客运车辆经营者实际拥有的车辆数量、车型和行驶里程等计算,核定在一个补贴年度内实际营运消耗的成品油数量。事实上,由于受到经营方式以及管理制度等因素的限制,具体执行此政策的交通运输部门很难有效掌握营运车辆的实际用油量数据,往往只能被动地根据车辆的营运类型、营运时间和营运线路来测算,最终导致补贴资金并不是按照实际用油数量核定,而是相同营运类型的车辆按照同一标准计算。例如城市公交根据规定标准结合标台和营运天数核定,每标台具有固定的补贴金额。这种补贴机制缺乏强有力的监管,造成了一些漏洞,使得不法分子千方百计套取国家的燃油补贴。虚报公交车用油财政补贴的手段归纳起来主要有以下四种:以停运的公交车辆虚报财政补贴,以转让的公交车辆虚报财政补贴,以非公交车辆虚报公交车财政补贴以及以小型公交车辆抵大型公交车辆虚报财政补贴。

鉴于此,制定科学合理公正的城市公交燃油补贴测算方法,建立适合区情的公交燃油补贴管理机制和加强公交企业的运营绩效考核是交通运输部门不断探索的重要课题。

针对公交、道路客运企业、出租车车辆,借助城市交通一卡通数据可准确统计其在运营车辆数量、实际运营天数、车辆载客数量等数据,从而提高耗油量统计的准确性,为政府部门科学、公正地发放燃油补贴提供数据支持,避免国家燃油补贴资金被套取。

(6)特殊人群优惠补偿测算依据

城市公共交通是一项关乎民生的社会公益事业,对老年人、学生、残疾人、抚恤优待对象等特殊人群的票价优惠是人民群众享受改革开放成果的一种社会福利,是社会文明进步的表现。

利用城市交通一卡通大数据可对公共交通企业给予老年人、学生、残疾人、抚恤优待对象等特殊人群的票价优惠额、使用次数等数据进行统计,根据统计数据,估算政府部门每年应给予公共交通企业补偿金额,做到补贴发放金额有根有据。

8)企业运营分析服务

运营是对运营过程的计划、组织、实施和控制,是与产品生产和服务创造密切相关的各项管理工作的总称。在当前大数据的时代背景下,运营方式也从传统的探索型的运营方式转换为数据运营。数据运营是指运营者利用各种数据采集方式采集所需数据,通过对数据的分析挖掘把隐藏在海量数据中的信息作为运营模式、策略的依据,从而提高运营的效果。

数据充斥在运营的各个环节,所以成功的运营一定是基于数据的。在运营的各个环节,都需要以数据为基础。当养成了以数据为导向的习惯之后,做运营就有了依据,不再是凭经验盲目运作,而是有的放矢。当有了足够的数据之后,就可以不再依赖主观判断,而让数据成为公司里的裁判。理想情况下,如果能够追踪一切数据,那么所有的决策都可以理所当然地基于数据。在企业中,从整体战略到目标设定,到驱动商务运营的方法,最后采用一定的度量来衡量数据运营的效果。数据在运营中的作用是巨大的。不同层面的人,需要对数据做不同的操作。城市交通一卡通大数据在一卡通运营环节的提供的服务也会因为服务对象的不同而有所不同。

作为一卡通产业链中的重要服务方,一卡通运营企业涉及的服务环节过程包括了机构发卡、初始化、充值、消费服务、客服服务、营销服务、业务渠道建立以及技术维护等,在运营服务的各个环节均能产生大量相关联数据,这些不同环节的数据聚集将形成巨大的分析价值,可为一卡通运营业务或战略调整提供科学的分析报告。

(1)发卡系统分析

①发卡现状分析

对发卡量、发卡结构、活跃卡分布等进行统计分析,了解发卡量的增长变化情况、各地区的发卡数量、活跃卡的占比情况等信息,如图5-117~图5-120所示。

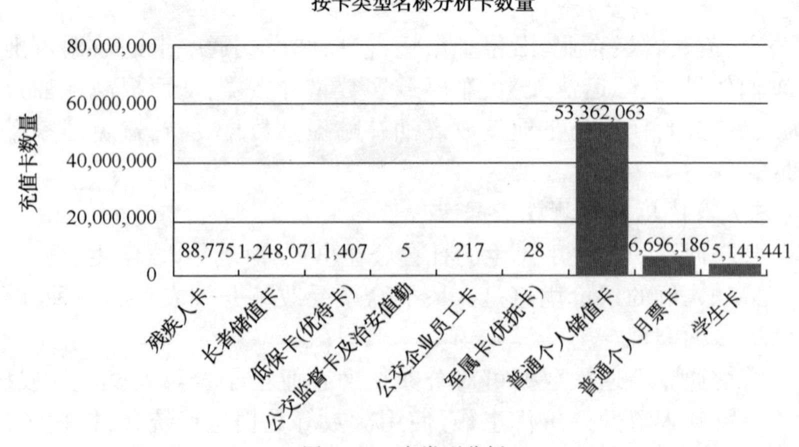

图5-117 卡类型分析

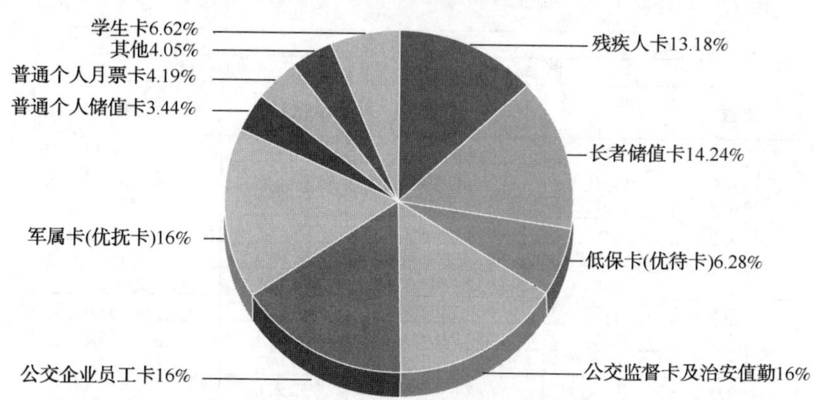

图 5-118　不同类型的卡片发行数量及占比

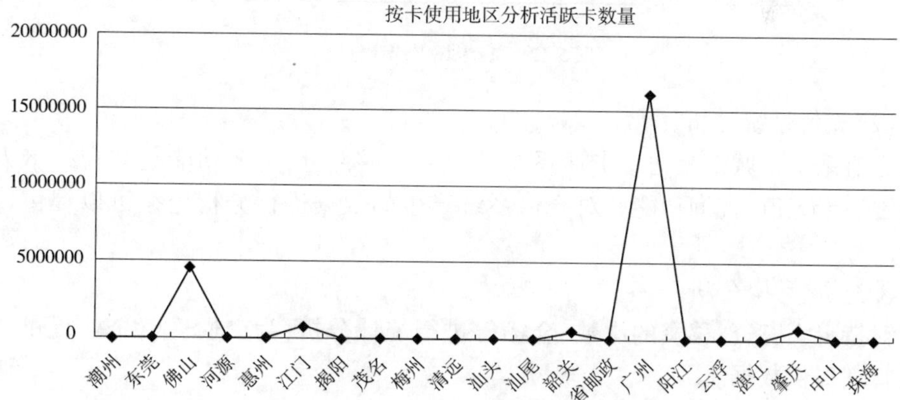

图 5-119　按卡使用地区分析活跃卡数据

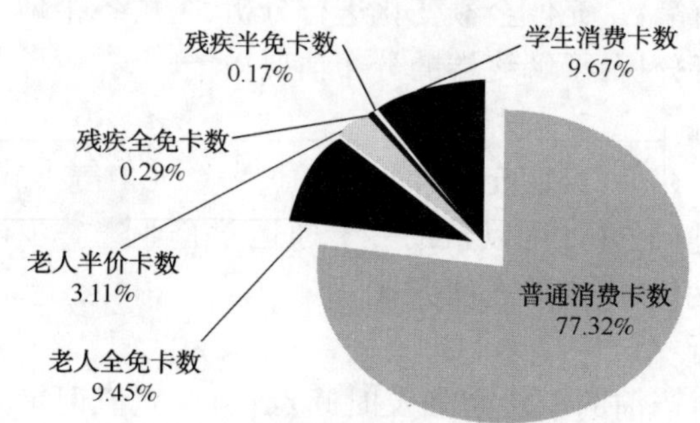

图 5-120　不同卡类型的使用活跃度占比

②退卡坏卡分析

对退卡、坏卡的次数、金额进行统计分析,可以了解卡片的退卡率、坏卡率,协助进行卡片质量管理(图 5-121)。

退卡明细表				
退卡交易			退充值金	
次数	退押金为零数量	退押金	次数	金额
21,844	4,426	522,530.00	21,844	695,690.14
25,736	6,326	582,300.00	25,734	857,541.04
29,654	7,011	679,290.00	29,653	994,797.33
29,956	8,493	643,890.00	29,937	1,023,507.77
39,291	15,381	717,300.00	39,069	1,392,596.70
34,848	7,584	817,920.00	34,846	1,072,047.66
40,260	8,178	949,280.00	40,259	1,454,763.61
37,575	8,507	842,010.00	37,574	1,365,173.89
33,993	8,030	747,850.00	33,993	1,239,033.07
32,278	7,890	688,680.00	32,278	1,198,774.60
30,696	7,779	639,350.00	30,696	1,161,105.76
102	10,750	1,102.00	244	23,480.00
356,233	100,355	7,831,502.00	356,127	12,478,511.57

图 5-121　退卡坏卡统计分析

(2)充值系统分析

充值系统是城市交通一卡通系统的重要组成部分,主要功能是实现持卡人用户为智能卡充值、查询功能。对充值系统产生的数据进行分析挖掘可以提供以下服务。

①充资、移资分析

对持卡人充资、移资的次数、金额等进行统计分析,为交通运营企业提供金额异动管理提供数据。

②充值地区分析

对各地区的充值笔数、充值金额变化进行分析,了解各个地区充值状况。对各地区的充值终端进行分析,了解终端的分布情况。

③充值方式分析

充值方式分人工充值、自助充值、网上充值、NFC 充值等方式,对充值方式的使用占比和变化趋势进行分析,可以帮助一卡通运营企业进一步优化充值网点的布局,制定对应的措施引导用户的充值方式。

④充值习惯分析

对持卡人充值时当前的卡片余额及时间点、两次充值记录时间间隔及充值额度进行分析统计,了解用户的充值习惯。

(3)消费系统分析

①消费终端分布

对消费终端的分布数据进行统计分析(图 5-122),了解消费终端在各个地区的分布情况，了解和挖掘各地市业务拓展的可行性。

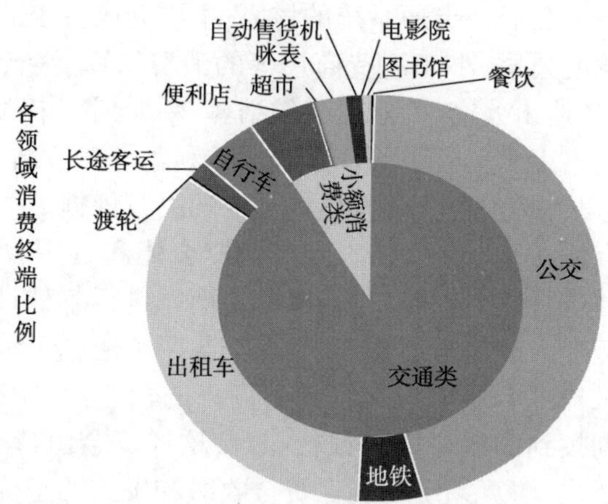

图 5-122 各领域消费终端比例

②财务管理

对卡片日充值、消费笔数和金额进行统计分析，有助于运营公司内部财务的管理。

③消费金额交易构成分析

对各类持卡人的消费笔数、金额进行统计分析，了解持卡人的消费构成（图5-123），深入挖掘哪类人更倾向于使用交通卡进行支付，那些不使用交通卡进行支付的原因是什么，从而为提高交通卡的使用黏性提供策略支持。

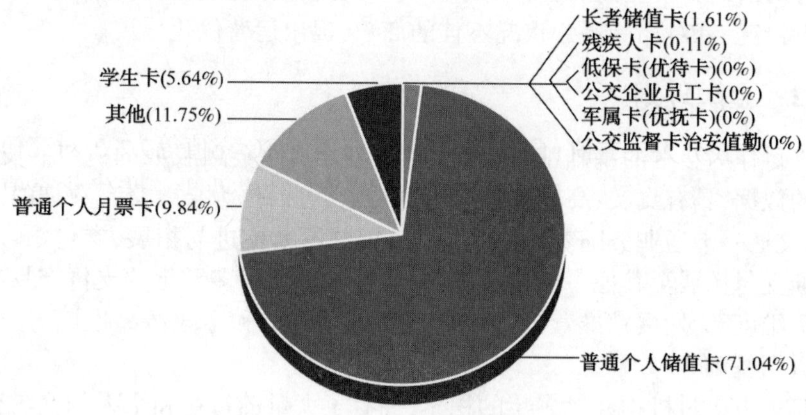

图 5-123 不同持卡人的消费金额交易构成

(4)清结算系统分析

清结算系统是城市交通一卡通系统的核心,主要完成系统的清结算,包括与公交公司、地铁公司、轮渡公司、小额消费商户等的消费结算、银行的转账结算、与持卡人的账户结算、与各地市公交、商家运营的结算,牵涉到持卡人、银行、商户、公交公司、地铁运营公司、出租车驾驶员等众多对象的利益。对清结算系统的数据进性统计分析,可以为商户、银行、各个公司提供重要的决策依据。

清算系统的资金流主要包括两部分:消费资金流和费用收缴及发放资金流。持卡人首先对一卡通进行充值,然后持卡在各个商家进行各种日常消费,清算系统根据充值记录维护持卡人的一卡通账户,确保其与一卡通电子钱包内的金额一致;同时根据消费记录维护一卡通账户和统计各商户的营业额,通过银行转账的方式将商户的营业收入划拨到商户对应的银行账户,这样资金由持卡人银行账户最终流向了商户的银行账户,清算系统将确保资金收缴和发放的正确性。

经过上述描述我们对清结算系统的功能有了一定了解,也对清算模型有了基本的认识。然而城市交通一卡通在使用过程难免会存在这样那样的问题导致清算模型资金的不平衡,一卡通大数据中的清结算数据可以提供如下服务。

①清算模型资金不平衡分析

针对清算模型内资金不平衡的现状对清结算数据进行分析挖掘,探究造成这种现象的原因,统计常见的几种原因并针对这些原因改善相应的城市一卡通设施,提高城市交通一卡通系统的服务满意度。通常造成清算模型资金不平衡的原因有:消费流水的重复上传、消费流水的丢失和黑记录等。

②资金流动态分析

针对清结算模型内的各种清结算资金,分析资金流的变化情况,从而了解商户的运营情况,针对那些运营状况不佳的商户,提出运营优化建议。

5.10.2 金融理财

支付作为金融的基础服务,天生拥有切入其他金融服务的优势。支付交易所积累的数据,具有真实、高频和高质量的特点,可以作为金融交易数据的必要补充。因此,交通一卡通业务随着"互联网+"应用的不断推进与拓展,支付领域已从单一的交通支付拓展至其他多元化的应用场景,并积累了多元化的支付交易数据,丰富了数据维度,为发展精准营销、客户管理、信用评级和金融产品推广等增值服务提供了数据基础。

第三方支付机构经过多年的积累,拥有了大量的行业和个人的交易数据,纷纷开始布局基于支付数据的多元化金融服务,其中比较集中在征信和理财领域。交通一卡通在交通支付领域经历了十几年的发展历程,具有广泛的用户群体,深入民心的用户习惯,积累了海量的交易数据,这些都为交通一卡通创新金融业务提供了必要的条件,同时,在互联网技术的不断发展与完善的背景下,"互联网+交通一卡通"实现了原有线下数据的在线化应用,促进了线下线上数据的融合发展,进一步完善了居民公共出行消费数据的综合管理。

通过交通一卡通消费数据的大数据分析,可以了解不同持卡用户的消费习惯、消费水平以及一卡通的使用习惯和充值习惯。基于以上数据分析价值,为交通一卡通企业联合金融机构、第三方支付机构开展金融业务合作,并通过手机一卡通的虚拟化应用,以在线账户为资金纽带,为服务载体提供相关的在线金融理财服务。例如,开展交通一卡通信用支付业务发展,实现先付费后还款的使用模式,突破传统的使用思维;开展基于交通一卡通的金融理财服务,为持卡用户存量资金提供理财通道,同时用户也可根据自身的选择购买基金、办理小额贷款等理财产品。

5.10.3 会员积分

积分奖励业务是一个吸引新用户、留住旧用户的重要手段,积分管理模式的好与坏会直接影响到用户使用体验的优或差,在互联网时代,积分管理已成为大多数商家企业进行维系客户关系,推广拓展业务,培养用户忠诚度的有效方式。

随着"互联网+交通一卡通"的不断深入发展,互联网思维逐渐成为行业发展的主流,原有的产品思维已被取代,以用户为核心的服务思维才是交通一卡通未来发展的方向,交通一卡通发展用户的积分奖励业务具有重要的现实意义与战略意图。交通一卡通作为市民大众日常生活中常用的支付工具,附加会员积分奖励功能后,将进一步完善以用户为核心的服务体系,同时有利于推动交通一卡通实名制的有效实施,拓展多元化的支付场景,促进交通一卡通行业与其他商业领域业务合作,进一步提升一卡通使用频次和用户黏度。

用户只需通过一卡通 APP 注册或登录账号,按系统操作提示填写个人资料,绑定常用交通一卡通即可成功激活会员身份,可获赠相应的积分,并可享受一卡通提供的积分换礼、充值优惠、消费折扣、专享活动和新品试用等权益。同时,交通一卡通 APP 可开展好友邀请积分奖励服务,注册用户可以通过邀请好友开通交通一卡通 APP,即可获取相应的积分进行回馈,从而有利于进一步发展交通一卡通的在线会员。

开展积分奖励业务不仅可以推进交通一卡通的跨领域业务发展,推动以交通一卡通为支付载体的跨领域消费应用场景的拓展,还可提升用户的使用体验,加强用户忠诚度的培养,有利于交通一卡通的可持续发展。

5.10.4 旅游保险

随着一卡通在交通领域的拓展,出行保障方面存在不断上升的需求,必然要求涉及保险业务等方面的拓展。在交通旅游出行时可能会发生各种意外导致一切意外死伤事故,为保障乘客的人身财产安全需要在购买车票时提供旅游出行保险服务。交通一卡通在互联网技术的支撑下,支付服务功能将实现线下线上的融合,能实现刷卡乘车、网上购票和网上支付出行保险等应用功能,从而实现在推进市内公共交通与城际客运无缝对接发展的基础上,拓展交通支付领域与保险业务的应用结合,推动交通出行旅游保险业务的全面发展。

根据交通一卡通的交易数据,可以获取市民大众的出行规律,了解不同人群的出行需求与出行习惯,为保险业务的制定提供有效的数据支持与理论支持,并可对特定的出行人群定制出行保险服务,为乘客提供更优质的旅游保险业务。

回顾过去,面向未来。在"互联网+"时代,交通一卡通已经突破原有传统的运营思维、业务思维和服务思维,积极拥抱互联网思维,与互联网应用产业进行创新合作,充分发挥互联网在生产要素配置中的优化和集成作用,将互联网的创新成果深度融合于交通一卡通产业中,以应用创新、业务创新和服务创新推动交通一卡通行业的发展,促进一系列以交通一卡通为核心的增值业务的发展。

增值业务的发展,实质是交通一卡通在互联网技术的支持下实现的跨界融合发展,利用互联网平台、信息通信技术把各行各业联合起来,通过对交通一卡通的交易数据进行综合处理,挖掘潜在的价值信息,搭建以交通一卡通为支付载体的产业服务。

第6章 “互联网+”交通一卡通创新理念发展

6.1 “互联网+”交通一卡通“四化”发展

进入移动互联网时代,各产业、企业的合作力度不断加深加强,单纯依靠一家企业或一个行业的力量解决所有业务流程与应用系统建设的时代已经一去不复返了,相关的业务拓展需要产业链上下游以及跨领域相关企业的共同合作才能把产品推向用户市场,才能做强做大。产业融合、资源整合、应用兼容已成为移动互联网时代发展的重要趋势,一家企业的能力是有限的,全方位、多领域的发展无法使企业形成具有核心竞争力的产品与服务,移动互联网技术却为交通一卡通企业的业务拓展提供了良好的连接器作用,通过无处不在的移动互联网为交通一卡通企业进行广泛的产业链合作和资源整合与发展提供了必要的技术基础,实现技术共享、资源共享,进一步推动交通一卡通行业与“互联网+”产业的融合发展,推动行业转型升级。

在交通一卡通2.0时代,交通一卡通为摆脱了传统公共交通支付领域的发展局限,不断通过技术升级、产品创新、服务优化、场景完善等方式推动交通一卡通行业转型升级,构建交通一卡通开放生态圈,推动一卡通产业链的紧密合作,改变以往一卡通行业封闭的环境。在“互联网+”时代,交通一卡通行业在保持现有发展势头的基础上,更积极拥抱“互联网+”应用产业,全面拓展“互联网+交通一卡通”的新业态,充分利用移动支付应用技术升级交通一卡通的应用场景与应用领域,进一步促进交通一卡通产业链条的延伸与发展。

在交通一卡通3.0时代,“互联网+”交通一卡通是一个开放式的系统,可兼容其他业务系统,允许各种应用系统的接入,并可实现与多个行业的应用结合,共同推进应用系统的创新发展,促进交通一卡通系统的升级换代。随着移动支付技术发展的不断成熟和人们使用习惯的不断养成,对于更为便捷、轻松、安全、多用途的交通一卡通支付应用提出了更高的要求,多元化、多功能、多领域的交通一卡通服务系统将会是3.0时代发展的必然方向。移动支付技术的发展与普及,推动了以交通电子支付为核心的电子商务服务的发展,并将促进交通一卡通在“互联网+”技术的基础上实现创新发展。

未来,交通一卡通将会承接3.0时代的发展浪潮与技术趋势,逐步朝卡片标签化、终端轻量化、后台云化和数据化等四大方向进行创新与升级,在保持现有用户线下服务应用需求的基础上,不断拓展与开发多元化的交通一卡通应用系统。

6.1.1 卡片标签化

所谓卡片的标签化,指的是一种能够在线连接,具有身份识别和信息交互功能,适合于某一特定场景下的一卡通应用产品或服务模式。卡片标签化的特点是能够在线连接,且基于针对特定场景的应用,具有可移动、便携、安全、可识别的特点,能成为线上业务的重要入口。但随着移动互联网应用技术的深入发展和交通一卡通产品的服务创新,终端轻量化的发展趋势变得越来越明显,也出现了相关的产品和服务。例如,目前线下场景最为火爆的支付方式——二维码,其实就是一种标签化支付,将卡片变成一种电子票形式,同时具备识别用户和支付的功能。

在"互联网+"时代之前,传统票证服务主要采用纸质票证作为凭证,如优惠券、车票和门票等,在当时对于解决人们基于消费的服务凭证和信息确认起到一定的作用。但随着"互联网+"应用技术的不断发展与普及,电子支付技术的不断成熟,人们对于票证电子化应用提出了强烈的需求。

交通一卡通借助互联网技术,推动交通一卡通的电子化,实现交通一卡通的虚拟化应用以及移动支付、身份识别的应用功能,改变了传统的业务模式,并为了满足持卡用户的使用需求,交通一卡通开展了电子票证服务,逐步构建"互联网+"交通一卡通电子票证服务系统。

交通一卡通电子票证服务系统通过电子化方式将相关票证信息下载至 IC 中,利用 IC 卡的便捷、安全的交易特点实现票证支付方式的变革,降低了票证交易成本和企业运营成本,为人们提供了便捷的交易载体和身份识别方式。"一卡通+"电子票证模式突破了传统票证单一功能,通过承载多个服务凭证,方便用户对多个服务凭证进行集中管理票证,为用户提供购买、查询、业务请求和身份验证等多样化功能。

6.1.2 终端轻量化

所谓终端轻量化,指的是从用户核心需求出发,使面向用户的设备终端变得越来越轻便,可移动性、可联网性和广泛连接性成为未来终端发展的标配。这里所说的"轻量",不仅仅指的是"重量"轻,也指"业务"轻,即终端不再担负太多的业务处理功能,它只作为一个互联网入口,一个简洁的入口,甚至成为"一键应用"的典型界面。面向用户提供简洁、轻松的终端操作,将所有复杂的业务逻辑透传到后台处理,前端设备只承担简单的交互和入口功能,进一步减轻用户的使用成本,提升用户体验。

随着移动互联网的发展和移动终端技术的进步,终端轻量化趋势变得越来越明显。从传统的收单POS机终端向智能POS发展趋势印证了这一点。传统POS，不仅体积较大、使用复杂、功能有限，联网性和可移动性较差，且大多并不具备营销管理、复杂统计功能。而智能POS，无论体积和重量都大大减轻，可移动性变得更好，更重要的是对外连接联网性能更强。在整体变得更小、更精的前提下，其后台功能也很强大，除了传统POS机的刷卡、扣款、显示功能之外，还具备了会员卡券验证以及结合后端的CRM系统进行客户精细化管理、大数据分析等功能。

6.1.3 后台云平台化

在3.0时代，交通一卡通要全面开展与其他行业领域的产业合作，推动电子支付产业发展，构建开放式交通一卡通电子支付平台，通过接入各种支付系统、资金渠道、产品终端等聚集相关交通一卡通资源，将一卡通支付功能升级为一种线下线上融合的支付渠道，促进离线支付场景与在线支付场景相结合，打通不同支付方式间的节点，打造成极具兼容性的聚合平台模式。移动互联网发展到今天，平台开放的商业模式已经成为市场发展的主流，各个垂直领域都出现了平台型服务商，作为一卡通支付平台也可以根据类似的发展模式建设一卡通领域的开放式平台。

交通一卡通开放式支付平台就是为产业链合作参与者（银行、通信运营商和设备制造商等）和客户（商户、社区或个人用户等）提供一个合作和交易的软硬件相结合的平台环境。平台商业模式是通过双边市场效应和平台的集群效应，形成符合融合共享共赢定位的平台分工。作为搭建平台的一卡通运营商，它负责聚集产业链资源和合作伙伴，为用户提供多样化的产品和服务，通过平台聚集人气，扩大用户规模，使参与各方受益，实现平台价值、客户价值和服务最大化。

6.1.4 服务数据化

随着大数据技术的持续发展，大数据应用和创新模式蔓延并冲击着各个行业，为全社会的发展带来了一系列新的思考。大数据产业作为一个新兴产业正席卷而来，并创造出了巨大的价值，正在成为企业的核心资产和生产资料。未来，大数据在推动中国经济转型方面也将发挥重要作用。

经过十多年的发展，城市交通一卡通在日常运营过程中积累了大量与公共交通出行的相关信息，然而目前相关企业对这些数据普遍没有给予足够的重视，更没有将这些数据转化为有价值的服务和产品。随着移动互联网的发展，各种新兴技术，如云计算、分布式存储以及物联网等技术的广泛应用，交通一卡通企业逐步意识到利用这些新技术，将已有的大数据价值盘活，通过数据分析和挖掘，为开发各种增值服务产品打下坚实的基础；同时对管理决策也能起到辅助支持作用，最终有助于提高一卡通行业的获利能力和可持续发展能力。

1)完善交通的精细化管理,实现智慧交通

随着大数据技术的广泛应用,交通一卡通将在采集、清洗、存储、分析和处理等各个环节的技术得到快速的发展,挖掘分析的手段将变得更加先进,通过建立一系列交通一卡通数据模型,依靠分布式存储和大数据分析技术,预测未来城市交通的发展趋势、客流出行特征规律,可视化地显示重要的交通指标,包括线路流量、站点流量、沿线人口分布、拥堵程度等,为交通部门提供科学合理的决策依据,推动交通管理的精细化。通过各种的通信手段、移动设备实时记录交通路况的变化情况,并与交通管理中心实时互动,实现交通管理的智能化。

2)实现公众个人性化便捷出行服务

为了进一步提升公众的出行体验,未来的交通一卡通大数据分析与应用的一个重要发展方向将是面向公众出行服务。针对出行前、出行中、目的地等出行链提供进行全面的分析和出行服务建议。出行前,大数据分析后台将收集公众的出行需求,分析出行过程的路况,为公众推荐最优的出行线路。在出行途中,大数据后台将通过调取出行者的消费习惯、出行规律,为其推送出行过程的信息,并提前为出行者安排餐饮、住宿、娱乐等资讯,让出行者在途中解决到达目的地后的相关事务。在到达目的地后,大数据后台将为出行者提供各种交通方式的选择和换乘方案,解决出行者到达陌生地区后交通出行的困惑。通过这种大数据处理和分析,真正为公众提供个人性化、便捷的出行服务。

3)实现一卡通产业链数据融合开发与应用

随着大数据的技术发展与应用,大数据将渗透到一卡通产业的各个环节,通过对一卡通产业链上的各个环节数据的分析,为产业创新和资源整合提供科学合理的数据支撑。一卡通产业将聚拢不同领域、产业的大数据资源,通过对各式各样的数据进行关联分析、融合处理,促进一卡通大数据出行服务链的联合创新。一卡通产业涉及的海量数据,其中包括了芯片出货数据、卡片封装数据、卡片测试数据、终端出货数据、终端安装数据、卡片发行数据、卡片交易数据、退卡换卡数据、车辆线路运营数据以及消费交易数据等,这些大数据是以不同格式、不同结构和不同组织形态存在,对未来一卡通数据处理和应用提出较高的要求,如何整合这些数据将是未来一卡通大数据价值应用的方向。

4)实现一卡通大数据在综合交通联程中的应用

未来的交通一卡通将不再局限于城市公共交通领域,将不断通过应用场景的延伸,逐渐覆盖整个交通出行链的服务。2017 年七部委联合印发的《关于加快推进旅客联程运输发展的指导意见》中提出,要加快推进联运票务一体化,鼓励不同运输方式站场互设自动售(取)票设备,方便旅客购(取)联运客票。积极探索旅客联程运输电子客票,为实现"一站购票""一票出行"创造条件,不断提升旅客联程运输服务品质。这将为交通一卡通未来的发展建立了新的服务定位,交通一卡通作为交通出行领域的电子支付平台在发展综合交通旅客联程方面将发挥重要作用。

一通卡公司通过构建“一站购票”、“一票到家”和“一单到底”的业务发展模式,与交通运输企业开展深度合作,将电子票证化支付模式覆盖全出行链,从出发地的城市交通、无缝换乘,到综合交通枢纽、城际轨道和道路客运等多种交通方式的融合服务。基于整合和深度分析出行链服务过程中产生的各种关联数据,建立统一的集铁路、民航、道路客运和公共交通等多种交通方式于一体的交通一卡通联程票务平台,保证旅客联程运输产品的通用性,做到“一次购票,无缝换乘”服务。在交通一卡通票务平台基础上,进一步打通联网售票系统、交通运政部门系统、数字地图系统、航空票务系统和物流运输系统等,实现交通数据的共享互通,为人们的出行提供移动支付、出行规划、信息查询、位置服务及一键客服等综合多式联运过程,同时优化联运线路调度、客流量平衡和快速接驳能力。

5)实现跨行业数据合作与应用

目前城市交通一卡通的运营数据维度不够丰富,尽管包括了公共交通交易数据、小额消费数据、移动终端数据及相关服务运营数据,但若要更准确预测未来的一卡通用户的出行意愿、消费意愿等信息,还缺少一些重要的关联数据支撑。未来的一卡通用户数据分析将向更多更广的维度发展,深度掌握用户在多种因素影响下的出行、消费行为。以后预测一卡通用户的出行,不仅是分析一卡通刷卡数据,还应融合其他相关领域数据,如气象数据、GPS定位数据、移动位移数据、人口分布数据及相关交通信息等,实现跨行业、多维度数据融合分析,从而更精准地分析出行对象的行为结果。

6.2 “互联网+”交通一卡通理念创新—“支付+”

6.2.1 电子支付的内涵与外延、特征

所谓电子支付,是指运用现代通信信息技术,通过终端交互(在线或离线)方式,完成账务支付的一种智能响应行为。随着技术升级、应用场景的智慧化、多样化,其概念与内涵也得到不断的延伸,拓展为“除支付外,任何基于交互行为而实现的智能响应”。

与传统的支付方式相比,电子支付具有以下鲜明的特征:

第一,电子支付采用先进的技术通过数字流完成信息传输,其所衍生和支持的各种支付方式都是通过数字化的方式实现资金的转移支付,其表现形式很灵活;而

传统的支付方式大多通过现金的流转、票据的转让及银行的汇兑等物理实体来完成款项支付,实现形式受多种因素限制,如流通效率、制造成本和交易安全等。

第二,电子支付的工作环境基于一个开放的系统平台,应用边界可以随着场景的变化而不断延伸和扩展;而传统支付则是在较为封闭的系统中运作。应用和发展空间受到一定的限制。

第三,电子支付使用的是最先进的通信手段,且随着时代的进步,实现的技术不断升级。电子支付对软、硬件设施的要求很高,一般要求有联网的微机、相关的软件及其他一些配套设施,而传统支付则没有这么高的要求。

第四,电子支付具有方便、快捷、高效和经济的优势。用户只要能连上网络,便可足不出户,在很短的时间内完成整个支付过程。支付费用仅相当于传统支付的几十分之一,甚至几百分之一;用户体验更好,成本更低。电子支付不受时间、空间的限制,交易双方可以随时随地的进行交易,极大地提高了效率。

随着移动互联网时代的发展,电子支付可能取代传统支付方式,成为未来社会的主流支付形式。在移动互联技术、大数据技术和云计算技术的推动下,未来电子支付将呈现新的发展特征和方向:全民化、定制化、场景化、一键化,这些特征即可以归纳为智慧支付和场景支付,成为交易的高效连接器。

所谓电子支付的全民化,指的是电子支付将成为大部分民众首要选择的支付方式。随着移动互联网发展的深入,移动智能终端的广泛普及,电子支付学习和使用门槛不断降低。人们的使用习惯和观念的转变,使得电子支付逐步取代现有的支付方式,成了主流的应用。

所谓电子支付的定制化,是指根据用户的应用需求针对性地提出电子支付的解决方案,使得在特定场景下,基于电子支付的事件处理效率更高。随着电子商务的不断发展,不同行业对于资金管理、风险控制、特色应用等需求呈现多样化发展方向,标准化的电子支付模式已经不适应市场发展需求,而各行业的定制化需求的呼声却越来越高。以交通电子支付为例,随着交通一卡通行业的互联网化转型,交通电子支付方式在不同需求的引导下呈现多种的发展方式,其中一卡通充值支付方式就发展出来多种模式,包括在线网络充值、移动充值及蓝牙充值,不同的场景应用对电子支付方式的要求都各不相同。因此,未来电子支付的制定化将是电子支付服务升级的重要方向。

所谓电子支付的场景化,是指电子支付的形态是基于场景而产生的,不同的场景特征要求不同的电子支付形式与之相适应,融合具体的场景使用过程,提升场景体验。在移动互联时代,支付与场景将结合更加紧密。由于应用场景是多样的,这就使得支付行为呈现更碎片化的表现形态。人们的支付行为,包括其所延伸的各种金融服务与社交互动,都将融入具体的场景里。因为人们不会仅仅为了使用支付而嵌入应用场景,更多的是在某个具体的消费场景里使用各种支付工具,支付最终都是为了满足消费者生活场景中的需求。

所谓电子支付的一键化,也可以称之为“智能化”,是指在具体场景使用电子支付过程中,所有环节得到极大的简化,一个简单的动作或指令即可在后台完成交易,为人们的使用带来更便捷的体验。这种电子支付的“一键化”是建立的场景化基础上的智能响应,未来的智能化支付形式将以指纹识别、人脸识别等生物特征认证为核心。“一键化”支付的背后是一套复杂的人工智能算法,通过捕捉用户需求并及时提供智能支付,用户从而无须了解具体的支付过程,极大降低了用户交易成本。

6.2.2 电子支付核心是“支付+”

电子支付之所以能得到快速发展,主要是在于其有效简化了交易的过程,体现在支付过程的便捷性、智能化,大大提升支付处理效率,在有效较低交易成本的同时极大地提升用户体验,符合移动互联网时代发展的趋势,迎合了社会整体消费升级的需求。电子支付(数字化支付)已经逐步成为现代社会发展的重要基础设施。

电子支付关键在于连接了人与场景、商品及信息,打破了交易信息流通的界限,其本质在于“连接”,继承了互联网的特征,呈现出“强连接”的支付特性。因此,电子支付的核心不仅仅是体现在其支付技术的升级、使用的便捷性,更为重要的是“支付”背后所连接的具体的人和场景,一个个的用户和应用场景能使得“支付”本身变得更有价值,借助目前一个热门的概念“互联网+”,可以将电子支付的核心归结为“支付+”。

1)“支付+”核心概念

何为“支付+”?“支付+”是一个既聚焦又宽泛的概念。只要涉及电子化支付的产品和服务的应用都与“支付+”相关,都是“支付+”概念所引申出来的一种具体应用,之所以说“支付+”的概念是宽泛的;但同时“支付+”又是聚焦的,其焦点在于“支付”,离开了支付的核心环节,都不是“支付+”所描述的对象。

“支付+”既是一种新技术的应用,也是一种行业赋能,更是一种新的思想。“支付+”可以看做成“支付”和“+”的有机组合,其中“支付”体现的是一种技术、服务及应用,而“+”则是一种行业赋能,通过这个“+”能为行业带来丰富的应用和服务,体现的是一种连接服务,将改变相关产业和运营模式,两者结合起来便形成了一种思维方式、价值观,甚至是新的思想。“支付+”所体现的新思维就是在移动互联网、大数据和云计算等新兴技术发展的背景下,对市场、对用户、对产品和对企业价值链的重新审视和思考方式。

2)“支付+”与“+支付”的区别与联系

“支付+”和“+支付”这两种思维模式究竟有什么区别和联系呢?表面上,这两种模式最直接的区别是"+"放在不同的位置,但本质上体现着不同的思维和做法。"支付+"的概念是移动互联网时代发展背景下新的提法,具有明显的互联网特征。在梳理以上两者的区别与联系的之前,可先对"互联网+"和"+互联网"进行分析。

自从"互联网+"概念的提出以来,"互联网+"更多的是被认为新时代下企业转型的一种方式,随着"互联网+"不断实践和深入发展,逐渐衍生出一套互联网思维,指导转型中的企业提供方法和思路。在"互联网+"发展的同时,与此十分类似的一种提法是"+互联网"的概念。两者既有区别又有联系。

"互联网+"和"+互联网"本质上都是利用信息、网络、通信技术以及互联网平台,充分发挥互联网在社会资源配置中的优化和集成作用,让互联网与传统行业进行深度融合,提升全社会的创新力和生产力,形成更广泛的以互联网为基础设施和实现工具的新业态,实现企业的转型升级。但从企业采取的具体结合方式角度来看,两者也是有区别的。"互联网+"更多强调的是逆袭创新,倾向于思维变革和模式颠覆,拥有的是新模式优势;"+互联网"则更多强调的是"顺势创新"和传统企业的主动作为,倾向于利用技术改造传统业务,拥有的是存量优势。"互联网+"和"+互联网"各有特点和适用的具体场景,因应不同的环境和情况做出具体的选择。

以网约出租车领域为例,说明"互联网+"和"+互联网"在不同企业中的应用模式。"互联网+"出租车这种发展模式下,形成最为典型的案例是"滴滴出行"。利用互联网思维和技术从无到有创造出了一个新的业态,这个新产业的出现与传统出租车很不同,"滴滴出行"只是一个互联网平台,并不拥有出租车,利用自身平台和服务,根据用户的需求,通过调度算法和大数据分析将乘客和驾驶员双方进行需求对接,从而实现精准匹配,并从中收取一定的平台服务费用。这种模式的发展是对原有行业的革新,改变了原来的行业思维模式和运营模式。而在"+互联网"的这个模式下,形成了出租车公司"+互联网",典型的就是"如约出租"。在这种模式下,出租车企业面对大环境的变化而主动变革的一个结果,是出租车企业通过利用互联网技术改造传统运营模式,目的是提升整体的服务效率和用户体验,推动企业自身的转型升级。

具体到电子支付领域上,"支付+"和"+支付"两种模式也是不同的,体现的是不一样的思维方式。"支付+"更多强调的是跨界理念性、变革性的突破和创新,利用新模式开拓全新场景,拥有的是技术优势。而"+支付"更多强调的是应用场景的主动创新,利用技术改造来提升传统业务,拥有的是场景优势。互联网企业主要采用的是"支付+"模式,原因是互联网企业具备的资金和技术优势,但往往缺乏的是应用场景。没有具体应用场景的技术和产品就像空中楼阁一样,无法发挥任何作用。"支付+"这种模式给了互联网企业一种实现的方式,通过"+"连接不同的场景,最终实现服务与人的结合。对于"+支付"则是传统电子支付企业采用的较多。

以交通一卡通行业为例,传统交通一卡通企业长期以来,多是以实体卡发行和线下网点充值、消费为主要业务,给持卡用户的使用体验不太好。交通一卡通企业结合“+支付”模式,将传统业务通过这种模式进行在线化、移动化及虚拟化改造,充分体现支付的便捷化和人性化,为持卡用户创造更多价值。

6.2.3 “支付+”与智慧支付

随着“支付+”模式的深入开展,利用其强连接的特性,透过“支付”这个核心服务将各种不同的应用领域和场景连接起来,形成一个完整的以互联网支付为核心的场景服务体系。例如,支付+交通,支付+社区,支付+商场,支付+校园,支付+医疗,支付+旅游以及支付+金融等等,不同领域的应用场景通过“支付”这个节点进行融合,构建开放互联的支付平台。

随着“支付+”连接的场景越来越多,支付平台的开放度越来越大,必然要求“支付+”平台进行技术和服务升级,在这个支付服务升级的背景下产生智慧支付。所谓智慧支付,目前还没有一个确切的定义,凡是能为用户提供便捷、安全、智能、高效的支付服务都可以作为智慧支付的一种,它已经成为智慧城市建设的重要基础设施。从智慧城市建设的角度,智慧支付不仅是一种支付手段的升级,更是社会治理、信用体系和金融服务的一次全新的升级。

6.3 基于“支付+”的智慧城市建设探讨

6.3.1 智慧城市及智慧支付的发展

1)智慧城市概念及其特征

自 2008 年 IBM 提出了“智慧地球”这个新的概念之后,一轮新的城市发展和治理模式在全球引发了热潮,其中智慧城市概念成为智慧地球真正落地实施的一项重要的发展战略。目前,智慧城市没有一个统一的定义,从不同国情、发展阶段和实施路径来看,得出的定义都不一样。这里也是借鉴其他已有的研究成果,结合智慧支付的发展状况,对智慧城市做大致的定义:智慧城市是利用现代通信及计算机技术,通过互联、感知、监测、分析、整合城市各种资源,对各种需求做出及时、灵活、准确的反馈,提供泛在、便捷、高效服务的城市形态。

2)基于“支付+”的智慧城市发展

当“互联网+”概念迅速走热,智慧概念再度充斥人们视线,如何把握机遇,推进智慧城市建设发展,将是未来要深入研究的重要课题之一。过去的几年里,中国智慧城市建设在国家政策的强力推动下有了长足发展,涵盖中国制造 2025、智慧医疗、智慧交通、大数据、云计算等。相信接下来,随着各类智慧城市参与者的积极涌入,以及政府数据的不断开放,我国的智慧城市将取得进一步发展。

随着移动支付的快速发展和广泛应用,智慧支付成为智慧城市发展的重要切入点。目前,中国已经成为全球最大的移动支付市场,并且仍然保持高速增长态势。从未来发展趋势来看,移动支付将渗入到城市规划及发展的方方面面。从移动支付的趋势来看,支付形式已经从线上的红包、手机银行、APP 及网络在线支付等,向线下的基于各类场景的多元化支付快速扩展。从应用场景看,目前线下移动支付已经从零售、餐饮、商超和物流等传统小额高频场景,逐步扩展到医院、景区、旅游和交通等更多场景,与城市生产生活紧密结合在一起,改变着未来城市的生活服务形态。线下场景的丰富性和用户支付的多样性产生了多种的支付形态,其中目前最为主流的包括二维码支付和 NFC 支付。同时,以手环、手表等为主要代表的智能支付终端也呈现多元化发展趋势。随着科技的发展,人工智能、大数据等相关技术开始应用于支付风控领域,进一步提升城市的安全环境。

3)基于"支付+"的智慧城市的特征

全面透彻的终端感知:通过终端感知技术,实现对城市出行、消费、交易和公共服务等各方面监测和支付数据终端感知。智慧城市利用各类随时随地的感知设备和智能化支付系统,能够识别和感知城市环境、状态、位置等信息的全方位变化,对感知数据进行融合、分析和处理,并与业务流程进行集成,对服务主体主动做出响应,促进城市各个关键系统和谐高效的运行。

宽带泛在的信息互联:各类宽带有线、无线网络技术的发展为城市中物与物、人与物、人与人的全面互联、互通,为城市各种场景下应用的支付服务提供了基础条件。宽带泛在网络作为智慧城市的"神经网络",极大地增强了智慧城市智能化服务能力,并使得各种支付消费等信息在安全些环境下实现互联共享。

智能融合的场景应用:基于"支付+"的智慧城市是一个开放的复杂的综合系统,通过"支付"节点连接各种应用场景,通过感知技术的应用不断增加城市的海量数据。基于云计算,通过智能融合技术的应用实现对海量数据的存储、计算与分析,为各种场景下的商家和消费提供决策支持的能力。随着新技术的融合与发展还将进一步推动"云"与"端"的结合,实现线上与线下场景的高度融合和无缝连接,让城市的生活变得更智慧、更个性化。

用户为核心的创新:在智慧城市发展中,更注重用户需求的表达,提升用户的参与度,以此不断改善城市治理过程中面临的各种问题。塑造以人为本、市民参与、社会协同的开放创新空间,以及创造公共价值与独特价值。注重从市民需求出发,汇聚公众智慧,不断推动用户创新、开放创新、大众创新与协同创新,实现经济、社会和环境的可持续发展。

4)智慧支付的发展

支付方式的智慧化演进伴随着智慧城市发展阶段的变迁,并经历了三个主要阶段,推动了智慧城市的发展,并呈现出了不同的城市特征。

在数字城市阶段,支付形态是以电子支付为主,也就是"卡基"支付。在这个阶段,银行卡、交通卡、各类消费预付卡几乎占据着电子支付的各个领域,也为当时人们的生活带来了便利。从现金支付到卡基支付的转变,见证着城市向着数字化、电子化发展。

在智能城市阶段,互联网的发展和广泛普及使支付形态发生了较大的变化,电子商务、网络支付等互联网应用开始盛行并不断发展,推动城市进入电子商务的发展阶段,出现了诸如手机银行、网络转账、网上业务缴费等新型服务。与此同时,随着手机终端的普及,交通一卡通的移动支付也相继推出,为市民大众的出行、消费等提供便捷的网络环境。

进入智慧城市阶段,随着移动互联网、云计算、大数据技术的发展,支付形态由网络支付向移动支付、虚拟支付的方向发展,在各个方面提升城市服务和管理的智慧化水平,出现了信用支付、空中发卡、二维码及 NFC 支付等新型支付服务以及基于在线账户所衍生出来的各种增值服务形态,例如支付大数据服务。作为一种重要的战略资产,大数据已经不同程度地渗透到每个行业领域和部门,其深度应用不仅有助于企业经营活动,还可通过对城市信息的智能分析和有效利用,为提高城市管理效率、节约资源、保护环境和可持续发展提供决策支持,有效促进城市系统各要素间的和谐相处,从而提高城市管理水平,促进智慧城市的建设。

6.3.2 基于"支付+"的智慧城市建设需求

随着"支付+"技术的不断升级和连接场景的日益丰富,基于"支付+"的智慧城市建设具备了良好的基础,终端感知、网络互联、交易效率、经营决策、产业升级等电子支付的技术服务与应用已经深入到了城市生活和管理的方方面面,为公众、公共服务机构、企业单位带来了种种有益的改变,提升人们生活的质量、提高了城市管理效率、优化了企业的经营活动。因此,基于"支付+"智慧城市建设存在巨大的发展需求。

电子支付的技术服务与应用已经深入到了城市生活和管理的方方面面,为公众、公共服务机构、企业单位带来了种种有益的改变,提升了人们生活的质量,提高了城市管理效率,优化了企业的经营活动。因此,基于"支付+"智慧城市建设存在巨大的发展需求。从市民大众需求端来看,"支付+"时代的到来为人们的生活和各种活动带来了巨大的便利,不仅支付过程变得更轻松、更智能,更重要的是,通过"支付+"链接了丰富的生活场景,如交通、商场、酒店、餐饮和旅游等,提升了市民大众的幸福指数,创造了和谐的生活环境。从政府管理和服务需求来看,支付+电子政务、支付+生活缴费、支付+公共服务(如图书馆、公园、景区等),"支付+"平台可以为政府机构提供多种开放的连接服务,实现"让数据多跑路让百姓少跑腿"的良好效果,同时,通过对"支付+"平台上各种数据的分析,管理部门能及时掌握公共服务过程的各种状态,为决策部门提供科学依据;从企业的角度来看,"支付+"时代的发展对企业经营和产业转型影响更大。近年来,由于移动支付技术的快速发展和支付场景的建设,支付产业发生了巨大的变化,特别是第三方支付企业出现爆发性增长。据报道,自2011年央行发放第三方支付牌照以来,第三方支付企业迅猛发展,其中包括了支付宝、财付通、拉卡拉、易宝、联动优势、连连支付、平安付、百度钱包、京东支付和快钱等267张支付牌照。艾瑞咨询发布的《2017中国第三方移动支付行业研究报告》的数据显示,2016年4季度,中国第三方移动支付中具有经济效益的交易规模为11.9万亿,艾瑞还预测:随着技术的发展,生物识别支付将替代线下扫码,成为推进"无现金社会"的主要动力。

所以基于"支付+"的智慧城市建设具有巨大的发展空间和市场需求,以"支付+"为核心的平台构建将使城市感知更透彻、城市决策更高效、城市管理更科学,最终使城市运营更智慧。

1)公众出行需求

(1)信息连接需求

随着支付产业的发展,各种支付平台大量涌现,使得人与商品的连接变得更加轻松、信息的流动变得更加快捷,打破了商品交易信息的不对称性,为用户创造了信息透明的交易环境。

(2)便捷支付需求

支付技术和产品服务的不断创新,基于不同的应用场景推出了各种便捷的支付方式。针对互联网电子商务,推出快捷支付、电子现金卡,电子支票,电子钱包,电子汇兑以及网络银行等,还不断衍生出各种个性化服务,如存取现金、转账、消费、信用功能等;为适应线下场景应用,产生了NFC支付、二维码支付、刷脸支付、银联闪付等,满足用户各种的便捷支付需求。

(3)用户画像需求

通过收集在各种支付平台上的信息和交易行为,可以用一些标签把用户描绘出来,构建用户画像。用户画像标签包括:支付基本属性、购买能力、购买特征、社交网络、心理特征、兴趣爱好等。构建用户画像所需数据是在购买商品过程收集的,包括用户行为数据(注册、浏览、点击、购买、签收、评价)和决策过程数据(购买商品、浏览商品、放入购物车、关注商品、注册时间、首单时间、纠结商品、最大消费、退货数量、败家指数、品牌偏好等)。通过制定标签规则,快速读出其中的信息,做标签提取及聚合分析,构建用户画像和行为建模,辅助商家实现精准营销和个性化推荐服务。

(4)智慧出行需求

随着各种场景的支付市场竞争进入白热化阶段,市场份额接近饱和,"支付+"服务必须寻找新的市场以便保持业务的可持续发展。公共交通出行是典型的小额高频场景,尤其是地铁、公交等公共交通领域,线下流量巨大,正成为移动支付各方着力发展的重要战略。随着支付技术的升级,使得价格管理及支付方式等方面的连接更加便捷,人们在不同城市间乘坐公共交通支付的方式和手段也更加高效。同时,通过对出行支付数据的分析,为用户制定出行的个人性化服务方案,包括定制班车、共享交通、信息服务、联运联程等,这对城市智慧交通的发展、智慧城市的建设具有积极的推动作用。

2)政府决策需求

政府管理部门在推动智慧城市建设过程中,依靠多种手段辅助城市治理和服务,提升管理效率。以智慧交通发展为例,充分利用各类交通数据开放平台,提高综合交通出行信息服务水平。通过对交通电子支付数据的分析,为政府部门对交通的规划、调控、决策提供了大量准确有效的数据支持。这些数据可以协助城市综合交通规划,明确公共交通优先发展原则,统筹重大交通基础设施建设,合理配置和利用各种交通资源,实现线网布局的科学规划,优化重要交通节点设置和方便衔接换乘,落实各种公共交通方式的功能分工,加强与个体机动化交通以及步行、自行车出行的协调,促进城市内外交通便利衔接和城乡公共交通一体化发展。

3)企业经营需求

城市交通一卡通大数据作为城市交通一卡通领域的重要资源,通过对数据进行分析,促进行业结构的优化调整,辅助企业挖掘和识别潜在的客户;用户通过一卡通支付将产生交易消费数据,基于这些数据的分析可辅助商户进行营销,扩大销售渠道并打开传播渠道。城市交通一卡通在用户消费时产生的数据记录有助于商户进行营销需求分析,制定相应的营销需求解决方案。大数据时代已经降临,在商业、经济及其他领域中,营销决策也将逐渐基于数据和分析而做出,传统的依靠经验和直觉渐渐不再适用,而利用海量数据和先进的数据挖掘技术,研究顾客的行为特征,进行精准营销是大数据时代企业和商户的必然需求之一。

通过数据分析、客流分析、金融的决策、精准的营销和政策业务,提升企业的经营服务,再通过信息的连接,便捷的支付,用户的画像和智慧出行来构建公共的服务。

结合交通电子支付相关数据的综合分析,重点围绕用户出行消费、交通运营管理及政府决策服务等需求,为服务对象提供个性化的定制内容。例如,基于出行数据分析预测交通运行状态,根据用户出行规划向用户推荐优先次序的线路方案,并通过无线网络以可视化方式呈现在用户的智能终端上;通过对交通运营数据分析,为交通运输企业提供线路规划、班次调度及交通流疏导等优化运营服务的方案;通过采集各类型交通大数据,定期为政府部门提供交通舆情分析报告、交通结构治理和优化研究报告,提升管理部门决策的精准性和科学性。

6.3.3 基于"支付+"的强连接服务

基于"支付+"智慧城市的建设目的就是使城市感知更透彻,城市的管理决策更科学,最终目的是使我们的城市运营得更加智慧。智慧城市的建设内容包括了智慧交通、智慧医疗、智慧的公共事业等各个方面。以上的各种应用都需要一个强连接,为智慧场景的搭建和服务提供关键的纽带作用,那就是支付。支付是民生和产业城市管理活动中重要的基石;支付贯彻在智慧城市的运营之中;支付能够促进和支撑城市智慧的发展。基于"支付"场景的快速扩展来源于支付的强连接属性。

1)"支付+"交通

交通一卡通是目前在交通领域主流的交通电子支付方式,可全面应用于城市及跨区的公共交通、轨道交通及其他小额支付交易领域,推动城市信息化管理的快速发展,服务于智慧城市建设。交通一卡通主要服务领域包括公交、地铁、轮渡、自行车、出租车,随着城际轨道的完善和全国客运联网售票的建成交通一卡通将拓展至城际轨道、道路客运等。随着联乘联运方式的成熟,交通一卡通系统将与各种交通方式进行对接,交通一卡通连接民航、高铁、市内交通,实现"一票到家"的服务模式。

随着城市人口和城市交通流的增加,交通问题成为各大城市关注的焦点问题。在"互联网+"时代,应充分运用数据通信技术、传感技术等,并结合先进的智慧治理理念,对交通进行全面感知,建立全方位、实时、高效运转的综合交通管理系统。通过对交通的可视化及实时观测,能减少交通事故的发生,提高交通的管理效率,促进城市交通体系的高效运转。此外,交通部门也可通过微信公众号、交通 APP 等,及时发布道路通行状况,为市民出行提供便利。

2)"支付+"社区

将此智慧社区一卡通的消费引入到线上消费和线上充值,加速电商化过程,引入智能自开店系统和无线订单管理系统,为实体商户进行智慧电商改造,拓展其经营半径,打通线上线下资源,增强用户黏性,真正实现线上线下互动的商业模式。

"支付+"产业应用与发展和人们日常生活以及工作需求紧密结合,广泛应用于公共交通出行、小额消费、公共服务管理和电子商务等多个领域,初步构建了一个覆盖人群广泛、产品形态丰富、服务类型多样化的一卡通服务平台。将一卡通平台优势、用户黏性高的优势与以社区用户为核心的需求有效结合,构建基于"支付+"的社区 O2O 生活圈层,利用"支付+"平台线上线下融合优势将用户与服务提供商建立有效连接,可有效满足用户需求,实现精准营销,构建"支付+"社区服务生态圈,如图 6-1 所示。

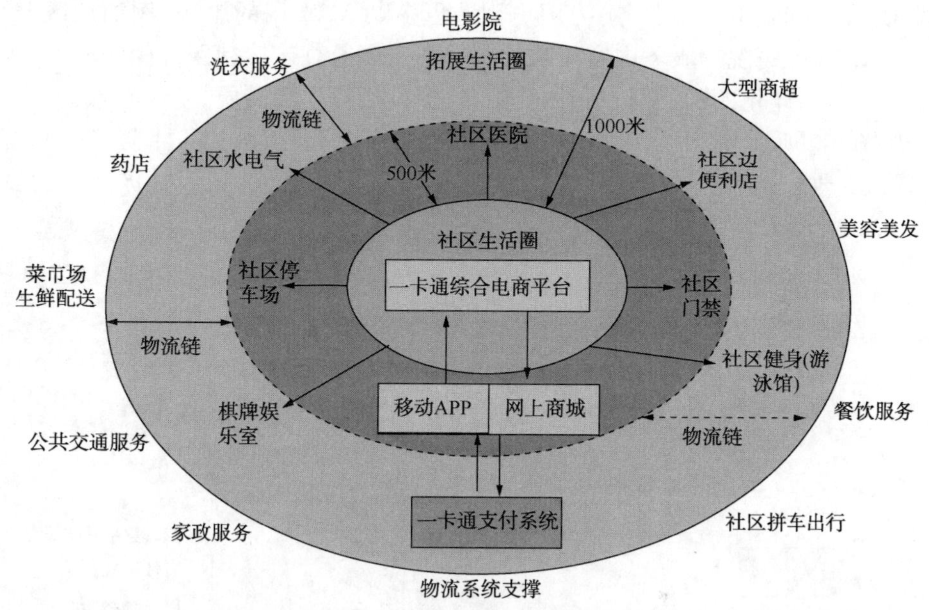

图 6-1 社区"支付+"生活圈

构建基于"支付+"的社区应用场景主要可分为两个圈层,第一核心圈层是社区生活圈,是基于社区现有的服务设施为基础,用于满足社区居民核心生活需求,覆盖范围为 500 米;第二圈层是基于社区向外辐射,拓展服务类型,更大范围地满足社区居民需求,由于覆盖范围的扩大,需通过物流系统支撑,完成"支付+"社区场景建设。

"支付+"综合电商平台是"支付+"社区 O2O 服务平台的核心,是基于"支付+"系统而建立的综合性商品展示和交易平台,通过移动 APP 应用和网上商城两大入口引流,完成"支付+"O2O 应用的闭环,一旦服务、产品进入"支付+"O2O 社区圈层,资金流、消息流、数据流和物流构成闭环,形成一个完整的评价体系和统一的"支付+"支付系统,有助于提升"支付+"平台价值,提高用户黏度,完善平台的服务体系。

"支付+"通社区产品形态主要集中在四个方面:交通、物业、便民和购物。交通一卡通是通卡行业传统的应用领域,具有用户基数大、用户黏度高等优点,因此可基于交通一卡通拓展物业、便民服务、购物等服务,构建基于"支付+"的社区

O2O 综合服务平台。物业一卡通主要提供关于物业日常服务类目,包括但不限于一卡通水电气等公共服务缴费、社区门禁服务、社区停车场、社区通知、快递付费等,覆盖社区生活的最基础的服务。便民一卡通主要围绕社区用户提供一系列的服务措施,包括:生活服务、居家服务、公共服务,即在满足用户的基础上增强用户黏性,并在此基础上拓展服务,为用户创造更多贴心、实用的服务,例如社区健身、社区娱乐、社区医院等服务内容。购物一卡通主要通过连接社区外围的商圈,为社区用户提供多样化的购物网点和体验服务,提升用户生活品质。

如图 6-2 所示,基于“支付+”的社区 O2O 服务平台构建,以一卡通支付系统为技术核心,通过连接各种场景化应用终端,实现线上线下交易,为社区居民提供便捷、安全的生活环境。

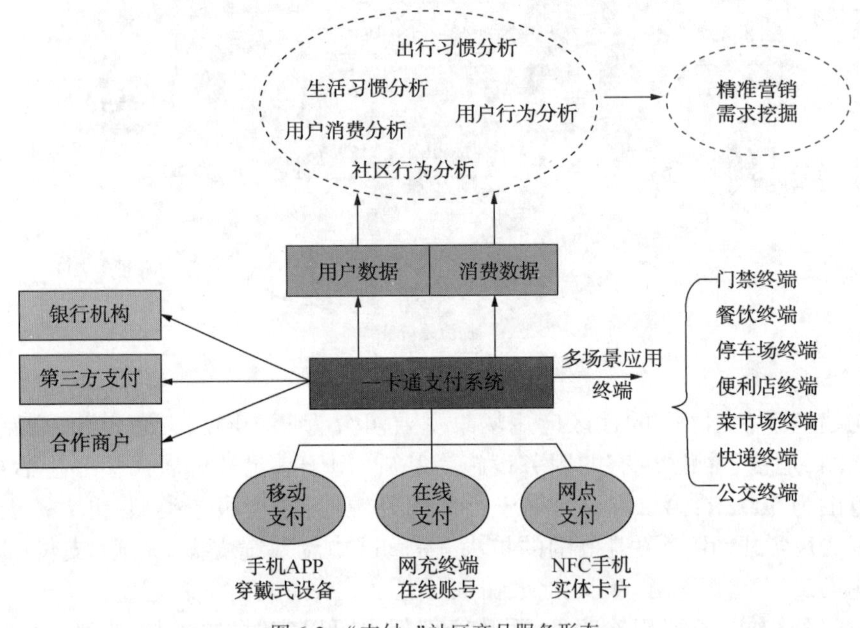

图 6-2 “支付+”社区产品服务形态

3)“支付+”医疗

“互联网+医疗”改变了过去人们只能前往医院看病的传统生活方式。通过网络人们能够随时听取医生的建议,或是获得各种与健康相关的资讯。互联网医疗不仅节省了患者之前大量用于挂号、排队等候乃至搭乘交通工具前往的时间和成本,而且更高效地引导人们养成良好的生活习惯,提高人们健康生活水平。

在互联网金融背景下,为有效提升用户黏性,获取更多增量用户,市场主体正加速推动互联网支付服务向移动端的迁移。移动支付优先渗透至能够与移动社交、位置服务相结合或具备高附加值的行业领域,从而使基于移动互联网的生活消费、投资理财、休闲娱乐等应用率先得到普及。而随着基础设施和受理环境的逐步完善,移动支付进入发展的成熟阶段,医疗行业作为公共服务的重要组成部分将逐步成为其应用和服务的重要领域之一。目前,国内部分市场主体已经尝试为医疗领域提供移动支付解决方案,以优化传统的医疗模式,简化就诊流程,提供个性化的医疗服务。

第三方支付机构也正基于线上线下融合模式,积极拓展和布局医疗行业,通过与医疗机构、社交平台等主体开展合作,推出各自的移动医疗产品和服务,主要将信息咨询、订单和支付服务整合在线上进行,将就诊和取药服务整合在线下进行,不断丰富业务功能,提升办理效率。如支付宝钱包推出“未来医院”计划,拟实现移动挂号、诊间缴费、查收报告、科室导航、服务评价和医保结算等功能,用户可以用支付宝钱包完成门诊挂号、缴费、查取报告、住院金清单查询及缴费全流程。腾讯于 2014 年上线微信智慧医院,以“公众号+微信支付”为基础,结合微信的移动电商入口,用于优化医院、医生、患者以及医疗设备之间的连接能力。主要服务包括微信预约挂号、候诊提醒、微信导航、诊疗室和化验室之间的有效引导、微信支付诊间费用、电子报告微信实时送达以及离开医院后的医嘱提醒等。

4)“支付+”政务

电子支付广泛应用于公共事务缴费、身份认证、业务办理等多个领域,支付与政务之间的关系随着支付技术及服务便利化变得更加紧密,特别是随着移动支付的发展,移动电子政务在手机终端上与移动支付应用融合在一起,为市民办理业务缴费、账户查询等提供一站式的支付服务功能。通过打造电子缴费公共服务平台,实现支付服务与政务办理有机融合。另外,“支付+”服务具有身份识别功能,与移动政务结合后,能为相关公共服务提供身份认证功能,实现快捷的认证服务。

智慧政务是电子政务发展到高级阶段的产物,是指运用现代信息技术,树立以公民为导向的互联网思维,通过在网上进行信息共享、数据交换,实现跨部门、跨领域的沟通与协作。一是推进信息公开。信息公开后,人们可以通过网络随时随地浏览政府的网站,了解相关信息,而政府部门也可以实时进行网上受理,实现与公民的双向互动。二是政府可充分利用各种技术,挖掘并分析相关政务信息、网络舆情、网站留言等,然后根据这些信息进行科学预测,从而实现精准化治理。

6.3.4 基于“支付+”智慧城市建设

1)建设背景及意义

随着移动互联网技术的快速发展,金融科技创新为我们的生活带来诸多便利,移动支付、近场支付等便捷支付进入人们的生活并不断普及,“支付+”概念深入人心,与城市生活的各个场景紧密结合,逐步形成以“支付”为核心的智慧城市体系。

建设移动支付智慧城市不是消灭现金,而是给支付场景提供安全便捷的移动支付入口,实现消费者和商户交易行为的数据化、智能化,对于提升广大民众的幸福感,满足人们对美好生活的向往具有重要意义。从政府服务角度,建设"支付+"智慧城市能进一步优化政府对社会服务领域的市场监管,营造良好的市场秩序,有效识别、防范和打击与现金交易有关的各类违法行为,进一步减少现金管理成本和社会整体交易成本;从民众的生活体验角度,"支付+"智慧城市能让人们享有便利、舒适的城市居住环境,提升居民生活幸福指数;从经济发展角度,"支付+"智慧城市有效降低金融服务门槛,以"支付"为核心连接更多产业和服务,促进经济转型和产业升级;从社会效益角度,"支付+"智慧城市进一步降低社会交易成本和产业环节损耗,减少广告、票据等纸质印刷品生产从而减少对环境的破坏。

2)建设目标

(1)实现移动支付的普及化,推动城市升维

以"支付+"作为智慧城市的一个关键入口,将交通、医疗、政务、商圈、教育和社区等一系列的服务领域通过开放接口纳入支付平台。随着城镇化的进一步扩展,中国特大城市的发展面临新的挑战,对城市管理理念、管理模式提出了更高要求。因此,在更新现代城市管理理念的同时,要做到信息化、数字化城市管理从功能到效率全面升级。与以往的"数字城市"、"无线城市"相比,"智慧城市"更加聚焦民生与服务,关注共享与协同。以"支付+"为入口的"智慧城市"更体现了城市发展方向,成为城市升级的重要动力。

移动支付的确迎合了市场需求。分布式支付场景的出现、电子商务的发展以及支付方式的多元化,要求支付系统 24 小时不间断运行,以满足广大消费者随时随地购物和支付的需求。移动支付自身的高效便捷性迎合了现代社会追求方便快捷的需求,填补了传统支付留下的效率空白,所以满足了国内支付市场客观变化的需求。与传统支付手段相比,移动支付缩短约 10%~40%的交易时间成为各方追逐竞争的主要动因。对消费者而言,高效、便捷是实现体验式消费的有效途径;对商家而言,不仅缩短交易时间、增加交易额,更重要的是加快了资本循环与周转,提高了商家的经济效益与效率;对跨境支付而言,移动支付的优势更明显,全球支付市场都青睐效率高的移动支付。相对而言,传统商业银行基于其风险最小化原则设计支付系统,因灵活性不高,支付效率偏低,满足不了快速支付的需求。移动支付顺势而为,填补了传统支付留下的效率空白。

(2)实现城市治理的数据化,加快智慧城市的发展进程

随着移动互联网的发展,移动支付、大数据、云计算及人工智能技术的创新应用将城市建设带进了数据化时代,即从 IT 时代到 DT 时代的转变。数据将成为城市发展的关键资源,智慧城市的建设带来数据量的爆发式增长,而大数据就像血液

一样遍布智慧交通、智慧医疗、智慧生活等智慧城市建设的各个方面,城市管理正在从“经验治理”转向“科学治理”。

DT城市,是以“云网端”为城市新型基础设施,以大数据为城市新型生产资料,以数据驱动的人机智能,为城市服务中枢大脑和创新经济引擎。“智能服务”即通过“DT城市”创新思想,逐步实现城市服务的在线化、平台化、数据化、智能化,是DT时代中国城市群现代化发展的新方向。

数据化为智慧城市的各个领域提供强大的决策支持。在城市规划方面,通过对城市智慧支付体系流动的信息和经济、社会、文化、人口等社会信息联合挖掘分析,为城市规划提供数据支持,强化城市管理服务的科学性。在交通治理方面,通过对道路交通信息的实时挖掘,能有效缓解交通拥堵,并快速响应突发状况,为城市交通的高效运转提供科学的参考。在舆情监控方面,通过关键词搜索及语义智能分析,能提高舆情分析的及时性、全面性,全面掌握社情民意,提高应对网络突发公共事件的能力。在社会安全领域,通过大数据的挖掘,加强风控体系建设,及时发现潜在的社会风险,提高应急处理能力和安全防范能力。

(3)实现城市的网络化、智能化,建设城市智能大脑

从我国的城市化进程来看,人口向大城市集中的趋势在短期内不会改变,大城市的人口承载力将受到挑战,对城市的治理和服务能力提出更高要求。城市建设模式将向精细化、智能化方向发展,即在有序扩张的同时加强存量管理,引入“互联网+”模式,提升公共资源的配置和利用效率。

在人工智能、大数据、5G通信等诸多前沿科技的推动下,全球掀起了智能城市建设热潮。智能城市建设是一个系统工程,需要循序渐进。在智能城市体系中,首先城市管理智能化,由智能城市管理系统辅助管理城市,其次是包括智能交通、智能电力、智能建筑、智能安全等基础设施智能化,也包括智能医疗、智能家庭、智能教育等社会智能化和智能企业、智能银行、智能商店的生产智能化,从而全面提升城市生产、管理、运行的现代化水平。

“支付+”智能化发展将成为城市建设的关键基础设施,为智慧城市的发展提供可行的升级路径。城市的交通、商业、公共服务等领域每天都产生大量的数据,这是依靠传统的分析统计技术和方法是无法解决的,而处理海量数据、据此快速做出决策恰恰是人工智能的优势。此时,“支付+”体系的发展和成熟为城市智能大脑的发育和成长提供关键的技术和应用支撑。

3)建设路径

随着近年来城镇化的深入推进和信息化的快速发展,“支付+”智慧城市理念被广泛接受并不断落实应用,其内涵亦在不断丰富和完善。不仅只是基础设施的建设、资金和技术投入等硬件环境,还包括相关制度、运营管理等软件部分的配套

建设,是一个涉及多方主体、涵盖多个环节、建设周期长、工程量巨大的系统工程。因此,"支付+"智慧城市建设必须要遵循一定的原则和方案来推进和实施,首要确定顶层设计,按照一定的建设路径来逐步推进。结合"支付+"的特点和智慧城市建设规律,围绕核心支付,以交通出行为突破口,逐步扩展至民生生活,最终是"智慧支付"、"智慧出行"、"智慧生活"、"智慧城市"路径建设(图6-3)。"支付+"智慧城市的建设路径分为四个阶段:第一,基础阶段——智慧支付阶段,本阶段主要完善与支付相关的基础设施建设和市场培育,例如网络环境的完善、各种移动设备的普及应用、各种支付平台的接入等。第二,初级阶段——智慧出行阶段,本阶段是以交通出行为突破口,找出智慧城市建设的切入点,通过交通出行场景的智能化,连通和带动其他领域的建设。智慧出行是与广大居民密切相关的城市基础服务,是城市发展的毛细血管,联通着其他领域,智慧出行的建成能为民生领域、公共服务领域、经济发展领域提供重要的基础。第三,发展阶段——智慧生活阶段,本阶段与人们的生活紧密相关,包括了智慧出行、智慧消费、智慧社区、智慧家居等各种与民生相关的服务领域,成为智慧城市的典型应用。第四,成熟阶段——智慧城市建设阶段,这个阶段将促进智慧城市的全面发展,在智慧民生基础上,延伸至智慧产业、智慧政务领域。

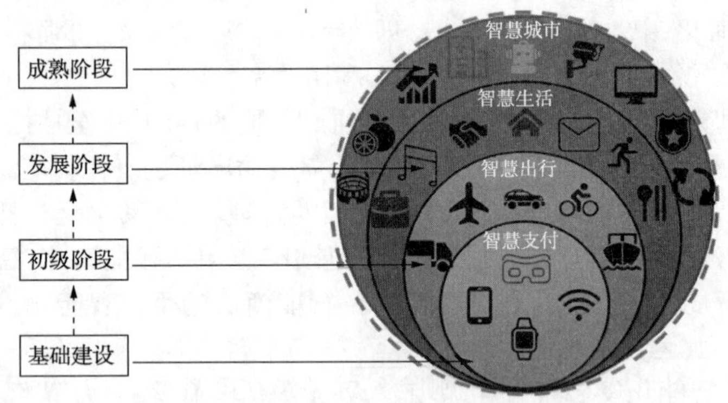

图6-3 基于"支付+"的智慧城市建设路径

4)建设思路

根据"支付+"智慧城市建设路径,可以清楚地看出,支付是整个建设体系的基础和核心,通过"支付"连接城市其他应用领域,以交通出行领域为重要切入口,延伸至各种生活领域、商贸领域、生产领域等,最终汇聚成智慧城市体系(图6-4)。

(1)智慧支付层

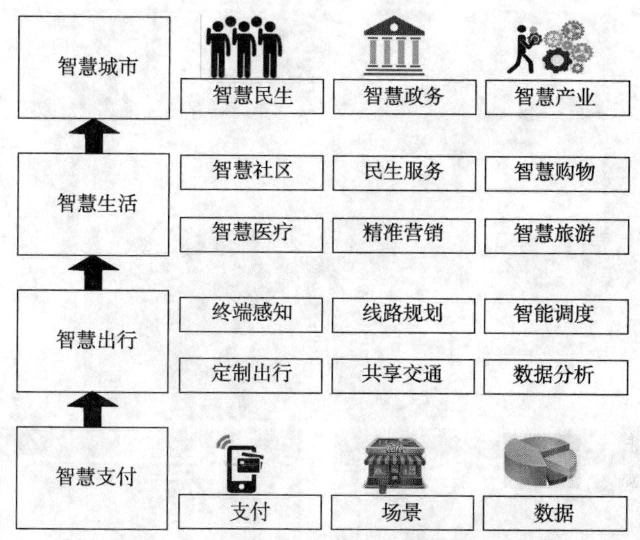

图 6-4 基于"支付+"的智慧城市建设路径

①智慧支付基础设施的完善

智慧支付的基础设施包括支付技术、支付终端、支付平台、支付环境及相关标准。

从 90 年代随着金卡工程的启动,电子支付技术及应用迅速发展,特别是互联网普及以来,支付技术是以另一种更先进的形态出现。支付形态经历了电子货币、电子支票等的早期应用;接着是以银行卡应用为主的卡基支付;为解决小额免密的便捷支付,又推出电子钱包支付;进入互联网时代,电子商务的兴起开启了在线支付的热潮。随着移动互联网的发展,移动支付在加速发展,并迅速击败了传统的电子支付形态,成为当前最为流行的支付形态,其中主要是以 NFC 支付和二维码支付最为突出,几乎覆盖了所有的线下支付场景,并被人们称为"新四大发明"之一。从最新的场景支付形态发展来看,刷脸支付已经在某些领域应用,例如阿里巴巴、腾讯、京东等互联网巨头推出的无人超市,采用的是刷脸技术进行用户身份识别和无感支付(图 6-5)。2018 年春运,广州东站正式推出银联 IC 卡闪付、银联手机闪付过闸乘车服务(图 6-6),其中利用了刷脸技术进行身份认证,使出行变得更加高效和快捷。因此,支付技术的发展不断推动支付形态的升级和创新应用,加速智慧城市的发展步伐,不断增强城市的智能化。

电子支付技术作为智慧城市的核心技术在推动城市智慧化方面具有重要的作用,但支付行为完成还是需要依靠支付终端来完成,即使目前最为先进的无感支付,不再需要用户提供任何支付介质,但仍然需要收单终端(摄像设备及其系统)

图 6-5　刷脸结账

图 6-6　银联闪付在城际轨道中的应用

的配合才能完成支付过程。所以,支付终端的发展和创新也是推动城市智慧化的重要力量。另一方面,智慧城市的一个重要的特征是感知力,要实现这种感知能力,就必须依靠大量布设支付终端,通过终端信息收集供城市智慧大脑分析和决策。从支付终端的发展历程来看,支付终端也经历了一系列的变化和革新。从最初传统的笨重的刷机 POS 机,逐步发展到轻便的、可携带和操作简单的手持设备,无论功能性、安全性、可便携性、体验性来看都有了长足的进步。支付终端功能也从接触式的刷卡到非接触式的挥卡支付,大大简化了支付流程。从用户支付终端变化来看,由原来的实体 IC 卡,随着移动手机应用的普及,支付功能逐步转移手机应用,替代了实体卡成为虚拟支付。近年来,支付终端形体不断变革创新,可穿戴设备的应用逐渐成为流行的支付手段。可穿戴设备不仅能提供便捷的支付功能,还基于用户行为延伸出其他功能,例如心率、运动、体温、血压、呼吸等健康指数测量功能,也可作为电子钥匙。所以,支付终端设备通过无线信号形成感知网络,为城市智慧化感知提供基础数据。

②智慧场景的发展和引领

“支付+”核心功能是具有强大的连接效应,通过支付终端连接人与商品、人与家庭、人与医院、人与景区等。随着支付场景的扩展,不断覆盖城市各个应用领域,通过强大的支付平台和连接服务,由智慧场景引领智慧城市发展,使得城市治理和服务变得更智能。

通过完善各种城市智慧场景,不断引领智慧城市的发展。在完善交通智慧场景方面,利用“支付+”为核心纽带,将交通支付、多种运输方式衔接、现代化物流、交通调度和指挥、应急处置、交通安全管理、道路运输管理等各种交通实施场景纳入统一的智慧交通管理平台,不断提升交通运输服务效率、公众出行服务效率、交通管理效率和治理水平,利用交通大数据不断优化综合交通运输管理和服务体系,实现交通服务的智能化和数据化。在完善医疗智慧场景方面,通过医疗支付平台和互联网技术,将检查、诊断、治疗、处方和医疗医嘱、病程记录、会诊、病案生成等一系列医疗事项实现统一管理,并利用医疗大数据,进行远程医疗、远程监控、疾病预防、城市应急及信息发布等。通过建设公共卫生专网,实现与政府信息网的互联互通;建设卫生数据中心,为卫生基础数据和各种应用系统提供安全保障。完善医疗基础数据库,包括药品目录数据库、居民健康档案数据库、PACS 影像数据库、LIS 检验数据库、医疗人员数据库和医疗设备等卫生领域的六大基础数据库。构建综合应用及其服务体系,包括智慧医院系统、区域卫生平台和家庭健康系统三大类综合应用。

通过互联网医疗管理平台和支付平台,提供分诊、手机挂号、门诊叫号查询、取报告单、化验单解读、在线医生咨询、医院医生查询、医院周边商户查询、医院地理位置导航、院内科室导航、疾病查询、药物使用、急救流程指导以及健康资讯播报等服务,实现了从身体检查到完成治疗的"一站式"信息服务。

③数据驱动发展

与智慧城市相伴相生的 ICT 技术和 Big Data 技术,是作为与传统数据相区别的大数据,它的数据量已经从太字节(TB)级上升到拍字节(PB)级。据统计,如今人们每两天生产的数据量就与人类文明发展至 2003 年产生的总数据量相当,而迄今为止人类所积累的数据量的 90%都来自过去两年。大数据的生产、获取、传输及处理都非常依赖于覆盖广泛、速度快捷的互联网络及其衍生出来的各种新业务,因此互联网基础设施的覆盖与升级是智慧城市建设的必要环节。目前缺乏统一的行业标准、建设标准和评估标准等来约束和指导,不同系统之间接口复杂,不易实现系统互联互通和信息的共享协同,有形成"数据孤岛"的可能。由于行政职能划分,城市各部门在长期的信息化应用中虽积累了海量的数据和信息,但因各业务系统独立建设、条块分割和缺乏科学有效的信息共享机制,导致形成大量信息化孤岛,不利于智慧城市基础数据库的建设。因此,除以上硬件基础设施之外,"软件"基础设施同样非常重要,即不断开放数据,实现数据共享共用,同样是智慧城市建设的重要基础。

随着数据量变得越来越大,数据的处理和应用变得越发重要。由城市运行所产生的交通、环境、市政、商业等各领域数据量是非常巨大的,这些数据经过合理的分析挖掘可产生大量传统数据所不能反映的城市运行信息。例如与城市智慧管理相关的大数据来源主要包括由遍布全市的摄像头收集的视频影像,由各类传感器收集的环境等方面信息,由各类终端收集的刷卡信息,由市民通过手机应用或社交网站贡献的相关信息等,只有这些数据经过严密的处理和价值挖掘,才能成为辅助城市发展的重要资源,成为提升城市智慧化的关键基础。

智慧城市的智慧化管理需要多方协同管理、共享数据,这就需要把多领域的数据进行综合的分析和汇集,如流行病的预防,需要综合分析人口数据、社保数据、医保数据、医院数据等,但进行这样复杂的综合分析需要将这些数据集中存储于大数据平台上,这是传统的数据库平台所不能完成的。同时,智慧城市中的大数据汇集众多领域、众多行业的数据,数据类型多样化且结构复杂,有结构化的、半结构化或非结构化等,由于智慧城市采集数据类型复杂众多、数据量庞大,统一的数据平台进行存储管理是必需的,同时还要提供大规模分布式存储与数据备份的支持。为了满足各种数据交换需求,必须提供并制定数据标准,提供智慧路由、实时服务、异步服务和安全控制等功能。建设集数据交换开发、部署、管理和监控为一体的数据交换全生命周期管理的数据交换平台(图 6-7)。智慧城市平台的大数据核心是智能数据综合统计分析决策功能,通过大数据的检索查询、统计分析、数据挖掘、预测和可视化功能,实现数据价值挖掘,并提供相应的辅助决策功能。

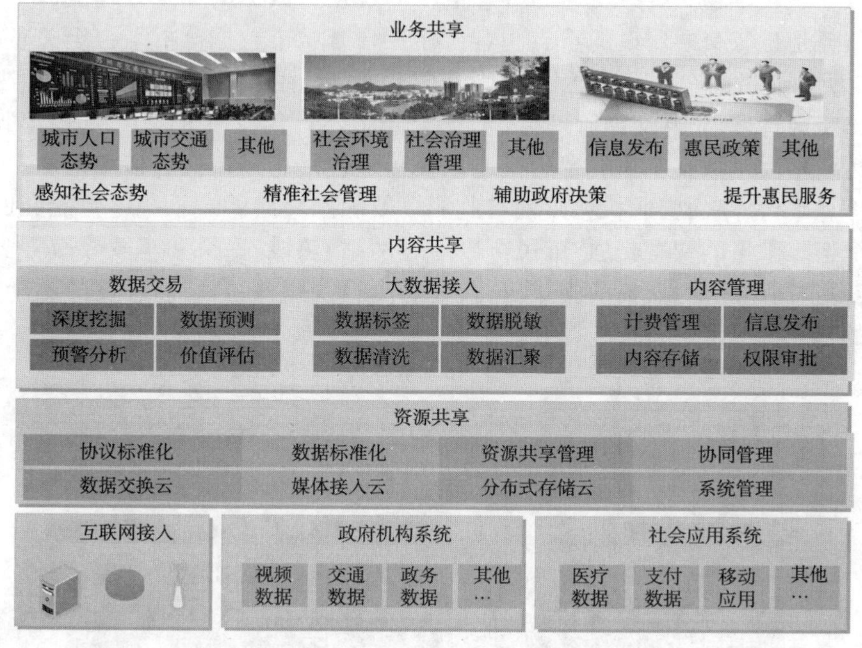

图 6-7　智慧城市大数据管理平台

(2)智慧出行

随着城市化的日益加快,人口大量涌入城市,给城市交通带来了巨大的压力,并形成了一系列的问题,例如道路设施不足,交通资源供应无法满足庞大的出行需求;路网布局不合理,人口与道路供给空间分布不均衡;公共交通服务水平不高,系统建设总体滞后,交通运输结构失调;市民交通意识不强,交通违章现象多,管理观念落后等。交通行业是智慧城市细分领域中最具发展潜力的行业,通过全面改变传统的交通出行模式和管理模式,通过智能交通体系建设,使得交通管理方式,服务方式产生革新性的进步,让人、交通、社会成为一个有机的整体。

智慧交通是智慧城市的重要构成部分,是解决交通问题的关键思路。智慧城市建设以突破城市发展瓶颈为出发点和落脚点,从构建智能化的基础设施切入,统筹规划,逐步落实。其中智慧交通已被认为是解决城市交通拥堵、进而建设综合交通运输体系,实现交通运输基础设施智能化和促进交通运输业可持续发展的重要突破口。

智慧交通融合了先进的信息技术、通信技术、控制技术、传感技术、计算器技术和系统综合技术,使人、车、路三个元素之间的关系以优化的方式呈现,更加有效地解决以上三大难题。智慧交通的智慧主要体现在对数据的综合处理能力上,交通数据服务是智慧交通建设的重点内容。建设智慧城市数据分析平台至关重要,如图 6-8 所示。目前在智慧交通领域,北京、广州走在前列。北京的智慧交通主要围绕道路交通管理、公共交通管理、高速公路管理、出行信息服务、ETC 不停车收费和客货运输六大领域。广州的智慧交通系统构建包括广州市交通信息共用主平台、物流信息平台、路面交通状况监视与监测以及静态交通管理系统等智能交通系统的主框架。未来的智慧交通,市民可以通过网站、热线、手机和车载导航等多种形式,实时掌握路况信息,提前安排出行,定制出行线路,随着智慧程度的不断加深,交通的智能化水平也将逐步提升。

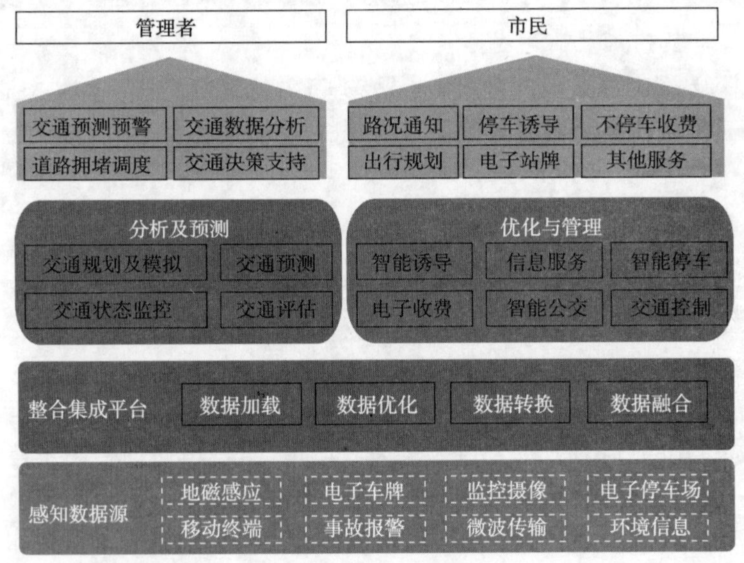

图 6-8　智慧城市数据分析

(3)智慧生活

"智慧生活"的建设,是将"智慧城市"的概念引入了生活服务领域,以市民大众的幸福感为出发点,通过打造智慧生活服务为社区百姓提供便利。基于移动互联网、物联网、云计算等新技术的智慧生活,通过关联各种生活场景,提出以人为本的智能服务理念,使人们的工作和生活变得更加便捷、舒适、高效。

智慧生活给传统的的生活方式赋予了新的内涵。智慧生活平台是依托云计算技术构建的,在融合家庭场景功能、挖掘增值服务潜力的前提下,通过互联网渠道,配合丰富的智能家居产品终端,构建享受智能家居控制系统带来的新的生活方式,多方位、多角度地呈现家庭生活中的更舒适、更方便、更安全和更健康的具体场景,进而共同打造出具备共同智能生活理念的智能社区(图 6-9)。智慧生活包含的建设内容十分丰富,其中有医疗、酒店、零售、百货、餐饮、票务、快递、电商以及民生等各个与市民大众密切相关的领域。智慧生活作为智慧城市的一个重要方面,其核心价值在于为市民提供更高质量的生活。

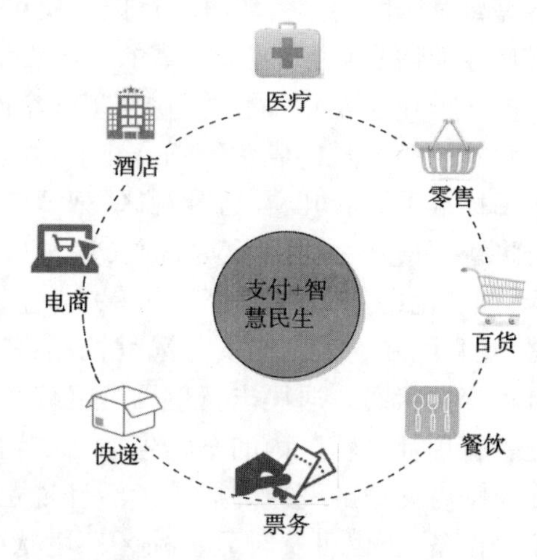

图 6-9 “支付+”的智慧民生服务

通过自动化技术、物联网技术、云计算技术的应用,不但使居民的信息得到集中的数字化管理,基础设施与家电的各种基础及状态信息也可通过互联网获取,并可通过互联网对这些设备进行控制,设备间也可通过一定的规则协同工作。通过对各种人、物、事的信息的综合处理,智慧社区将提供更多的智能化、主动化和个性化服务(图 6-10)。

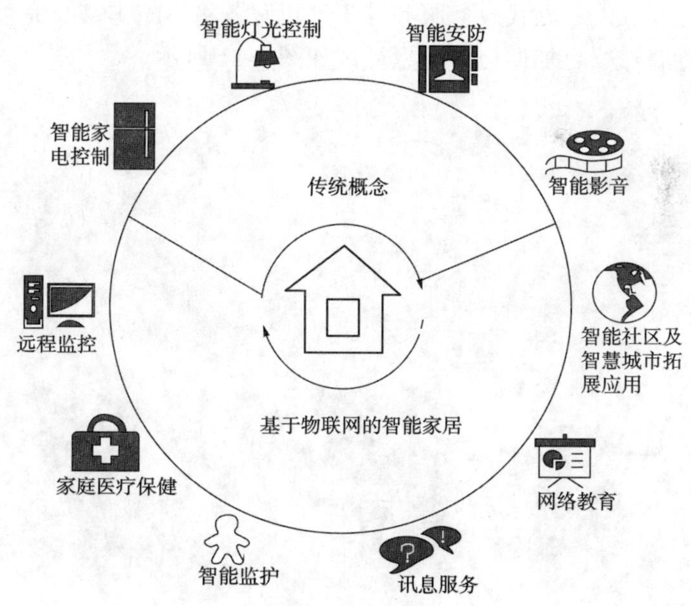

图 6-10 智能家居

通过将开发商、物业、街道、周边商户和社区等资源进行整合,为居民小区提供智慧社区云服务。物业方可建设视频监控联动系统、门禁管理系统、服务信息管理中心、小区信息推送平台以及 O2O 商家接入平台等,帮助社区提升智能化水平,最终提高对居民的服务质量。社区居民可以通过智慧社区 APP,代替小区的门禁卡,召唤各种物业服务,汇聚丰富的社区资讯及联动周边商户优惠信息(甚至可以在线看护孩子和老人)。同时提供邻里社交圈子,供小区居民线上交流分享。

社区的主要构成对象就是住宅与家庭,因此社区信息化应用始终主要围绕着居民日常生活展开,在智慧社区,智慧应用将渗透到居民生活的各个方面。智慧家居将智慧应用延伸到家庭内部,各种电子信息设备、通信设备、娱乐设备、家用电器、自动化设备、照明设备以及保安(监控)装置等连成网络,通过多功能智能控制器、互联网和物联网络实现远程控制;各种设备可以与传感器结合,根据环境变化自动变换状态。居民出行也因智慧停车场的出现变得更加快捷,智慧停车场系统统一管理社区辖区内的车辆停放,保持社区辖区内的道路、过道、电梯及扶梯等平面及垂直交通的畅通。居民生活环境也可得到智慧管理,在社区内部安装的环境监测设备,不仅可实时显示社区环境状况,便于业主在社区内安排活动时间,同时可向市环保部门环境监测系统提供数据。可以和市交管信息互通,对一些违章、被盗车辆进行及时处理。通过智能垃圾回收系统,清洁人员定时定点或接到智能垃圾箱报警后及时收集和清运垃圾,保持社区及周围环境的干净、整洁。电子商务、远程医疗与救助服务、一站式政务服务等智慧化服务将不断丰富与完善,使社区居民生活方式更加智慧、更加便捷。智慧社区如图 6-11 所示。

图 6-11　智慧社区

5)智慧城市体系构建

随着物联网、云计算与云存储以及大数据技术的飞速发展,在信息化、全球化与城市化三大重塑现代社会力量的推动下,"智慧城市(Smart City)"作为新一代知识社会创新环境下的高级城市管理形态应运而生，以期解决快速城市化进程中带来的社会管理失稳、城市运行失序、经济发展失调、环境建设失衡等问题。

智慧城市的建设是一个巨大而复杂的系统工程，涉及的面广、覆盖的领域多、环境改变大、结构调整深入，智慧城市本身不是子系统的单纯组合而是一个协调发展的整体，其中子系统数量繁多、联系紧密且层次复杂，因此智慧城市也具备复杂巨系统的特征。

智慧城市是数字城市发展的高级阶段，数字城市是把信息数字化，更快、更方便、更准确的传输。相比数字城市，智慧城市有更广泛互联互通能力；更强的感知能力和认识能力；整个城市具有较为完善的行为意识和调控能力，具有多平台协同能力；智慧城市具有成熟的信息到知识的智能转换机制和建立在这种机制之上的决策能力。

智慧城市的理念是通过普遍的感知将城市生活中的各种设施形成庞大物联网，进而通过云计算的方式对各种信息进行数据融合和挖掘，然后向城市居民智能化优质服务，使得城市管理和服务带更富有预见性、创造性、协作性，并且高效和科学。为此，智慧城市需要打造物联网络、信息交换网络以及公共服务平台。从技术角度来说，总体体系架构具体包括终端感知层、数据汇聚层、系统平台层及智慧应用层四个部分，同时包含信息安全保障、标准管理和运营与运行管理三大体系(图6-12)。

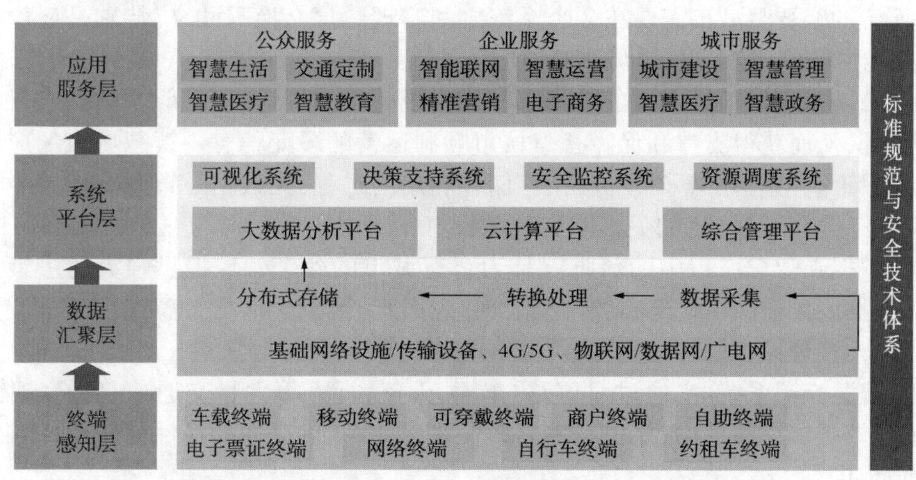

图6-12 智慧城市的体系构建

(1)终端感知层

感知层是通过传感器、二维码、信息数据采集设备、读写器、RFID标签、红外线和GPS等感应终端，对现实世界中的所有实体进行识别和采集信息。感知层承载智慧城市建设的基础设施,是大数据产生的源泉。

感知层与数据层密切相关,是智慧城市的神经元,没有数据处理技术的发展就不可能构建智慧城市。感知层实现了信息系统与物体之间的信息交换和自动控制,具有智能化识别、感知、定位、跟踪、监控和管理能力,主要由各种传感器构成,包括温湿度传感器、二维码标签、RFID 标签和读写器等。此外,感知层还有地理信息系统、全球定位系统、遥感系统等,为智慧城市提供空间数据和空间信息表达工具。其中传感器部分包括智能传感器和通信模块,传感网部分包括物联网智能网关和公用网络;运营商管理设施即运营商服务器,包括运营商通信服务器、运营商管理服务器和运营商服务服务器;公共服务设施包括公共服务网络,用户端包括手机、电脑、自助终端等各种智能终端。

(2)数据汇聚层

数据层是智慧城市运营的基础,是智慧城市的"脑"和核心,是未来引导城市发展的制高点。它整合城市运行中各种信息资源,为政府、公众提供全方位的云计算服务、数据资源服务、应用支撑服务及运营检测服务,为城市应急指挥、科学决策、城市规划等方面提供大数据分析支撑服务。

为实现城市基本构成要素(人、物、环境)的协同运行,智慧城市需要将各种感知设备获得的数据信息进行有效的集成,大数据融合技术就是为了解决这个问题应运而生的。智慧城市需要在多个系统之间实现数据交换与共享,特别是底层数据的融合与集成是实现智慧城市高效运转的前提条件。

智慧城市相对于数字城市概念,最大的区别在于对感知层获取的数据进行大数据处理,从而获得支撑和保障智慧城市顺利运营的多元信息。智慧城市的应用过程实际上就是对数据采集、分析、存储和利用的过程,大数据是智慧城市各个领域都能够实现"智慧化"的关键性支撑技术。

大数据在智慧城市中的落脚点是为智慧城市的各个领域提供强大的决策支持,大数据就像血液一样遍布智慧交通、智慧医疗、智慧生活等智慧城市各个应用系统,科学治理城市。

在智慧交通系统中,通过对道路、车辆、天气、行人等大量交通信息的实时挖掘,能有效缓解交通拥堵,并快速响应突发状况,为城市交通的良性运转提供科学的决策依据。

在智慧安防系统中,通过平安城市、智能交通管理、环境保护、危化品运输监控、食品安全监控等大数据的挖掘,可以及时发现人为或自然灾害、恐怖事件,提高应急处理能力和安全防范能力等。

在智慧城管系统中,通过对不同时间段、不同区域、不同部门获得的大量监测数据进行实时采集、实时处理及深度挖掘,实现对城市管理实时监控与长期管理优化。

(3)系统平台层

系统平台层是指在云计算平台的基础上,平台层对感知层获取数据进行统一的存储和管理,利用数据挖掘技术,发现数据中潜在的规律和隐含的特征,提取用户感兴趣的模式和特征,从而提高智慧城市的智能化水平。此外,针对用户的通用性需求,提供标准化服务接口,有效支撑智慧城市各个专业应用。

(4)应用服务层

应用层是利用物联网、云计算、信息融合、网络通信、数据分析与挖掘等现代信息技术手段建立的各种智慧应用和应用整合。应用层的建设可以有效地促进各行业的信息化和智慧化发展,如智慧城管、智慧交通、智慧国土、智慧医疗、智慧教育等,同时可以带动现代服务业、商业的发展。

智慧城市信息公共平台的价值体现在,根据各个行业自身特点,结合行业需求,形成专业化的服务平台或终端,直接为行业用户提供专业性服务,实现信息应用的精细化、实用化和智能化。未来智慧城市的应用将集中体现在智慧政务、智慧民生和智慧产业三大领域。

智慧城市服务平台是向用户提供服务,实现服务功能的平台,其服务内容包括公共服务和运营商服务。公共服务是政府主导的,为智慧城市体系提供公共信息资源及数据处理服务,如信息资源、市场资源、法规监管、公共数据等。运营商服务是由运营商提供的信息融合、信息存储等服务。智慧城市服务平台包括很多个分服务平台,如智慧能源服务平台、智慧交通服务平台、智慧医疗服务平台等,这些分平台分别属于不同的智慧城市子体系,如图 6-13 所示。

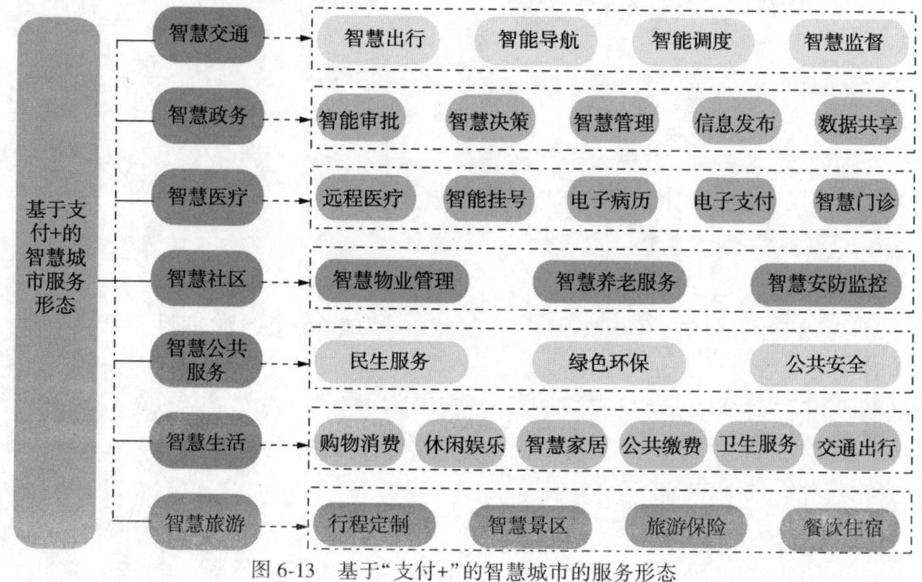

图 6-13 基于"支付+"的智慧城市的服务形态

服务平台在信息结构中对应服务域,包括感知信息服务系统、控制信息服务系统、公共感知信息服务系统、公共控制信息服务系统,在物理结构中对应两部分内容,一是公共服务网络,二是运营商管理设施中的运营商服务服务器。运营商服务服务器通过公共服务网络接入用户端,无论是运营商服务服务器向用户传递感知信息,还是用户向运营商服务服务器下发控制信息,都需要经过公共服务网络,这有利于整个智慧城市体系的信息安全保障。运营商服务服务器可以是提供同一种服务的很多个运营商服务服务器,很多个提供不同服务的运营商服务服务器,也可以是提供某一种具体服务的某一个具体的运营商服务服务器。运营商服务服务器是信息结构中的感知信息服务系统和控制信息服务系统的载体,公共服务网络是信息结构中的公共感知信息服务系统和公共控制信息服务系统的载体,公共服务主要包括信息资源交换、市场资源交换、法规监管、运行维护、公共数据的融合、公共数据的存储、公共数据的处理、公共数据的接入、标识管理服务、地理信息服务、服务管理以及用户服务管理等。

附录 缩 略 语

缩略语	英 文 全 称	中 文
HCE	Host-based Card Emulation	主机卡模拟
ODA	Off-line Data Authorization	脱机数据认证
NFC	Near Field Communication	近距离无线通信
RFID	Radio Frequency Identification	无线射频识别
QRC	Quick Response Code	二维条码
MST	Magnetic Secure Transmission	磁力安全传输
POS	Point of Sales	销售终端
MIUI	MI User Interface	小米用户界面
O2O	Online to Offline	线上连接线下
TSM	Trusted Service Manager	可信服务平台
SIM	Subscriber Identification Module	用户身份识别卡
APP	Application	手机应用软件
SDK	Software Development Kit	软件开发工具包
PSAM	Purchase Secure Access Module	终端安全存取控制模块
RF-SIM	RFID-SIM	双界面智能卡(RFID 卡和 SIM 卡)
ISAM	Increase Securation Access Module	增值安全访问模块
TAC	Transaction Authentication Code	交易验证码

参考文献

[1] 谢振东,方秋水,徐锋,等.城市公共交通一卡通技术与应用[M].北京:人民交通出版社,2014.

[2] 谢振东,方秋水,常振廷,等.城市公共交通一卡通互联互通的理论与实践[M].北京:人民交通出版社股份有限公司,2014.

[3] 谢振东,李之明,徐锋,等.城市交通一卡通大数据应用[M].北京:人民交通出版社股份有限公司,2015.

[4] 谢振东,方秋水,余红玲,等.面向智慧城市的交通一卡通产业生态构建[M].北京:人民交通出版社股份有限公司,2015.

[5] 谢振东,方秋水,李之明,等.交通一卡通从1.0到2.0的转型与升级[M].北京:人民交通出版社股份有限公司,2017.

[6] 谢振东,余红玲,方秋水,等.日本交通卡发展模式与经验剖析[J].交通与港航,2014,1(3):58-62.

[7] 佚名.中国银联:银联国际携韩国T-Money推出全新手机支付服务[EB/OL].http://corporate.unionpay.com/infonewsCenter/infoCompanyNews/file_125905704.html.

[8] 浙江在线.杭州市民卡与支付宝首次合作市民卡、健康卡可在线充值[EB/OL].http://news.yktworld.com/201603/201603231511427910.html.

[9] 市政交通一卡通官网.市政交通一卡通公司简介[EB/OL].https://www.bmac.com.cn/gsjj/index.jhtml.

[10] 广东岭南通股份有限公司官网.广东岭南通股份有限公司简介[EB/OL].http://www.lingnanpass.com/List.aspx?q_cid=74.

[11] 上海公共交通卡股份有限公司.上海公共交通卡股份有限公司简介[EB/OL].http://www.sptcc.com/Load_gongsijieshao.html.

[12] 杭州网.杭州市民卡用户数破千万[EB/OL].http://hznews.hangzhou.com.cn/chengshi/content/2017-02/17/content_6469113.htm?open_source=weibo_search.

[13] 佘云峰.移动支付网:广州地铁HCE云卡及信用卡闪付正式商用[EB/OL].http://www.mpaypass.com.cn/news/201612/29084342.html.

[14] 深圳市三联众瑞科技有限公司.中国安防展览网:公交车载POS机技术要求[EB/OL].http://www.afzhan.com/tech_news/detail/193970.html.

[15] 孙威蔚.智慧交通体系架构介绍[EB/OL].https://wenku.baidu.com/view/8b8809e22af90242a995e553.html.

[16] 烨岚.赛迪网:惠及民生智慧城市交通先行[EB/OL].http://miit.ccidnet.com/zt/2013/0802ITS/.2013-8-6.

[17] 佚名.羊城晚报:用智慧场景引领智慧城市建设[EB/OL].http://ep.ycwb.com/epaper/gdjs/html/2016-09/27/content_152154.htm.

[18] 佚名.搜狐网:江苏南京:无人超市刷脸消费[EB/OL]. http://www.sohu.com/a/168824486_157267.

[19] 佚名.重庆数字科技馆:刷脸时代真的到了——无人超市[EB/OL]. http://www.scicity.cn/cqkjg/zxdt/info.htm? id=4028d08a5f9593d6015fb311578a07bf.

[20] 诀然.移动互联网、大数据、云计算中心未来发展六大趋势[EB/OL]. http://www.jiajusmart.com/html/15431.html.

[21] 赛迪网.支付的变迁:中国电子支付三十年简史[EB/OL]. http://www.ccidnet.com/2016/0531/10140376.shtml.

[22] 每日财经网.什么是智能POS机?智能POS机有什么新功能?[EB/OL]. http://www.ccidnet.com/2016/0531/10140376.shtml.

[23] 人人都是产品经理.如何做到以用户为中心的设计?[EB/OL]. http://www.woshipm.com/pd/137.html.

[24] 江苏省邮电规划设计院有限责任公司.智慧城市建设的系统集成管理体系构建[J].江苏企业管理,2014(10):26-29.

[25] 冯璐,赵佳因,郭乐深.智慧城市智慧服务体系构建[J].北京城市学院学报,2014(1):65-70.

[26] 范建军.中国智慧城市建设现状及发展趋势分析[J]. 城市建筑, 2015(33):342.

[27] 杭州立方.论"一卡通"技术的应用现状与发展趋势[J]. 金卡工程, 2003,7(12):22-23.

[28] 张少华.展望2014年一卡通技术与市场[J]. 智能建筑, 2014(2):29-30.

[29] 王瑞斌.基于NFC技术的公交支付系统研究与实现[J].福建电脑, 2014(5):109-112.

[30] 谢振东,吴金成,李之明,等."互联网+"时代下交通一卡通企业转型升级的思考[C].第十二届中国智能交通年会,2017,12:1-5.

[31] 谢振东,吴金成,伍冠桦.基于交通一卡通大数据的停车应用系统研究[J]. 微型机与应用,2017(5):99-101.

[32] 谢振东,吴金成,伍冠桦,等.创新支付模式下传统交通一卡通的挑战与机遇[J]. 中国交通信息化,2017(s1):67-69.

[33] 刘强,谢振东,吴金成,等.公共交通一卡通终端升级方案研究与应用[J].交通

节能与环保, 2017 , 13 (4) :24-27.

[34] 谢振东,刘雪琴,吴金成,等.公交 IC 卡数据客流预测模型研究[J].广东工业大学学报,2018,1(35):16-22.

[35] 方秋水,梁梁,艾璐,等.互联网时代城市交通一卡通客户服务模式创新[J].中国管理信息化, 2017 , 20 (19) :77-78.

[36] 吴金成,谢振东,伍冠桦,等.基于交通一卡通数据的交通状态分析及动态控制研究[J].广东工业大学学报 , 2017 , 34 (3) :77-82.

[37] 吴金成,余红玲,伍冠桦,等.交通一卡通大数据平台的构建研究[J]. 金卡工程, 2017 (5) :63-66.

[38] 杨晓丽,余红玲.交通一卡通企业转型发展模式研究[J].中国管理信息化, 2017 (19) :101-102.

[39] 谢振东,吴金成,李之明,等.企业大数据能力的构建与培育研究[J].广东工业大学学报 , 2017 , 34 (3) :110-114.

[40] 陈绍其,梁永娟,梁建硕,等.移动式一卡通微 POS 系统的设计与应用[J].信息技术与信息化 , 2017 (8) :20-24.

[41] 吴金成,曾烨,龚惠琴.基于一卡通的社区 O2O 服务平台构建研究[J].金卡工程,2016(8):45-47.

[42] 张秀娟.裂变:移动互联网时代下的商业模式变革[M].北京:中华工商联合出版社,2015.

[43] 黄哲铿.技术管理之巅[M].北京:电子工业出版社,2015.

[44] 方秋水,谢振东,常振廷.广东省交通一卡通运行特征分析[J].中国交通信息化, 2013(3):129-130.

[45] 佘云峰.岭南通谢振东:信用支付是一卡通账户实名制的方向[EB/OL]. http://www.mpaypass.com.cn/news/201607/14092444.html.

[46] 谢振东,邱思昊,郭媛.2.0 版城市交通一卡通产业生态构建研究[J].中国交通信息化, 2016(3):140-142.

[47] 赵晖.基于公交 IC 卡信息的居民出行 OD 推算研究[D].西安:长安大学, 2009.

[48] 戴霄.基于公交 IC 信息的公交数据分析方法研究[D].南京:东南大学, 2006.

[49] 谢振东,曾烨,龚惠琴.我国公共交通一卡通发展现状、趋势及挑战[J]. 金卡工程, 2015(4):19-21.

[50] 白红兵.基于 RFID 技术开发河南联通新型业务应用的研究[D].北京:北京邮电大学,2012.

[51] 谢振东,方秋水,吴金成,等.基于交通一卡通的产业生态研究[C]//中国智能

交通大会, 2014.

[52] 成城,张春红,裘晓峰.新浪潮下的移动互联网安全及对策[J]. 电信网技术, 2012(3):51-56.

[53] 吉日木图,刘艳,孙世杰.低成本移动支付 RFID 子系统设计[J]. 物联网技术, 2011(1):79-81.

[54] 郑大永.用短距离无线技术实现广度深度覆盖[C]//四川省通信学会学术年会, 2011.

[55] 王治刚.银行 IC 卡个人公共支付问题研究[D].武汉:华中科技大学, 2009.

[56] 詹立彩.校园一卡通在高校行政管理中的应用研究[J].福建广播电视大学学报, 2014(2):65-69.

[57] 徐岩宇.对城市公共交通一卡通系统建设的探讨[J].计算机网络世界, 2000(7):52-55.

[58] 杜义飞,李仕明.产业价值链:价值战略的创新形式[J].科学学研究, 2004, 22(5):552-556.

[59] 刘辉.推动信息技术国产化需建立长效机制[J].中国信息安全, 2014(3):86.

[60] 屈丽丽.海尔"零距离"时代的管理[J].企业文化, 2014(5):44-46.

[61] 母质文.传统企业转型:颠覆来源于非主流[J].中国电信业,2014,10:66-67.

[62] 罗干淇."互联网+"升级版:"+资本市场"[J].财经界, 2015(16):72-73.

[63] 搜狐网.日本移动支付发展的现状与启示[EB/OL].http://www.sohu.com/a/126244732_499199.

[64] 佚名.Samsung Pay 与韩国交通卡公司合作支持交通支付[EB/OL].http://news.yktchina.com/201512/ed7d937bb31f84b0.html.

[65] CDA 数据分析师.北京交通一卡通张翔:挖掘大数据交通卡玩出新花样[EB/OL].http://news.yktworld.com/201609/201609181148099329.html.

[66] 搜狐网.多元金融服务:第三方支付引领互联网软件产业[EB/OL].http://www.sohu.com/a/148823001_99910166.

[67] 百度百科:智慧地球.[EB/OL].https://baike.baidu.com/item/智慧地球/1071533? fr=aladdin.

[68] 中国产业信息网.2016 年中国网上支付市场用户规模年增长 14%,手机支付用户规模增长迅速,达到 4.69 亿[EB/OL].http://www.chyxx.com/industry/201703/499426.html.

[69] 中关村在线.高新技术:绘制智慧城市之手[EB/OL].http://www.chyxx.com/industry/201703/499426.html.

[70] 李晓娟,孙燕妮.互联网+时代智慧城市建设路径[J].信息化建设, 2016 (7):

66-67.

[71] 佚名.移动支付在医疗行业的应用特点及趋势[EB/OL].http://bank.cnfol.com/dianziyinhang/20160715/23083109.shtml.

[72] 刘越,徐超,张榆新.移动支付的发展前景与风险监管[J].社会科学研究,2017(3):35-41.

[73] 阿里研究院,微博,蚂蚁金服,等.中国DT城市智能服务指数研究报[R].2015.

[74] 慕楚.移动支付网:如何正确的看待二维码与ODA在交通领域的应用[EB/OL].http://www.mpaypass.com.cn/news/201611/21102254.html.

[75] 王瑞斌.基于NFC技术的公交支付系统研究与实现[J].福建电脑，2014(5):109-112.

[76] 张小彦.大数据会改变人类思维[EB/OL].http://opinion.caixin.com/2015-10-15/100863196.html.